Goethe zur Einführung

Peter Matussek

Goethe zur Einführung

JUNIUS

Wissenschaftlicher Beirat

Prof. Dr. Hartmut Böhme
Prof. Dr. Detlef Horster
Prof. Dr. Ekkehard Martens
Prof. Dr. Barbara Naumann
Prof. Dr. Herbert Schnädelbach
Prof. Dr. Ralf Schnell

Für Federico

Junius Verlag GmbH
Stresemannstraße 375
22761 Hamburg
Im Internet: www.junius-verlag.de

© 1998 by Junius Verlag GmbH
Alle Rechte vorbehalten
Umschlaggestaltung: Florian Zietz
Titelfoto: Privatbesitz
Satz: Druckhaus Dresden
Druck: Druckhaus Dresden
Printed in Germany 2002
ISBN 3-88506-972-5
1. Auflage April 1998
2., verb. Auflage Juli 2002

Die Deutsche Bibliothek – CIP-Einheitsaufnahme

Matussek, Peter:
Goethe zur Einführung / Peter Matussek. –
2., verb. Aufl.. – Hamburg: Junius-Verl., 2002
(Zur Einführung; 172)
ISBN 3-88506-972-5

Inhalt

Einleitung 7

1. **Ausbildung. Polarisierungen (1749-1770)** 17
   Zwischen zwei Traditionen 18
   Gelehrige Pflichterfüllung und geheime Neigung 31
   Aufklärung in »Klein Paris«, Arkana im Krankenbett 36
   Erste Faust-Motive 50

2. **Sturm und Drang. Grenzübertritte (1770-1775)** 54
   Genietöne der Völker 55
   Dichterliebe 60
   Aussteigerkarriere 67
   »Urfaust« 86

3. **Frühklassik. Integrationsversuche (1775-1786)** 90
   Kleinmachtpolitik 91
   Ungeteilte Naturstudien 97
   Kunst der Kontemplation 100
   Reine Liebe 103
   Faust-Fragmente 111

4. **Hochklassik. Autonomiebestrebungen (1786-1806)** 114
   Selbstfindung in der Fremde 115
   Kunst der Sinnlichkeit 129
   Die Revolution als persönliches Drama 133

Kritisch-realistische Naturforschung 144
Goethe und Schiller – das Bündnis der Antipoden 151
Faust I 160

5. Spätwerk. Zwischen den Kulturen (1806-1832) 164
Befreiungskriege im Feld der Wissenschaft 166
Selbsthistorisierung 172
West-östliche Liebe 181
Weltliteratur als Forum und Form
der Interkulturalität 191
Wilhelm Meisters Wanderjahre 197
Faust II 203

Anhang
Anmerkungen 213
Literaturhinweise 226
Zeittafel 232
Über den Autor 235

Einleitung

»Er ist doch ein sonderbarer Mensch, je mehr man ihn kennen zu lernen glaubt, desto unkenntlicher wird er wieder.«

Jena, im Sommer 1803. Der Botanikprofessor Schelver schreibt dem Identitätsphilosophen Schelling über seine Erfahrungen im Umgang mit Goethe. Der Minister aus Weimar – respektierter Dienstherr, bewunderter Dichter und geachteter Naturforscher in einem – irritiert ihn durch den ständigen Wechsel von Verhaltensweisen und Einstellungen. »Ich weiß nicht«, resümiert Schelver, »ob es Vielseitigkeit oder Unbeständigkeit ist, daß er sich in seinen Äußerungen so ungleich ist.«[1]

Wissen wir es nach gut zweihundert Jahren Goetheforschung besser? Immerhin können wir aus Quellen schöpfen, die so reichlich wohl bei keinem anderen Menschen der Geschichte sprudeln: Philologeneifer hat *Goethes Leben von Tag zu Tag*, ja von Stunde zu Stunde rekonstruiert, und Wort für Wort ist alles, was er je geschrieben hat, lexikalisch analysiert und kommentiert; wer alle Neuerscheinungen über ihn sammeln wollte, müßte sich jeden Monat ein weiteres Hochregal kaufen, und wer im Internet nach ihm sucht, erzielt sechsstellige Trefferquoten.[2] Dennoch geht es uns kaum anders als dem irritierten Schelver. Je mehr wir über Goethe wissen, desto bruchstückhafter kommt uns dieses Wissen vor; je tiefer wir in sein Werk eindringen, desto abgründiger erscheint es uns. Die stereotypen Charakterisierungen erweisen sich bei näherer Betrachtung als schlechthaftende Etiketten: »Unser Nationaldichter« offenbart ein durchaus gespanntes Verhältnis zu seiner Nation; der »Fürstenknecht« zeigt sich oft genug als souveräner Lenker seines Fürsten; die eisige Aura des »Olympiers« taut schließlich auf, wenn wir die Lektürescheu erst einmal überwunden haben, die uns seine posthume Monumentalisierung bis heute einflößt. Schon seine Zeitgenossen mußten sich durch den ganz und gar nicht steifleinenen Duktus seiner Sprache daran erinnern lassen, daß der Olymp ein heiterer Ort war. Der junge Doktorand Heinrich Heine schildert stellvertretend für alle Erstbegegnungen mit Goethe, wie überrascht er war, als er seine Aufwartung beim großen Klassiker machte:

»Wahrlich, als ich ihn in Weimar besuchte und ihm gegenüber stand, blickte ich unwillkürlich zur Seite, ob ich nicht auch neben ihm den Adler sähe mit den Blitzen im Schnabel. Ich war nahe dran ihn griechisch anzureden; da ich aber merkte, daß er deutsch verstand, so erzählte ich ihm auf deutsch: daß die Pflaumen auf dem Wege zwischen Jena und Weimar sehr gut schmeckten. Ich hatte in so manchen langen Winternächten darüber nachgedacht, wie viel Erhabenes und Tiefsinniges ich dem Goethe sagen würde, wenn ich ihn mal sähe. Und als ich ihn endlich sah, sagte ich ihm, daß die sächsischen Pflaumen sehr gut schmeckten. Und Goethe lächelte. Er lächelte mit denselben Lippen womit er einst die schöne Leda, die Europa, die Danae, die Semele und so manche andere Prinzessinnen oder auch gewöhnliche Nymphen geküßt hatte – –«[3]

Goethe schwebte nicht über Wolken, sondern hat stets die Nähe zum Phänomen gesucht. Sein Griechentum war weniger mythologisch als anthropologisch begründet; es ging vom natürlichen Menschen aus – nicht im Sinne einer abgehobenen Abstraktion, vielmehr der realen Daseinsbedingungen. So notierte er etwa auf einer Badereise im Jahre 1806, ein Streit von Bediensteten auf dem Kutschbock habe ihn mehr bewegt als das soeben verkündete Ende des Reiches. Gerade dieses Interesse für das konkrete Leben ist es, das seinem Werk eine kosmopolitische Weite gibt. Sein Anliegen war es, wie er einmal schrieb, »das allgemein Menschliche, was über den ganzen Erdboden verbreitet und vertheilt ist, unter den verschiedensten Formen kennen zu lernen und solches in meinem Vaterlande wiederzufinden, anzuerkennen, zu fördern«[4].

Goethes individualisierende, sich für die Varietät der Einzelfälle interessierende Globalität bezog sich nicht nur auf die verschiedenen Nationalitäten, deren Sprachen und Literaturen er sich in erstaunlichem Umfang aneignete. Er war auch im Hinblick auf die innergesellschaftlichen Lebenswelten und wissenschaftlichen Gebietshoheiten ein Grenzgänger. Seine Simultanexistenz als Naturforscher, Politiker *und* Künstler verschaffte ihm einen einzigartigen Perspektivenreichtum, den er bewußt kultivierte. Es gab für ihn kein höheres Lob als das eines englischen Kritikers, der ihm eine »panoramic ability« bescheinigte.[5] Und seinem französisch-schweizerischen Gesprächspartner Soret gegenüber bezeichnete er selbst sein Werk als das eines »Kollektivwesens«, das »von unzähligen verschiedenen Individuen genährt worden« sei.[6] Was ihm häufig als Gleichgültigkeit oder gar Kälte ausgelegt wurde: daß er sich selten einer bestimmten Meinung oder Partei anschloß, sondern Widersprüche in ihrer Unaufgelöstheit hinnahm und Verschiedenheiten in ihrer Vielfalt gelten ließ, erweist sich bei näherem Hinsehen als ein Wesenszug seiner bis an die Empfindung des Ungewissen, ja Ungeheuren rührenden Objektivität.[7]

Die vorliegende Einführung will deutlich machen, daß Goethe gegenüber den unterschiedlichen kulturellen Perspektiven und Tendenzen eine Zwischenstellung einnahm, die ihn vor Einseitigkeit und Intoleranz weitgehend bewahrte – und gerade deshalb unduldsam gegenüber Schnellschlüssen und Standardlösungen sein ließ.[8] Da sich diese entschiedene Offenheit für Differenzen unter anderem in Äußerungen niederschlug, die ein grenzüberschreitendes »Weltbürgertum« und eine ihm entsprechende »Weltliteratur« zum Inhalt haben, neigt man heute dazu, sie mit dem neuen Begriff der »Interkulturalität« in Verbindung zu bringen – entweder in aktualisierender Identifikation oder in historisierender Abgrenzung.[9] Beide Formen der Bezugnahme laufen in ihrer Vereinseitigung Gefahr, durch ein neuerliches Etikett den historischen Sachverhalt zu verdecken, statt ihn näher zu bezeichnen. Die interkulturellen Züge des Goetheschen Werks erweisen ihre Fruchtbarkeit für die heutige Diskussion erst im Kontext ihrer besonderen lebens-, sozial- und wissenschaftsgeschichtlichen Entstehungsbedingungen. Goethes »Weltbürgertum« ist ursprünglich ein anderes als das, was spätere Epochen unter demselben Namen propagierten. Seine Begriffsbildung war eine kritische Reaktion auf die zu Beginn des 19. Jahrhunderts einsetzende Beschleunigung von Kommunikation, Verkehr und Handel. Die damit einhergehenden Globalisierungstendenzen hatte Goethe bereits sehr genau registriert; in ihnen sah schon er eine kulturtheoretische Herausforderung. Dabei ließ er sich weder für universalistische noch für relativistische Konzepte vereinnahmen. In beiden Extremen sah er eine Gefahr – die Geschichte sollte ihn bestätigen.

Zunächst war es der Universalismus, der im Kolonialisierungseifer bis zur Weltkriegstauglichkeit erstarkte. Auch Goethe wurde gleichsam eingezogen, nationalisiert zur geistigen Waffe des deutschen Landsers, der seinen *Faust* im Tornister trug, um sich der eigenen Superiorität über die anderen zu versichern. So heißt es in einem Bericht aus dem Jahre 1915 für die Goethe-Gesellschaft über das Lektüreerlebnis im Schützengraben: »[...] bei Fausts Selbstgesprächen, dachten wir unserer Feinde: ›So etwas habt ihr doch nicht.‹«[10] Dieser chauvinistischen Banalisierung versuchte Nietzsche, dessen *Zarathustra* ein ähnliches Schicksal erlitt, vergeblich entgegenzuhalten, Goethe sei »kein deutsches Ereignis, sondern ein europäisches«[11].

Inzwischen hat sich das freilich herumgesprochen. Goethes europa-, ja weltweiter Horizont, der sich sowohl der alten chinesischen und indischen Kultur öffnete als auch der neuen amerikanischen, der die polnische, böhmische und serbische Literatur ebenso umfaßte wie die französische, englische und italienische – dieser multiversale Interessenhorizont trifft heute zweifellos auf eine hohe Rezeptionsbereitschaft. Die Weltlage führt uns in aller Deutlichkeit vor Augen, wie nötig die Besinnung auf lebbare Modelle des Fremdverstehens ist. Daß Goethe hierzu einen wesentlichen Beitrag geleistet hat, ist natürlich längst erkannt worden und wird auch von der Goethe-Gesellschaft, nachdem sie – übrigens nur punktuell und nicht so ausschließlich wie die ersten Goethe-Institute – einst als Instrument der völkischen Propaganda herhalten mußte, heute gezielt umgesetzt. Dabei kann sie sich auf eine weltweite Reputation ihres »Markenzeichens« stützen. Und so wird auch im postkolonialen Diskurs unter expliziter Bezugnahme auf den großen Deutschen, der mit den Phantasmen von Deutschlands Größe nichts zu schaffen hatte, heute von einer »neuen Weltliteratur« gesprochen, wobei die Frage offenbleibt, ob das »Neue« an ihr etwas völlig anderes als das von Goethe Intendierte ist oder nur die Fortführung von Ansätzen, die zwischenzeitlich in Vergessenheit geraten waren.[12]

Wenn daher im folgenden das Stichwort der Interkulturalität zur Charakterisierung Goethescher Positionen herangezogen wird, so geht dies über den heutigen Sprachgebrauch hinaus. Zwischen den Kulturen stand Goethe nicht nur in ethnologischer Hinsicht. Seine Absicht war es, wie das obige Zitat deutlich macht, die »verschiedensten Formen« des »allgemein Menschlichen« auch im *eigenen* »Vaterlande wiederzufinden, anzuerkennen, zu fördern«. Er richtet also den ethnologischen Blick auch auf die eigene Lebenswelt, auf die territorialen, gesellschaftlichen und geistigen Kolonisationstendenzen im Innern, aus denen die äußeren oft erst hervorgehen. Distinktions- und Separationsbestrebungen führen auch im sozialen oder akademischen Bereich zu einem »Kampf der Kulturen«.[13] Manche Grundzüge dieser Konflikte, die wir heute erleben, bildeten sich im ausgehenden 18. Jahrhundert heraus und fanden in Goethe einen ihrer hellsichtigen Kritiker. Gerade deshalb ist das geläufige Etikett »Goethezeit« problematisch, weil es dazu verleitet, einer extrem unruhigen und in mehrfacher Hinsicht revolutionären Epoche durch seinen Namen eine einheitliche Identität zu unterstellen, während es sich in Wirklichkeit umgekehrt verhält: Die Bedeutung Goethes für seine Zeit besteht nicht darin, daß er ihre Beben und Umbrüche kompensatorisch überspielte, sondern seismographisch erspürte und ihre zerstörerischen Tendenzen offenlegte. Er nahm entschieden kritischen Anteil an den Modernisierungsprozessen aller Kulturbereiche, ohne sich auf bestimmte Parteien oder Positionen festzulegen. So gehörte er zu den Ideengebern eines nachabsolutistischen Deutschland, das seine Zersplitterung in Duodezfürstentümer zu überwinden suchte, begegnete aber den Kämpfen um die nationale Einheit im Moment ihrer Ideologisierung gleichwohl mit wacher Skepsis; an der alten Feudalordnung partizipierte er durchaus, aber so, daß er gerade sie höchst wirkungsvoll zur Artikulation eines bürgerlichen Selbstverständnisses nutzte; und in den Prozeß der Ausbildung wissenschaftlicher Expertenkulturen war er aktiv involviert, ohne sich in ihre disziplinäre Arbeitsteilung zu fügen.

Diese interessierte Offenheit für Widersprüchliches hat mit Relativismus nichts zu tun, sondern vielmehr mit der Fähigkeit zu einer produktiven Zusammenschau des Verschiedenen. Die heutige Kreativitätsforschung verwendet hierfür den Ausdruck der »Ambiguitätstoleranz«. Das Wort bezeichnet die an schöpferischen Menschen beobachtbare Fähigkeit, sich auf Mehrdeutigkeiten einzulassen, ohne sie unduldsam auf einfache und einseitige Gedankenmuster zu reduzieren. Goethe besaß diese Fähigkeit in hohem Maße. Wie sie sich in seiner Persönlichkeitsentwicklung ausgeprägt und in seinem Werk niedergeschlagen hat, soll im folgenden für den heutigen Rezeptionshorizont einsehbar gemacht werden. Erforderlich ist hierzu eine Darstellungsweise, die Goethes Vielschichtigkeit nicht in einzelne Sparten zerlegt. Die Kapitelfolge ist daher nicht rein topographisch orientiert (Kunst, Naturwissenschaft, Politik etc.), sondern zugleich biographisch, um die Durchdringung und Durchkreuzung der einzelnen Bereiche in den jeweiligen Lebensphasen kenntlich zu machen. Diese Phasen unterscheiden sich durchaus voneinander. Immer wieder hat Goethe, wie er sagt, alte »Häute« abgestreift und neue »Epochen« begonnen.[14]

Die vorliegende Einführung ist dementsprechend in fünf Kapitel gegliedert, deren Unterabschnitte jeweils thematische Schwerpunkte behandeln. Sie sollen die Erfahrungswelten, die hinter den üblichen Phasenbezeichnungen – Sturm und Drang, Frühklassik, Hochklassik, Spätwerk – stehen, möglichst in ihrer panoramatischen Weite zur Geltung bringen. Stoffhuberei indessen ist nicht beabsichtigt. Statt den zahlreichen Materialsammlungen, Chroniken und Nachschlagewerken, deren wichtigste im Anhang genannt sind, Konkurrenz zu machen, wird sich die Darstellung auf das Verständnis der wechselnden Lebenssituationen im Mit- und Gegeneinander der unterschiedlichen Felder kultureller Praxis konzentrieren.

So liegt der Schwerpunkt des ersten Kapitels auf den Bedingungen für die Entstehung seines polaren Weltbildes, das aus der Spannung zwischen mütterlicher und väterlicher Welt, privaten und öffentlichen Selbstanteilen, Alchemie und Aufklärung erwächst.

Das zweite Kapitel behandelt Goethes Sturm und Drang als eine Phase der Grenzübertritte, die sich sowohl in den Ortswechseln des »Wanderers« und der durch Herder angeregten ethnographischen Forschung zeigen als auch im Aufeinandertreffen der bürgerlich getrennten Sphären von Kunst und Leben, Liebe und Beruf. Die damit einhergehenden Dilemmata werden von Goethe nicht gelöst, aber in ihrer Ungelöstheit dichterisch zum Ausdruck gebracht – was ihm Weltruhm einbringt.

Goethes Frühklassik, die Phase seines ersten Weimarer Jahrzehnts, ist im dritten Kapitel unter dem Gesichtspunkt verschiedener Integrationsversuche beschrieben. Das allmähliche Auseinanderdriften der kulturellen Wertsphären Wissenschaft, Moral und Kunst wird in diesem Lebensabschnitt durch eine äußerst weitgefaßte Existenzform zu unterbinden gesucht, die szientifische, politische und ästhetische Tendenzen mit gleicher Intensität verfolgt. Die platonische Liebesbeziehung zu Charlotte von Stein erweist sich dabei zunächst als motivierend, später als hemmend.

Die Konsequenz aus den Schwierigkeiten dieses Lebensabschnitts ist eine mäzenatisch abgesicherte Erneuerung der eigenen Existenz als Künstler, beginnend mit der Flucht nach Italien und kulminierend in der gemeinsam mit Schiller ausgearbeiteten Autonomieästhetik. Daß für den hochklassischen Goethe hierbei politische und naturwissenschaftliche Fragen nicht ausgeklammert werden, zeigt das vierte Kapitel.

Das fünfte Kapitel schließlich behandelt das komplexe Spätwerk unter dem Gesichtspunkt der verschärften Problematisierung von nationalen, wissenschaftlichen und ästhetischen Territorialkonflikten. Goethe nimmt in den zeitgenössischen Auseinandersetzungen um Napoleons Fremdherrschaft, Klassik und Romantik, Antike und Moderne Zwischenpositionen ein, die konsequent in sein Konzept der Weltliteratur einmünden.

Da es in der hier gebotenen Kürze nicht möglich ist, die poetischen Werke eingehend zu interpretieren, behandle ich sie vorwiegend im entstehungsgeschichtlichen Zusammenhang. Damit aber durch diese Beschränkung nicht der schiefe Eindruck entsteht, die Bedeutung der künstlerischen Werke gehe in der Biographie ihres Autors auf, widme ich einem von ihnen, dem *Faust*, gesonderten Raum für eine vertiefendere Analyse. Freilich ist auch der *Faust* mit seiner über sechzigjährigen Entstehungsgeschichte ein Reflexionsmedium von Goethes Lebensgang; zugleich aber behauptet er in geradezu paradigmatischer Weise seinen künstlerischen Eigensinn als poetisches Rätsel, das immer wieder zu neuen, aktualisierten Antworten reizt, ohne je als gelöst gelten zu können.[15] So werde ich am Ende jedes Kapitels die in der betreffenden Lebensphase fertiggestellten Partien des Werks nicht nur entstehungsgeschichtlich vorstellen, sondern darüber hinaus Deutungsfragen ansprechen.

1. Ausbildung. Polarisierungen (1749-1770)

Gewiß ist Goethe ein Mensch, dessen Entwicklung von äußeren Umständen begünstigt wurde. Fördernd aber waren diese Umstände insbesondere dadurch, daß sie Widerstandskräfte herausforderten. Die »Goethezeit« ist entgegen dem Klischee keine idyllische, sondern eine höchst irritierte, von Unruhen und Umwälzungen, Kriegen und Revolutionen erschütterte Epoche. Gerade solche Zeiten bringen Genies hervor – die freilich oft an ihren Konflikten zerbrechen. Goethe behauptete sich besser als Lenz, Moritz, Kleist, Hölderlin. Woran lag das?

Man wird weder die günstigen Bedingungen noch die außergewöhnliche Begabung allein für Goethes Erfolg verantwortlich machen können. Vielmehr war es ein dynamisches Gleichgewicht von Anforderungen und Anlagen, das seine schöpferischen Möglichkeiten zur vollen Entfaltung brachte. Von vornherein war er in ein starkes Kräftefeld von Gegensätzen gestellt, hilfreichen und hemmenden, die seine Durchsetzungsfähigkeit beanspruchten.

Schon die Geburt war ein zäher Überlebenskampf. Sie zog sich über drei Tage hin, bis er am 28. August 1749 zur Welt kam, dunkelblau und reglos von der langen Atemnot. Daß er beinahe tot zur Welt gekommen wäre, lag weniger an der Unerfahrenheit seiner jungen Mutter Catharina Elisabeth, der Frau des kaiserlichen Rats Johann Caspar Goethe, die gerade erst achtzehn Jahre alt geworden war, sondern an der Ungeschicklichkeit der Hebamme. Gegen derlei war man auch als Gattin eines der reichsten Frankfurter Bürger nicht gefeit. Und daß sie die Tochter des Stadtschultheißen war, half ihr in diesem Moment ebensowenig – dafür aber anderen: Johann Wolfgang Textor, der erste Bürgermeister und damit Stellvertreter des Kaisers, nahm die schwere Geburt seines Enkels zum Anlaß, den Hebammenunterricht der Freien Reichsstadt Frankfurt am Main zu verbessern.

Die Erbanlagen und Einflüsse, die seine Entwicklung bedingten, hat Goethe selbst einmal – in typisierender Stilisierung, wie sie für seine biographischen Äußerungen kennzeichnend ist – auf die Verse gebracht:

> »Vom Vater hab' ich die Statur,
> Des Lebens ernstes Führen,
> Von Mütterchen die Frohnatur
> Und Lust zu fabulieren.« [16]

Das klingt freilich harmonischer, als es war: Der Gegensatz von väterlichem Gesetz und mütterlichem Naturell, Ernst und Lust, Planung und Phantasie prägte eine starke Polarität in ihm aus, in die sein Denken, Fühlen und Schaffen zeitlebens, oft bis zum Zerreißen, gespannt war. Diese psychologische Voraussetzung korrespondiert mit einer objektiven historischen Konstellation: dem Gegensatz zwischen Rationalismus und Hermetik, Aufklärungs- und Arkanwissenschaft. Beide Anteile des kulturellen Gedächtnisses seiner Zeit bekam Goethe gleichermaßen vermittelt, und er verinnerlichte beide mit seiner ungewöhnlichen Auffassungskraft.

Zwischen zwei Traditionen

Wenden wir uns zunächst der väterlichen Einflußsphäre zu. Johann Caspar Goethe war ein gebildeter Privatier und Kunstsammler, der seine unerfüllt gebliebenen Lebensperspektiven in seinem Sohn zu verwirklichen suchte. Er gehörte zum neureichen Bürgertum Frankfurts. Sein Vater war ein Schneider gewesen, der sich durch einen florierenden Tuchhandel und die lukrative Heirat mit der verwitweten Besitzerin eines Prominentenlokals rasch emporgewirtschaftet hatte. Bei dessen Tod erbte der gerade zwanzigjährige Johann Caspar, sein einziger Sohn, ein beträchtliches Vermögen. Allein der zweistöckige Weinkeller im Wohnhaus am Großen Hirschgraben machte ihn nach heutigen Maßstäben zum Multimillionär, und die Zinsen, die er für seine Kapitalrücklagen erhielt, überschritten das Gehalt seines Schwiegervaters, des Stadtschultheißen, bei weitem. Arbeitslos im glücklichen Sinne des Wortes, konnte er sich eine zwar bewußt auf Glanz und Prunk verzichtende, gleichwohl kompromißlos anspruchsvolle Haushaltsführung im Stile des gehobenen Bildungsbürgertums leisten.

Seine Lebensform als Privatier allerdings kam nicht ganz freiwillig zustande. Voller Ehrgeiz hatte er eine gesellschaftliche Stellung anvisiert – auf einem Bildungsweg, den er bis ins Detail dann auch seinem Sohn auferlegen sollte: Jurastudium, unter anderem in Leipzig, Praktikum am Reichskammergericht in Wetzlar, Kavalierstour durch Italien. Dem ausführlichen Reisebericht, den Goethes Vater in italienischer Sprache anfertigte, ist freilich kaum anzumerken, daß es sich um die glücklichste Phase seines Lebens handelte; sein *Viaggio in Italia* ist im Gegensatz zur *Italienischen Reise*, die der Sohn dann verfaßte, das Werk eines Pedanten. 1741 nach Frankfurt zurückgekehrt, bewarb er sich um eine hohe Verwaltungsstelle, wurde aber abgelehnt. Die narzißtische Kränkung, von der Stadt, der zu dienen er sich so wohl präpariert hatte, nicht gewollt zu sein, kompensierte er durch den bequemen Erwerb eines Titels. Mit dem Ersuchen um Erhebung in den Status eines »Kaiserlichen Rats«, der mit keinerlei Dienstpflichten verbunden war, wendete er sich an den gerade erst gekürten Kaiser Karl VII. Dieser verdankte seine Stellung der Unterstützung Friedrichs des Großen und der Franzosen, die ihn, den Bayern, als Thronfolger des Heiligen Römischen Reiches Deutscher Nation durchsetzten, obwohl die Österreicher an der Reihe gewesen wären. Maria Theresias Anspruch war aber mit der Begründung abgelehnt worden, daß sie eine Frau war. Sie bewies daraufhin ihre Potenz durch die Besetzung Bayerns, so daß der gewählte Kaiser ohne eigenes Land war und sich auf die Frankfurter Residenz beschränken mußte. Johann Caspar Goethe nutzte die Gunst des Geschwächten und erlangte mit seinem Bittschreiben, lanciert von einflußreichen Freunden, den erwünschten Titel.

Doch der Geschichtslauf verwandelte den hohen Status bald in ein Stigma, das zur gesellschaftlichen Außenseiterposition der Familie Goethe beitrug. 1745 bereits starb Karl VII. Nun wurde dank eines Koalitionswechsels der Franzosen die Erbfolge zugunsten der Österreicher entschieden und Marias Gemahl als Franz I. zum Kaiser gekrönt. So führte die französische Untreue dazu, daß auch Johann Caspar sich plötzlich auf der Seite der Besiegten sehen mußte.

Sein Schwiegervater hingegen ging als Gewinner aus der neuen Situation hervor; zum Bürgermeister wurde er unter dem neuen Kaiser gewählt. Den innerfamiliären Gegensatz zwischen der »fritzischen« Gesinnung der Goethes und der frankophilen der Textors sollte der Knabe während des Siebenjährigen Krieges, der seit 1756 zur Normalität seiner Kindheit gehörte, deutlich zu spüren bekommen. Er lehrte ihn, Polaritäten als Lebenstatsachen zu akzeptieren.

Auch sonst lernt Goethe die gesellschaftlichen Zustände und Konflikte in der Privatheit des Elternhauses kennen. Denn was dem in seiner öffentlichen Wirkung behinderten Kaiserlichen Rat an Auditorien fehlt, schafft er sich in den eigenen vier

Wänden. Das Wohnhaus am Großen Hirschgraben ist ein kleiner Kosmos. Das liegt zwar nicht am erhofften Kinderreichtum – von den fünf nachfolgenden Geschwistern überlebt nur die ein Jahr jüngere Cornelia die Kinderzeit, ein Bruder namens Hermann Jakob stirbt im Alter von sechs Jahren, weitere drei kurz nach oder bei der Geburt –, doch es gibt etliche andere Hausbewohner: die von den Kindern sehr geliebte Mutter Johann Caspars sowie dessen Mündel, der geistig verwirrte Dr. Clauer, ferner zwei Hausangestellte, eine Köchin und einen Diener. Zudem ist stets ein Hausgast einquartiert, in der Regel eine hochgestellte Persönlichkeit, durch die wiederum weitere Besucher angezogen werden. Im übrigen veranstaltet der Vater alle vierzehn Tage Treffen mit Gelehrten und Sammlern und holt sich immer wieder Künstler oder Handwerker ins Haus, die er mit Aufträgen beschäftigt. Bei der Mutter trifft sich ein esoterisch orientiertes »Kränzchen«, und auch für die Kinder wird regelmäßig eine Versammlung mit Gleichaltrigen einberufen, die man weltläufig »coetus juvenitium« nennt.

Im Haus findet auch der Unterricht statt, denn Johann Caspar hält nichts von öffentlichen Schulen. Als überzeugter Autodidakt scheint es ihm für seine Kinder das beste, wenn sie Einzelunterricht bekommen. Und wo seine eigenen Kenntnisse nicht hinreichen, engagiert er Experten. So sorgen insgesamt acht Privatlehrer für zusätzlichen Verkehr am Großen Hirschgraben. Da ist zunächst der Magister artis scribendi, dem Goethe seine kunstvolle Handschrift verdankt wie auch die ersten Grundlagen in Rechnen, Geschichte und Geographie. Der Fremdsprachenunterricht setzt früh ein und ist wahrhaft multikulturell angelegt: Mit sechs Jahren beginnt Goethe bei dem türkischen Vizedirektor des Gymnasiums Latein zu lernen, bald darauf bekommt er auch Griechischstunden. Als er acht ist, kommt die französische

Sprache hinzu, die ihm ein Emigrant landesnah vermittelt. Grundkenntnisse des Italienischen erhält er zunächst durch den Vater, dann, ab 1760, durch Domenico Giovinazzi, den Johann Caspar bereits für die Niederschrift seines *Viaggio* konsultiert hatte. Mit elf Jahren lernt er Englisch bei einem promovierten Anglisten sowie in Intensivkursen bei verschiedenen Muttersprachlern. Doch damit nicht genug: Da der junge Goethe bei Streifzügen durch die Stadt immer wieder Jiddisch hört, wünscht er auch diese Sprache zu lernen; umgehend wird ein jüdischer Schreiber zu diesem Zweck eingestellt – was sich als Vorbereitung auf den Hebräischunterricht auszahlen soll, für den schließlich der hochgelehrte Leiter des Gymnasiums in die häusliche Schulstube geholt wird.

Bei dem großen Fächerpensum, das ganz auf ihn zugeschnitten ist – die jüngere Schwester Cornelia wird eher beiläufig mitversorgt –, hilft Goethe ein außerordentlich gutes Gedächtnis. Zum Beispiel bereitet es ihm keine Mühe, ganze Predigten nach dem Kirchgang zu wiederholen. Im übrigen gehört er zu den Begünstigten einer pädagogischen Reformbewegung, die sich auf die effektivste aller Mnemotechniken, die bildhafte Darstellung des Wissensstoffs, zurückbesinnt. Grundlegend für diese neue visuelle Erziehung ist der *Orbis Pictus* von Johannes Amos Comenius, der 1658 erstmals erschien und seither zahlreiche Aktualisierungen erlebte. Wie die meisten Kinder seiner Zeit lernt auch Goethe mit diesem Werk, das die ganze Welt von Gott im Himmel über die Naturerscheinungen bis zu den menschlichen Tätigkeiten umfaßt, seine ersten Begriffe und fremdsprachlichen Wörter. In der gut ausgestatteten Bibliothek seines Vaters kommen ihm dann bald auch andere »Bilderbücher« in die Hand: allen voran die große Bibel mit Kupferstichen von Merian, sodann eine Chronik der Weltgeschichte, eine Sammlung von Fabeln und Mythen und – ebenfalls früh schon – Ovids *Metamorphosen*, die der Goetheschen Lebensanschauung ihren Schlüsselbegriff geben werden.

Die Gedächtnisübung spielt ohnehin eine große Rolle im Unterricht der Zeit, der sich in die Tradition der antiken Rhetorik und ihrer Mnemotechniken stellt. Neben dem visuellen ist es das akustische Memorieren, das auf Goethe eine besonders nachhaltige Wirkung hat. Während ihn die trockenen Lehrbücher rasch langweilen, liebt er die kindgerecht versifizierten wegen des rhythmischen Wohlklangs ihrer Merksätze. Da ist es naheliegend, daß ihn selbst bald »eine gewisse Reim- und Versewut«[17] überkommt, die ihn – unter Anleihen bei den damaligen deutschen Dichtern – früh schon zu eigenen Gedichten motiviert, zum Beispiel zu diesem Neujahrsgedicht:

> »Erhabner Großpapa! Ein Neues Jahr erscheint,
> Drum muß ich meine Pflicht und Schuldigkeit entrichten,
> Die Ehrfurcht heißt mich hier aus reinem Herzen dichten,
> So schlecht es ist, so gut ist es gemeint.«

Gut gemeint ist bekanntlich das Gegenteil von Kunst. Aber es ist ein Siebenjähriger, der diese Zeilen schrieb, und insofern zeugen sie von außerordentlichem Talent. Ein fünf Jahre später verfaßtes Neujahrsgedicht beruht bereits auf Alexandrinern von einer sprachlichen und mythologischen Kompetenz, die derjenigen des großen Leipziger Poetiklehrers Gottsched frappierend nahekommt.

Zu dieser Zeit schreibt Goethe auch seinen ersten Roman. Er geht aus einer für ihn charakteristischen Motivation hervor: Wird die Intensität oder Komplexität der von außen aufgenommenen Eindrücke so groß, daß sie ihn zu verwirren droht, sucht er sie durch Gestaltung in den Griff zu bekommen. Das gilt in der Kinderzeit zum Beispiel für die Vielfalt seiner Sprachübungen, in denen er sich zu »verzetteln« fürchtet:

»Ich kam daher auf den Gedanken, alles mit einmal abzutun, und erfand einen Roman von sechs bis sieben Geschwistern, die, voneinander entfernt und in der Welt zerstreut, sich wechselseitig Nachricht von ihren Zuständen und Empfindungen mitteilen. Der älteste Bruder gibt in gutem Deutsch Bericht von allerlei Gegenständen und Ereignissen seiner Reise. Die Schwester, in einem frauenzimmerlichen Stil, mit lauter Punkten und in kurzen Sätzen, ungefähr wie nachher *Siegwart* geschrieben wurde, erwidert bald ihm, bald den andern Geschwistern, was sie teils von häuslichen Verhältnissen, teils von Herzensangelegenheiten zu erzählen hat. Ein Bruder studiert Theologie und schreibt ein sehr förmliches Latein, dem er manchmal ein griechisches Postskript hinzufügt. Einem folgenden, in Hamburg als Handlungsdiener angestellt, ward natürlich die englische Korrespondenz zuteil, so wie einem jüngern, der sich in Marseille aufhielt, die französische. Zum Italienischen fand sich ein Musikus auf seinem ersten Ausflug in die Welt, und der jüngste, eine Art von naseweisem Nestquackelchen, hatte, da ihm die übrigen Sprachen abgeschnitten waren, sich aufs Judendeutsch gelegt, und brachte durch seine schrecklichen Chiffern die übrigen in Verzweiflung und die Eltern über den guten Einfall zum Lachen.«[18]

Bemerkenswert an diesem leider nicht erhaltenen Ansatz zu einem polyglotten Briefroman ist neben der außergewöhnlichen Sprachbegabung die hier schon systematisch geübte Fähigkeit, unterschiedlichste Sichtweisen einzunehmen, eine Fähigkeit, die kontinuierlich, bis in die Polyperspektivik der großen Spätwerke hinein, weiterentwickelt wird.

Zum Unterricht gehören auch dramatische Übungen. Ein *Colloquium Pater et Filius* aus dem Jahre 1757 etwa bringt eine Besichtigung des Weinkellers in Dialogform. Vater und Sohn begeben sich hinab in die Kulturhistorie, wie sie sich durch die Flaschenetiketten und den kürzlich bei einem Hausumbau eingemauerten »Grund und Schluß-Stein« präsentiert.[19] Auf das patriarchale Gedächtnisgebot hin erinnert sich der brave Filius, wie die Feierlichkeiten bei der Anbringung des Steins verliefen.

In den sich anschließenden Reflexionen wird auch der praktische Hinweis auf den wertsteigernden Effekt der Weinlagerung nicht vergessen.

Festgehalten sind diese Versuche in den *Labores Juveniles*, einem erhaltengebliebenen Aufgabenheft des Acht- bis Zehnjährigen – mit Übersetzungen ins Lateinische, die eigentlich dem Niveau von Primanern entsprechen, von dem frühreifen Kind aber offenbar mühelos bewältigt werden.

Den Grundstein für das hohe Bildungsniveau Goethes also hatte zweifellos der Vater gelegt. Der frühe Ausbruch des künstlerischen Talents aber ist damit noch nicht erklärt. Zwar kümmerte sich Johann Caspar auch darum, daß die sogenannten musischen Fächer nicht zu kurz kamen. So erhielt Goethe früh schon Zeichenunterricht bei einem bekannten Kupferstecher, außerdem Klavierstunden, nachdem er 1763 das Frankfurter Konzert des siebenjährigen Mozart, damals gerade auf Wunderkindtournee durch Europa, bestaunen konnte. Später kam Unterricht im Cellospielen hinzu; und schließlich sollte das pubertierende Kind auch Tanzen lernen, letzteres beim Vater höchstselbst, der sich auf einer Violine abmühte, während Johann Wolfgang mit seiner Schwester dazu die Schritte einstudieren mußte. Für die Ausbildung im Reiten und im Fechten wurden wiederum Fachleute konsultiert.

Diese musische Grundausbildung war ihm zwar später von Nutzen, doch mit seiner Entwicklung zum Künstler hatte sie wenig zu tun. Goethes Lebensbericht markiert die Maximen der väterlichen Erziehung als die eines rigiden Pedanten, der weniger auf die Qualität schöpferischen Tuns achtet als auf dessen äußeren Rahmen. Tatsächlich ergänzte der Vater zum Beispiel die Zeichnungen seines begabten Sprößlings, die meist skizzenhaft blieben, der Ordnung halber bis zu den Rändern und verfuhr später genauso mit den an ihn gerichteten Briefen: Goethe erhielt seine frühen Versuche im epistularischen Selbstausdruck eines Tages säuberlich gebunden zurück: komplett redigiert.

Manche Biographen halten das in *Dichtung und Wahrheit* aus zahlreichen Facetten komponierte Porträt der väterlichen Pädagogik, in der »das Vollbringen der einzige Zweck, das Beharren die einzige Tugend«[20] des Handelns gewesen sei, für überzeichnet. Die entsprechenden Zweifel an Goethes Darstellung implizieren freilich, daß er in hohem Maße unfähig gewesen sein müßte, aus dem Altersrückblick eine angemessene Beurteilung darüber abzugeben, welche Faktoren für die eigene Entwicklung kreativitätsfördernd waren und welche nicht.[21] Aber auch wenn man, konträr zu dieser Darstellung, etwa die Leiern in dem von Johann Caspar entworfenen Familienwappen als Zeichen für das Vorhandensein statt für die philiströse Kompensation eines Mangels an Kunstsinn hält, hat man dennoch das subjektive Erleben Goethes – und sei es auch noch so realitätsfern gewesen – in seiner prägenden Wirkung zu berücksichtigen. Ja, gerade die Zwanghaftigkeit des Vaters war nach der polaren Deutung der eigenen Biographie unentbehrlich, und zwar nicht nur im negativen Sinne: lehrte sie doch den Knaben des »Lebens ernstes Führen«.

Als Gegenpol dazu empfand er die Mutter. Von ihr, sagte Goethe, habe er die »Lust zu fabulieren«. Diese dürfte früh schon auf ihn übergegangen sein, der Familienlegende zufolge sogar sehr früh: Es wird kolportiert, daß das Kind die Gutenachtgeschichten der Mutter jeweils am anderen Tag der Großmutter weitererzählte, mit neuen Varianten und Ausschmückungen, die wiederum von der Großmutter auf die sich bei ihr mit Erzählstoffen versorgende Schwiegertochter übergingen. So bekam Goethe beim Zubettgehen angeblich seine eigenen Geschichten zu hören. Wie dem auch sei, sicher ist, daß schon die Mutter als hinreißende Erzählerin bekannt war.

Mit ihrer ausgeprägten Lebensfreude bildete sie ein Pendant zur Zwangsstruktur des Vaters. Und komplementär zu dessen Sphäre war auch ihr Weltbild. Seinem aufklärerischen Rationalismus und strengen Luthertum setzte sie eine pansophisch-magische Naturverbundenheit und pietistische Herzensfrömmigkeit entgegen, die nicht bloßer Naivität entsprangen, sondern einer durchaus reflektierten Kenntnis der esoterischen Tradition. So war sie vertraut mit den Grundgedanken der magisch-kabbalistischen, astrologischen und alchemistischen Schriften, die als hermetisch bezeichnet werden, da sie der Überlieferung nach auf Hermes Trismegistos zurückgehen – so nannten die Griechen den altägyptischen Gott Theut, den legendären Erfinder der Buchstabenschrift. Der tatsächliche Ursprung des *Corpus Hermeticum* liegt im Neuplatonismus. Zentral ist in ihm die Lehre von der ursprünglichen Einheit der Welt, die sich in die Dualität von Licht und Finsternis, Geist und Materie gespalten hat und durch ein ekstatisches Heraustreten aus dem Gefängnis des Körpers wiedererlangt werden kann. Die hermetische Philosophie hat über Mittelalter und Renaissance – über Geistesverwandte des historischen Faust wie Ficino und Bruno, Agrippa und Paracelsus – bis ins 18. Jahrhundert hinein eine starke Verbreitung gefunden. Deren vielfältige Strömungen hatten im »Kränzchen« von Goethes Mutter einen ihrer gefühlsbetonten Ausläufer. Das geheimnisvolle Zentrum des esoterischen Zirkels war Susanna von Klettenberg, der Goethe später in seinem Wilhelm-Meister-Roman mit den *Bekenntnissen einer schönen Seele* ein Denkmal setzen sollte. Ihre Reputation als Magieexpertin verdankte sie nicht zuletzt ihrem Großonkel Hector von Klettenberg, der nach einer glanzvollen Zeit am Hofe von August dem Starken 1720 in Leipzig »wegen alchemistischer Zweideutigkeiten« enthauptet wurde.[22]

Zwischen Mutter und Sohn bildete sich eine Art Komplizenschaft heraus, was schon deshalb nicht verwundert, weil die Frau Rat, gut zwanzig Jahre jünger als ihr Gemahl, der Generation ihrer Kinder altersmäßig näherstand. Im Schutz der heimlich Verbündeten konnten sich die schöpferischen Züge des Jungen buchstäblich hinter dem Rücken des Vaters entfalten. So ließ sie ihn zum Beispiel unbemerkt ins Haus, wenn er – ein eigens zu Kontrollzwecken angebrachtes Fenster in der väterlichen Bibliothek durch eine Runde um den Block umgehend – zu spät heimkehrte. Auch als der väterliche Bannstrahl Klopstocks soeben erschienenen *Messias* traf, dessen Anschaffung mit der Begründung verweigert wurde, er sei wegen seiner reimlosen Verse kein Werk der Dichtkunst, wußte sie den Boykott zu unterlaufen:

»Die Mutter hielt es heimlich, und wir Geschwister bemächtigten uns desselben wann wir konnten, um in Freistunden, in irgend einem Winkel verborgen, die auffallendsten Stellen auswendig zu lernen, und besonders die zartesten und heftigsten so geschwind als möglich ins Gedächtnis zu fassen.«

Die Anschaffung entpuppt sich dann in der Tat als brisant, ja lebensgefährlich, wie Goethe weiter berichtet: Bei einer Deklamationsübung sitzen die Kinder hinter dem Stuhl, auf dem der Vater sich gerade rasieren lassen will. Flüsternd, um sich nicht zu verraten, rezitieren Wolfgang und Cornelia im Rücken des Klopstock-Gegners die inkriminierten Verse. Zunehmend aber heben sich mit wachsender Leidenschaft ihre Stimmen, bis Cornelia schließlich laut ausruft: »O wie bin ich zermalmt!« Goethe berichtet: »Der gute Chirurgus erschrak und goß dem Vater das Seifenbecken in die Brust. Da gab es einen großen Aufstand, und eine strenge Untersuchung ward gehalten, besonders in Betracht des Unglücks, das hätte entstehen können, wenn man schon im Rasieren begriffen gewesen wäre. Um allen Verdacht des Mutwillens von uns abzulehnen, bekannten wir uns zu unsern teuflischen Rollen, und das Unglück das die Hexameter angerichtet hatten, war zu offenbar, als daß man sie nicht aufs neue hätte verrufen und verbannen sollen.«[23]

Symbolisch charakterisiert diese Episode aus *Dichtung und Wahrheit* die Kunst als etwas Prekäres, das sich notwendig in einen Konflikt mit der väterlichen Welt, das heißt mit der rationalistischen Ordnung, begeben muß. Zwei aufeinanderfolgende Ereignisse des Jahres 1755 führen Goethe – zunächst im familiären, dann im globalen Maßstab – früh vor Augen, daß diese Ordnung eine falsifizierbare Konstruktion ist.

Zum einen beginnt der Vater in diesem Jahr mit einem aufwendigen Umbau des Wohnhauses, wobei er es sich in den Kopf gesetzt hat, diesen Umbau ohne Auszug der Familie zu bewerkstelligen. Zur Verblüffung des Kindes hält er mitten im Chaos der Bauarbeiten eisern am gewohnten Tagesablauf fest – eine groteske Situation, die erst auf ihrem Höhepunkt dadurch entspannt wird, daß Goethe vorübergehend, für die einzige Zeit seines Lebens, auf die öffentliche Schule geschickt wird. Besonders zu denken aber gibt ihm das Verhalten des Vaters, als ein schweres Unwetter mit Hagel die gerade erst erneuerten Scheiben zu zerschlagen droht: Der um die teuren Fenster besorgte Hausherr hebt sie aus den Angeln – was freilich dazu führt, daß die Wohnung überflutet und ein Teil der kostbaren alten Bücher zerstört wird.

Was Goethe hier im Kleinen am Verhalten seines Vaters verdeutlicht: daß ein durchaus rational bestimmtes Handeln zu irrationalen Konsequenzen führen kann, das wird ihm und der ganzen Welt kurz darauf durch das zweite Ereignis traumatisierend vor Augen geführt, durch das Erdbeben von Lissabon, dem über 30 000 Menschen zum Opfer fallen. Es ereignet sich ausgerechnet am Morgen von Allerheiligen, als nahezu alle Einwohner der katholischen Stadt in den Kirchen sind, den in dieser Situation ungünstigsten aller Aufenthaltsorte. Jene gottgewollt-vernünftige Weltordnung, wie sie Leibniz in seiner *Theodizee* mit scheinbar unumstößlicher Logik begründet hatte, verlor damit schlagartig ihre Glaubwürdigkeit. Machte das Ereignis doch sinnfällig, daß die Natur durch Berechnung nicht restlos zu beherrschen war, ja daß gerade der falsche Glaube an ihre Berechenbarkeit dazu geführt hatte, daß man derartigen Katastrophen völlig unvorbereitet gegenüberstand: Just die Festigkeit der Häuser mit ihren unbeweglichen Mauern hatte sich als Konstruktionsfehler erwiesen.

So trug das Beben dazu bei, daß auch die Wissensmodelle der Epoche sich zu verändern begannen: An die Stelle der Klassifikationsgebäude mit ihren starren Raumordnungen traten mehr und mehr bewegliche, zeitlich orientierte Beschreibungsverfahren. Anlaß hierfür war neben dem Zerbrechen der rationalistischen Metaphysik eine allgemeine Beschleunigung des Erfahrungszuwachses. Die Auflösung traditioneller Bindekräfte, die bislang den Zusammenhang und die Einheit der Natur garantierten, entfesselte die Einzelforschungen und ließ damit die Wissensmenge schlagartig ansteigen. Die bisherigen »Naturgeschichten« – die so hießen, weil sie von ihren Materialien beschreibend erzählten, nicht etwa, weil sie geschichtliches Denken verkörperten – waren dem steigenden Materialdruck immer weniger gewachsen. Ihre tableauartigen Gedächtnisräume erwiesen sich zunehmend als unzureichend und wurden allmählich durch dynamische Formen der Wissensorganisation abgelöst.

Goethes Leben und Werk sind mit diesem kulturhistorischen Prozeß der Verzeitlichung aufs engste verbunden.[24] Von Anfang an setzt er sich mit ihm auseinander, ja er wächst geradezu in ihn hinein: In seinem Geburtsjahr erscheint der erste Band von Buffons *Histoire Naturelle*, eines Standardwerks, dessen Beschreibungsraum sich zunehmend zu einer neuen Dimension hin öffnet, indem es von den gegebenen Naturerscheinungen mehr und mehr zu ihrer genealogischen Abfolge übergeht. Goethes Stellungnahme zu den Naturgeschichten seiner Zeit wird aus der Polarität der vom Vater und von der Mutter übermittelten Geistestraditionen hervorgehen: Der aufklärerischen Rationalität wird er insofern folgen, als er den von ihr propagierten Entwicklungsgedanken aufgreift. Doch im Unterschied zu deren abstraktem, mechanistischem Fortschrittskonzept wird er an der unmittelbaren, leibhaftigen Erfahrung der Natur festhalten, wie es der hermetischen Tradition entspricht. Diese wiederum wird er von ihrer traditionell-religiösen Verankerung in der Vorstellung einer »Kette der Wesen« lösen und zu einer Lehre natürlicher Verwandtschaften und ihrer Entwicklungsgeschichten, zur Lehre von der Metamorphose, umformen. Bis dahin freilich ist es noch ein weiter Weg. Goethes polare Disposition hat sich erst noch mit objektiven Erfahrungen und Kenntnissen anzureichern.

Gelehrige Pflichterfüllung und geheime Neigung

Für die Charakterentwicklung Goethes ist es kennzeichnend, daß er als Richtschnur für das äußere Leben die väterlichen Maximen durchaus anerkannte und übernahm, dabei aber zugleich seine ganz eigenen Interessen und Neigungen ausbildete, was zunächst nur dank der heimlichen Unterstützung der Mutter möglich war. Privates und öffentliches Selbst traten bei ihm dezidiert auseinander, und er sollte zeitlebens damit zu tun haben, die gleichermaßen starken Tendenzen auszubalancieren.

Freilich hatte die Selbstpolarisierung auch Vorteile. Diese zeigten sich zum Beispiel während der Einquartierung des Grafen

Thoranc in Goethes Elternhaus von 1759 bis 1763, als die Stadt unter französischer Besatzung stand. Der verordnete Hausgast erwies sich als ein angenehmer Mensch, doch für den »fritzisch« gesinnten Hausherrn hatte er den unverzeihlichen Makel der falschen Nationalität. Der junge Goethe hingegen arrangierte sich mit der gespaltenen Situation, die sich äußerlich immer mehr zuspitzte – vom Ausfall der sonntäglichen Mittagessen mit den frankophilen Textors bis zu einem Zwischenfall, bei dem der Vater nur knapp einer Verhaftung entging. Ohne sich von seiner zweifellos vorhandenen Identifikation mit dem Vater gebremst zu fühlen, öffnete sich das Kind zugleich der Welt des Grafen, der es gerne bei sich sah. Durch ihn lernte es die angesehensten Künstler der Stadt kennen, die Thoranc ins Haus holte, um sich Bilder für sein heimisches Schloß anfertigen zu lassen. Ihm verdankte Goethe auch die erste Bekanntschaft mit dem Theater des französischen Klassizismus, mit den Stücken Racines und Molières. Und der Großvater wiederum fand das so unterstützenswert, daß er seinem Enkel dazu ein Dauerbillett schenkte.

Vor dem Vater wurde all das, so gut es ging, verborgen. Der hatte auch keinen Grund zum Tadel, denn Goethe absolvierte das paternalische Pflichtpensum, das sich zunehmend auf rechtsgeschichtliche Stoffe ausdehnte, gewissenhaft. Seine künstlerischen Neigungen aber entfalteten sich heimlich.

Das gilt besonders für seine ersten eigenständigen Schritte auf dem Feld der Poesie. Zwar hatte er sich schon in sonntäglichen Zirkeln mit Freunden bei Gedichtwettbewerben hervorgetan. Aber daß der Heranreifende auf sein Talent bauen konnte, das merkte er erst im Kontakt mit einer Gruppe von Gleichaltrigen aus den unteren Schichten. Die Clique, mit der er sich ohne Wissen des Vaters, aber mit Rückendeckung der Mutter traf, hatte sein Talent rasch erkannt und benutzte es zunächst für einen pubertären Streich: Ein Mann aus ihrer Bekanntschaft sollte damit gefoppt werden, daß das Mädchen, das er umwarb, ihm schriftlich seine Zuneigung gestand. Goethe fungierte dabei als Ghostwriter für beide. Besonders der Antwortbrief an den getäuschten Liebhaber gelang ihm erstaunlich gut; die Auftraggeber kritisierten daran einzig den fehlenden Bezug zu der fiktiven Autorin. Für beides gab es Gründe, wenn wir Goethes Darstellung in *Dichtung und Wahrheit* folgen: Er hatte, berichtet er, in der Zwischenzeit Zuneigung zu einem »Gretchen« gefaßt. Diese aber versuchte ihn nun von dem Streich abzubringen. Denn es sei doch besser, sagte sie zu ihm, während er gerade an den Korrekturen des kritisierten Blattes saß, wenn solche Briefe ausschließlich zu einem wahren Gebrauch geschrieben würden. Nur zu sehr mochte Goethe ihr beipflichten, und er nutzte die Gelegenheit zu der Frage: »›wenn jemand, der Sie kennt, schätzt, verehrt und anbetet, Ihnen ein solches Blatt vorlegte, und Sie recht dringend, recht herzlich und freundlich bäte, was würden Sie tun?‹ – Ich schob ihr das Blatt näher hin, das sie schon wieder mir zugeschoben hatte. Sie lächelte, besann sich einen Augenblick, nahm die Feder und unterschrieb.« Der Jubel war groß. »Ich las«, berichtet Goethe, »meine poetische Epistel hundertmal durch, beschaute die Unterschrift, küßte sie, drückte sie an mein Herz und freute mich dieses liebenswürdigen Bekenntnisses.«[25]

Signifikant an dieser nicht ohne selbstironische Distanz erzählten Geschichte ist zweierlei. Zum einen, daß es nach wie vor des Jünglings *eigene* Worte sind, die er sich als Bekenntnis der Geliebten immer wieder verzückt vorliest – ein durchaus problembewußter Hinweis auf den fiktiven Charakter von »Dichterliebe«, für den Goethe lange nach einer Bewältigungsstrategie suchen wird. Zum zweiten aber zeigt die Episode, daß Goethes Fähigkeit zur literarischen Polyperspektivik im eigenen Verhalten und Empfinden gründete. Immer wieder hat er sich in wechselnde Rollen begeben, andere Identitätsmöglichkeiten durchgespielt, sich virtuelle Realitäten geschaffen.

Diese Neigung wird, nachdem Gretchen deren zynische Äußerungsform so charmant unterbunden hat, von der Jugendgruppe für nützlichere Zwecke eingesetzt. Man besorgt sich Aufträge für Gelegenheitsgedichte und teilt sich die Erträge für gemeinsame Trinkgelage. Berauscht ist Goethe ohnehin – von der Liebe ebenso wie von der neuen Erfahrung, kommerziellen Nutzen aus seinem Talent ziehen zu können. Hochzeitsgedichte gelingen ihm natürlich besonders gut, da die jeweils angedichtete Wunschgattin alle Eigenschaften Gretchens aufweist.

Aber die Inspiration durch die Geliebte wirkt sich noch in anderer Richtung aus. Es ist die Zeit der Vorbereitungen zur großen Krönungsfeier Josephs II., des Sohnes von Maria Theresia und ihrem kaiserlichen Gemahl Franz I., zum römischen König. Der junge Goethe, der festgestellt hat, daß er seine Freundin durch seine Hintergrundkenntnisse beeindrucken kann, betreibt nun mit größtem Eifer das vom Vater angemahnte Studium der Rechtsgeschichte, da es zur Erklärung der Feierlichkeiten dient, auf die sich die Stadt mit großem Pomp vorbereitet. Das historische Wissen wird durch den zärtlichen Adressatenbezug in seinem Gehalt verändert; es nimmt poetische Züge an, die nicht nur äußere Einkleidung sind, sondern Wesensausdruck. Daß Goethe die Verschmelzung von Eros und Erkenntnis, wie sie später in seinem Lehrgedicht *Metamorphose der Pflanzen* programmatisch formuliert werden wird, schon in jenen Jugendjahren bewußt reflektiert, darf bezweifelt werden. Daß aber der für ihn charakteristische Forschungstyp, den er als »zarte Empirie«[26] beschreibt, im Erlebnis des liebenden Lernens und lernenden Liebens seine Urszene hat, ist gewiß. Um eine solche Urszene handelt es sich, wenn Goethe in *Dichtung und Wahrheit* erzählt, wie er die Krönungsfeierlichkeiten in Begleitung Gretchens zubringt. Die Schilderung kulminiert in einem romantischen Nachtspaziergang durch das feierlich illuminierte Frankfurt, bei dem die öffentliche durch die private Geschichte individualisiert und das private Erleben durch den öffentlichen Rahmen überhöht wird. Ein unschuldiger Abschiedskuß auf die Stirn ist der Lohn für den führend Verführten.

Es war der erste und zugleich der letzte Kuß von ihr. Denn am nächsten Tag wird bekannt, daß jene Clique in kriminelle Geschäfte verwickelt ist. Die Betrügereien werden nun aufgedeckt, und Goethe, der ahnungslos war, muß versprechen, daß er den Kontakt zu der Gruppe abbricht. Als man ihm sagt, daß Gretchen bereits aus der Stadt entfernt wurde, fällt er in eine Phase tiefer Traurigkeit. Schier verzweifelt aber macht ihn, den Unschuldigen, ihre Unschuldsbeteuerung: Wie man ihm erzählt, soll Gretchen auf die Frage, ob etwas Ernstes zwischen ihr und ihm vorgefallen sei, geantwortet haben, sie habe ihn nur als Kind gesehen.

Die Krönungsfeierlichkeiten interessieren ihn fortan nicht mehr. Er reagiert auf sein Unglück durch Flucht in die Einsamkeit und verstärkte schöpferische Produktivität. Er zieht sich in die Natur zurück, liest antike Philosophen und Dichter, zeichnet. Und er bewirbt sich um Aufnahme in einen dichterischen Geheimbund namens Phylandria, wird aber abgewiesen mit der Begründung, »daß er der Ausschweifung [...] sehr ergeben sey«[27].

Der doppelte Entzug der für sein inneres Gleichgewicht benötigten Möglichkeit eines Geheimlebens führt dazu, daß ihm die erzieherische Aufsicht im Elternhaus unerträglich wird. Er drängt seinen Vater, »endlich« – er ist gerade sechzehn Jahre alt geworden – studieren zu dürfen. Daß er Dichter werden will, ist ihm jetzt schon ebenso klar wie die Überzeugung, daß es nicht gut sei, *nur* Dichter zu sein. Das liegt zum einen an der äußerst dürftigen Situation der freien Schriftsteller in jener Zeit, die sich auf dem gerade erst entstehenden literarischen Markt noch nicht behaupten können. Zum anderen hat Goethe trotz des traurigen Ausgangs der Gretchen-Episode einen Vorgeschmack davon bekommen, daß ein Doppelleben als Liebhaber *und* Lehrer, Poet *und* Pädagoge seiner polaren Natur durchaus entspricht.

Sein Wunsch wird schließlich erfüllt, allerdings nicht an seiner Wahluniversität Göttingen, wo er alte Sprachen und Geschichte studieren will, sondern an der Universität Leipzig, wo er Jura studieren soll. Denn so hat es der Vater nun einmal zu seinem Besten vorgesehen. Zu diesem Zweck hat er seinem Sohn auch den *Kleinen Hoppe* eingepaukt, ein juristisches Lehrbuch, dessen gründliche Kenntnis dem Studenten den Weg bis zum Examen enorm erleichtern – und so indirekt der Kultivierung seiner heimlichen Neigungen nützen – wird.

Aufklärung in »Klein Paris«, Arkana im Krankenbett

Den Ortswechsel sehnt Goethe herbei wie ein »Gefangener«, der die »Kerkergitter bald durchgefeilt hat«[28]. Seine kreativen Anlagen, die sich bisher eher im verborgenen ausgebildet haben, suchen nach Entfaltungsmöglichkeiten. Bereits jetzt erscheint es ihm vorstellbar, einmal literarischen Ruhm zu erlangen – vergleichbar etwa mit Gellert, dem Hauptvertreter des idyllisch-empfindsamen Kunstgeschmacks der Zeit. Und wie der dichtende Leipziger Hochschullehrer will auch Goethe sein künftiges Poetendasein durch eine akademische Parallelexistenz abstützen. Er schmiedet also den heimlichen Plan, gleich nach der Ankunft den väterlich oktroyierten Studiengang in die ihm gemäßere philologische Richtung umzulenken. Nur die Schwester, mit der ihn ein äußerst inniges Verhältnis verbindet, wird in den Geheimplan eingeweiht.

Die Stadt, in der er zur Messezeit 1765 eintrifft, besitzt, mehr noch als Frankfurt, ein weltoffenes Flair. Man nennt Leipzig damals »Klein-Paris«. Die Mode ist freier, das Leben eleganter, die Straßen sind großzügiger. Es gibt – im Unterschied zu den meisten anderen Städten, die nur über Wanderbühnen verfügen – ein fest etabliertes Theater, das die Autoren des französischen klassizistischen Dramas, der Avantgardekunst der Zeit, zur Aufführung bringt. Zu den »Stars« unter den Schauspielern gehört Corona Schröter, die Goethe später als Weimarer Intendant für seinen Herzog engagieren wird.

Auch die Universität hat einen guten Ruf. Sie gilt als Hort der deutschen Aufklärung. Schon Leibniz hat hier studiert, ebenso Samuel Pufendorf, der Begründer der systematischen Naturrechtslehre. Zu den berühmten Absolventen der jüngsten Vergangenheit gehören Lessing und Winckelmann, dessen *Gedanken über die Nachahmung der griechischen Werke in der Malerei und Bildhauerkunst* unlängst eine anthropologisch orientierte Neubewertung der Kunst des klassischen Altertums in Gang gesetzt haben. Bei Lessings Lehrer Gellert wird Goethe Stilkunde lernen und bei Winckelmanns Lehrer Oeser das Zeichnen. Und auch der größten Berühmtheit der Universität wird er begegnen: dem bejahrten Begründer des immer noch dominierenden poetologischen Regelsystems der Aufklärung, Johann Christoph Gottsched.

Um die Finanzierung seines Studiums muß sich Goethe keine Gedanken machen – und er macht sich keine: Sein Lebensstil verschlingt nahezu die Hälfte der väterlichen Einkünfte. Er mietet sich, anders als die meisten Studenten, die mit dunklen Parterrewohnungen oder engen Dachkammern vorlieb nehmen müssen, »ein paar artige Zimmer«[29] in bester Lage. Und natürlich verfügt er, wie es damals üblich ist, über Empfehlungsschreiben, die seinem hohen Status entsprechen.

Die erste Empfehlung führt ihn zu Hofrat Böhme, einem Staatsrechtler, der ihm auf Bitten des Vaters einen Studienplan erstellen soll. Goethe glaubt, den gütig dreinblickenden Mann sogleich für seinen heimlichen Fachwechselwunsch erwärmen zu können, sieht sich aber statt dessen einer polternden Strafpredigt ausgesetzt, die ihn nun um so strikter zum Jurastudium verdonnert. Der Hofrat hegt nämlich eine tiefe Abneigung gegen Gellert, von dem Goethe ihm gerade ahnungslos vorgeschwärmt hat, und gibt ihm den Rat: Wenn er sich für das klassische Altertum interessiere, wie er behaupte, dann könne er es viel direkter auf dem Wege der Rechtsgeschichte kennenlernen. Goethe läßt sich den juristischen Studienplan nun fassungs- und widerstandslos diktieren. Doch kann er sich immerhin ausbedingen, eine Vorlesung und ein Praktikum bei Gellert besuchen zu dürfen.

Wiederum also befindet er sich in der Situation der Selbstentzweiung. Das teilt sich auch in seinen Briefen mit. Der Schwester gegenüber läßt er kokett durchblicken, daß er das Studentenleben in vollen Zügen genieße. Zugleich setzt er das inoffiziell Gelernte in altkluge Belehrungen um: »Schreibe nur so wie du reden würdest, und so wirst du einen guten Brief schreiben« – das hat er bei Gellert gehört; und nach Gottsched klingt es, wenn er sie mahnt: »Du must also nicht nur zum Vergnügen, sondern zur Besserung deines Verstandes und deines Willens lesen«[30]. Dem Vater hingegen berichtet er, was diesem gemäß ist: »sie können nicht glauben was es eine schöne sache um einen Professor ist. Ich binn ganz en[t]zückt geweßen da ich einige von diesen leuten in ihrer Herrlichkeit sah«[31]. Der ironische Unterton ist unverkennbar. Innerlich hat Goethe sich von der Professorenherrlichkeit durchaus schon distanziert. Bei den juristischen Vorlesungen, wo er am Anfang emsig mitschrieb, stellte er rasch fest, daß sie über den beim Vater bereits durchgenommenen Stoff nicht hinausgingen. Um so mehr findet er nun Zeit, sich in anderen Fächern umzutun.

Ein geselliger Mittagstisch bringt ihn mit Naturwissenschaftlern zusammen, von denen er erstmals Näheres über die großen Naturgeschichtler der Zeit, über Buffon und Linné, erfährt. Auch wird er durch diesen Kreis angeregt, Mathematik- und Physikvorlesungen zu hören, bei denen er unter anderem klassische Experimente aus Newtons Optik kennenlernt. Vor diesem Hintergrund wird er später seine eigenen naturwissenschaftlichen Vorstellungen profilieren.

Vor allem aber widmet er sich dem Literaturstudium. In Gellerts Praktikum kann er auch seine eigenen poetischen Versuche vorstellen – die gnadenlos verrissen werden. Die Stilunsicherheit, in die ihn das große Vorbild treibt, führt er insbesondere auf den regionalen Wechsel zurück. Äußerlich hat er diesen Wechsel ohne Umschweife vollzogen, indem er sich gleich bei seiner Ankunft komplett nach der aktuellen Leipziger Mode einkleidete. Aber die eigene Sprache ließ sich nicht so leicht austauschen. Goethes Frankfurter Dialekt unterschied sich vom Sächsischen durch einen größeren Bilderreichtum und eine derbere Ausdrucksweise. Da er sich nun dem »pedantischen Regimente« ausgesetzt sieht, das die »meißnische Mundart« mit sich bringt, fühlt er sich seiner eigenen Wurzeln beraubt.[32] Auch ist die Poetik der Aufklärung um eine ihm unvertraute Nüchternheit bemüht; sie will das Ansprechen der Sinne nur insofern gelten lassen, als es dadurch etwas zu denken gibt. Goethe, der zahlreiche poetische Arbeiten aus Frankfurt mitgebracht hat, verbrennt diese nun enttäuscht auf dem Küchenherd seiner Wirtin. Doch das bedeutet nicht, daß er sich fortan dem Urteil seiner Lehrer unterwirft. Denn er bemerkt bald, daß diese inkonsequent verfahren: Insbesondere an Gellerts Repetitor Clodius, der um penible Nachahmung der aufklärerischen Muster besorgt ist, fällt ihm auf, daß ein solches Verfahren zur Anhäufung gestanzter Worthülsen führt, also genau dem, wovon man sich abgrenzen will. Goethe demonstriert, wie unpassend der antikisierende Stil seines Lehrers sich gegenüber seinen Sujets verhält, in einer parodistischen *Ode auf den Kuchenbäcker Hendel*[33], die für Furore sorgt, da sie allen Respekt vor der im Brief an den Vater gerühmten Professorenherrlichkeit vermissen läßt.

In diesem Zeichen steht auch die Begegnung mit Gottsched. Goethe schildert in *Dichtung und Wahrheit*, wie ein Höflichkeitsbesuch bei dem großen Gelehrten, dessen Regelpoetik aber bereits als alter Zopf und aufgesetzt gilt, in charakteristischer Weise schiefgeht. Die Schilderung mag rein fiktiv sein, doch fängt sie die geistige Situation der Zeit derart treffend ein, daß sie hier als symbolisches Zeugnis genommen werden kann: Gemeinsam mit einem angereisten Frankfurter Bekannten, Johann Georg Schlosser, dem späteren Mann seiner Schwester, pilgert Goethe zum Haus des prominenten Professors ...

»Wir ließen uns melden. Der Bediente führte uns in ein großes Zimmer, indem er sagte, der Herr werde gleich kommen. Ob wir nun eine Gebärde, die er machte, nicht recht verstanden, wüßte ich nicht zu sagen; genug wir glaubten, er habe uns in das anstoßende Zimmer gewiesen. Wir traten hinein zu einer sonderbaren Szene: denn in dem Augenblick trat Gottsched, der große breite riesenhafte Mann, in einem gründamastnen, mit rotem Taft gefütterten Schlafrock zur entgegengesetzten Türe herein; aber sein ungeheures Haupt war kahl und ohne Bedeckung. Dafür sollte jedoch sogleich gesorgt sein: denn der Bediente sprang mit einer großen Allongeperücke auf der Hand (die Locken fielen bis an den Ellenbogen) zu einer Seitentüre herein und reichte den Hauptschmuck seinem Herrn mit erschrockner Gebärde. Gottsched, ohne den mindesten Verdruß zu äußern, hob mit der linken Hand die Perücke von dem Arme des Dieners, und indem er sie sehr geschickt auf den Kopf schwang, gab er mit seiner rechten Tatze dem armen Menschen eine Ohrfeige, so daß dieser, wie es im Lustspiel zu geschehen pflegt, sich zur Türe hinaus wirbelte, worauf der ansehnliche Altvater uns ganz gravitätisch zu sitzen nötigte und einen ziemlich langen Diskurs mit gutem Anstand durchführte.«[34]

Daß Goethe unter der falschen Lockenpracht des Nachahmungsästheten die Tabula rasa eines Glatzkopfes erblickt, der sich im Moment der Enthüllung so derb verhält wie das von ihm geschmähte deutsche Lustspiel, symbolisiert ein Dilemma der klassizistischen Ästhetik: Das gravitätische Gehabe ihrer Regeln, die so aufgesetzt sind wie eine pompöse Perücke, schlägt unwillkürlich um in eben die Komik, von der sie sich krampfhaft abzugrenzen versucht. Daß der Bediente seine Ohrfeige in aller Ruhe und Selbstverständlichkeit erhält, deutet darauf hin, daß es schon gar keine Fallhöhe mehr gibt zwischen dem klassizistischen Muster und der Derbheit der improvisierenden Volkskomödie, die Gottsched von den deutschen Bühnen verbannt wissen will. Die Episode macht damit sinnfällig, daß die aufklärerische Nachahmungsästhetik keine angemessene Überwindung der niveaulosen Hanswurstiaden und der ungeschliffenen barocken Sprache ist, die das deutsche Theater auszeichnet. Das Erfordernis der Zeit ist ein Neuansatz, der die deutschen, gefühlsbetonten Traditionselemente wieder stärker zur Geltung bringt, ohne hinter das Niveau des französischen Formbewußtseins zurückzufallen.

Goethes Schritte in diese Richtung sind in Leipzig noch sehr tastend. Aber daß sie sich auf eine Synthese von poetischem Empfinden und handwerklichem Können, vom Recht des Gefühls und der Regel der Vernunft hinbewegen, ist bei aller Unselbständigkeit seiner Versuche schon erkennbar. Diese Entwicklung wird durch zwei biographische Einflüsse gefördert, die von gegensätzlicher Art sind und gerade deshalb die Suche nach jener Synthese herausfordern: zum einen die Liebschaft mit Anna Katharina Schönkopf, der Tochter eines Zinngießers, zum anderen die Freundschaft mit Ernst Wolfgang Behrisch, dem Hofmeister eines Grafen. Was Goethe für die Geliebte reimt, unterzieht der Pädagoge einer nüchternen Stilkritik. Die besten Gedichte, verspricht der um einige Jahre ältere Behrisch ihm, werde er in seiner anerkannt meisterhaften Schönschrift ins reine bringen. Dies aber, so sein didaktisch geschickter Wink, sei ein derart mühsames Geschäft, daß jedes überflüssige Wort eine unerträgliche Zumutung bedeute. Der Schüler übt sich also in der maßvollen Gestaltung seiner lyrischen Schwärmereien, und daraus erwächst schließlich eine Prachthandschrift von neunzehn Gedichten mit Vignetten unter dem Titel *Annette*. Es sind Gedichte, die ein sexuelles Begehren recht unvermittelt ausdrücken, das dann aber nicht zum Zuge kommt. Formal stehen sie noch dem Rokokostil nahe, der bestimmt war von der didaktischen Maxime des Horaz, das Erfreuliche müsse auch nützlich sein (»delectare et prodesse«). Andererseits kehren sie diese Maxime in einer Weise um, die erkennen läßt, daß Goethe sich von den Vorbildern Gottscheds und Gellerts zu emanzipieren beginnt. Die Instrumentalisierung des Vergnügens für den moralischen Nutzen erscheint hier als Problem: Gerade die Unterdrückung der Lust wird als eben die Unmoral entlarvt, vor der sie angeblich bewahrt. *Ziblis* etwa warnt vor den selbsternannten Sittenwächtern, da diese die frommen Empfindungen der Menschen für ihre egoistischen Zwecke ausnutzen. Das Poem handelt von einem Mädchen, das vor dem eigentlich gutmütigen Waldgott flieht, wobei ihr ein Tugend heuchelnder Lüstling beispringt, der sie mit seinen falschen Warnungen geradewegs in die eigenen Arme treibt. Die epigrammatische Umkehrmoral lautet:

»Mädchen, fürchtet rauher Leute
Buhlerische Wollust nie.
Die im ehrfurchtsvollen Kleide
Viel von unschuldsvoller Freude
Reden, Mädchen, fürchtet die!«

Die Beziehung zu »Käthchen« Schönkopf hat nicht nur lyrische Spuren hinterlassen, sondern auch – im doppelten Sinne – dramatische: Goethe berichtet, daß er extrem eifersüchtig war, obwohl sie sich ganz auf ihn hin orientierte; gerade das aber habe ihn provoziert, seine Launen an ihr grausam auszulassen, und zwar so lange, bis sie sich in ihrem Unglück ihm tatsächlich entzog und Anlaß zu begründeter Eifersucht gab. Aus diesem Erlebnisstoff entsteht das Drama *Die Laune des Verliebten*, von dem Goethe rückblickend sagt, daß sich bei dieser Produktion das »poetische Talent mit seinen Heilkräften besonders hülfreich erwiesen« habe[35], da es ihn hier, wie noch oft in seinem weiteren Leben, durch Gestaltung bannen ließ, was ihn beunruhigte und quälte. So konnte er die Geliebte, die er im realen Leben unwiederbringlich verloren hatte, wenigstens in der Poesie zurückgewinnen – in einem Stück, das als eines der lebendigsten Beispiele aus der Gattung der Schäferidylle und damit zugleich als deren Überwindung gilt.

In der Leipziger Zeit entstehen noch weitere Dramenentwürfe, von denen nur *Die Mitschuldigen*, ein Lustspiel vor düsterengem bürgerlichem Hintergrund, fertiggestellt werden. Die übrigen unterzieht Goethe später, als er wieder in Frankfurt ist, einer erneuten Verbrennungsaktion.

Die stilistische Neuorientierung wird durch Kunststudien fundiert, insbesondere durch Zeichenkurse bei Adam Oeser. Dieser, »ein abgesagter Feind des Schnörkel- und Muschelwesens und des ganzen barocken Geschmacks«[36], war schon ein

Lehrer Winckelmanns und hat zu dessen Frühschriften die Vignetten beigesteuert. In seiner Zeichenakademie stellte Oeser auch einen Teilabguß der Laokoon-Gruppe aus, jenes Werks, an dem sein berühmter Schüler die Sentenz von der edlen Einfalt und stillen Größe der griechischen Meisterwerke demonstrierte.[37] Das war freilich nicht unmittelbar auf die Poesie zu übertragen. Ein Jahrzehnt später, während Goethes Leipziger Aufenthalt, erscheint, von demselben Studienort inspiriert, die Laokoon-Schrift Lessings. Sie räumt mit einem für die erste Hälfte des 18. Jahrhunderts typischen Mißverständnis der Horazischen Formel »ut pictura poiesis« auf: Gegen die bisherige Auslegung, daß die Dichtung wie ein Bild zu sein habe, also mit Worten malen solle, versteht Lessing das vieldeutige »ut« als Hinweis auf die relative Eigengesetzlichkeit beider Kunstformen. Die »Sprache« eines gemalten Bildes, erklärt er, sei anderen Prinzipien verpflichtet als ein »Bild« der poetischen Sprache – jene folge einer Ordnung des räumlichen Nebeneinanders, dieses einer des zeitlichen Nacheinanders. Der Dichtung werden dadurch neue Möglichkeiten erschlossen. Sie ist fortan das privilegierte künstlerische Medium für die beginnende Tendenz zur Emanzipation des Zeitfaktors, die zu dramatischen Umwälzungen in allen Kulturbereichen führen wird.

Mit erwachendem Bewußtsein für die Notwendigkeit einer wechselseitigen Neubestimmung von Poesie und Malerei in den Polaritäten von Raum und Zeit, Simultaneität und Sukzession reist Goethe nach Dresden, um sich dort die bedeutenden Kunstsammlungen anzusehen. Wie immer, wenn ihm eine Angelegenheit am Herzen liegt, macht er ein Geheimnis aus ihr. So reist er auch jetzt nicht standesgemäß – etwa mit Voranmeldung bei einflußreichen Freunden und Unterkunft in teuren Gasthöfen –, sondern quartiert sich inkognito bei einem Schuster ein. Ungestört von Konversationszwängen, kann er die Bilder in der Dresdner

Gemäldegalerie für sich allein betrachten und auf sich wirken lassen. Ihn begeistern besonders diejenigen, in denen sich der Künstler von der sklavischen Reproduktion der Natur befreit, um seinen eigenen Blick auf die Welt zur Geltung zu bringen. Als Goethe zu seinem Quartier zurückkehrt, ist seine Wahrnehmung noch dermaßen von den ausgestellten Bildern eingenommen, daß er die Schusterwerkstatt als das Werk eines niederländischen Meisters sieht. Später erinnert er sich: »Es war das erste Mal, daß ich auf einen so hohen Grad die Gabe gewahr wurde, die ich nachher mit mehrerem Bewußtsein übte, die Natur nämlich mit den Augen dieses oder jenes Künstlers zu sehen, dessen Werken ich soeben eine besondere Aufmerksamkeit gewidmet hatte.«[38] In der Tat wird er diese Gabe immer weiter schulen, die sich sowohl im Bereich der Dichtung wie dem der Wissenschaft zu polyperspektivischen Verfahrensweisen entfalten wird.

Zurück in Leipzig, vertieft er sein Studium der ihm auf der Zeichenakademie nahegebrachten Sehweisen und Lehren. Ein zusätzlicher Stimulus hierfür ist die Bekanntschaft mit dem Buchdrucker Breitkopf, dem Goethe bei der Einrichtung eines neuen Hauses im aktuellen Geschmack helfen soll. Auch einem Kupferstecher, den er bei Breitkopfs kennenlernt und der Stiche nach Zeichnungen Oesers anfertigt, geht er zur Hand und übt sich schließlich an eigenen Produkten mit dieser Technik. Diese erfordert das Arbeiten mit Ätzwasser – was der Hauptgrund für die schwere Erkrankung sein dürfte, die bald darauf einsetzt.

Eines Morgens erwacht er mit einem blutigen Husten. Er schwebt mehrere Tage in Lebensgefahr, wird aber von seinen zahlreichen Leipziger Freunden gut versorgt, so daß er sich in den folgenden Wochen einigermaßen erholt. Unter den Besuchern, die ihm durch die Krankheit näherkommen, ist auch Oesers Tochter Friederike, bei der er sich mit einer Sammlung von Gedichten bedankt, die 1770 unter dem Titel *Neue Lieder* mit Kompositionen des Breitkopf-Sohnes im Familienbetrieb gedruckt werden, ohne daß Goethes Name erwähnt wird. Die Gedichte haben den verzärtelten Ton und die epigrammatischen Wendungen der Rokokokonvention zwar noch nicht ganz abgelegt, lassen aber schon die besondere Fähigkeit der Goetheschen Lyrik durchklingen, Natur nicht einfach als Motiv und Topos zu beschreiben, sondern als Atmosphäre und Geschehen erfahrbar zu machen – ein früher Anklang der Verzeitlichungstendenzen im Feld der Poesie.

Goethes Gesundheitszustand bleibt kritisch; es gibt Anzeichen einer Tuberkulose, hinzu kommen eine Geschwulst am Hals und ein gefährlicher Stillstand der Verdauung, vermutlich auch eine Mandelentzündung und Nierensteine. Die berechtigten Todesängste sowie der unglückliche Ausgang der Beziehung zu Käthchen Schönkopf schwächen auch seine seelischen Widerstandskräfte. Er sieht sich gezwungen, ohne Examen nach Hause zu fahren. An seinem neunzehnten Geburtstag bricht er in düsterer Stimmung von Leipzig auf.

Als ein »Schiffbrüchiger«[39] heimgekehrt, wird er zu Hause mit gemischten Gefühlen aufgenommen. Mutter und Schwester sind erschrocken über sein krankes Aussehen und kümmern sich hingebungsvoll um ihn. Der Vater aber ist kühl und reserviert und zeigt sich enttäuscht über den Studienabbruch. Verständnis für die seelischen Anteile der Krankheit vermag er nicht aufzubringen; er drängt auf raschen, effektvollen Einsatz der Schulmedizin. Die natürliche Reaktion ist eine Verstärkung des Bündnisses mit Mutter und Schwester. Während der ausgegrenzte Pedant sich einsam seinen Beschäftigungen hingibt (selbst im distanzierten Rückblick vermerkt Goethe mit bissiger Symbolik, daß der Vater seine Laute länger stimmte, als er darauf spielte), finden sich die anderen zu einem intensivierten Austausch zusammen. Die Schwester kann ihrem Bruder endlich das Herz ausschütten über den klösterlich-strengen Unterricht, der sie von den Vergnügungen ihrer Altersgruppe so gut wie vollständig ausgesperrt und auf den sie mit »Dienst nach Vorschrift« reagiert hat. Und die Mutter, die sich in der langweiligen Zeit der Abwesenheit des Sohnes noch stärker auf ihren pietistischen Zirkel konzentrierte, findet nun in dem bedürftig Heimgekehrten ein dankbares Objekt ihrer unterforderten Herzensbildung. Gemeinsam mit ihrer Schar gottgefälliger Damen, die sich den Beweis ihrer zarten Gesinnung auch nicht entgehen lassen, kümmert sie sich um die psychische Genesung ihres Sohnes ebenso gründlich wie um die physische. Der Chirurg, der ihm die Geschwulst aufschneidet, und der behandelnde Arzt sind Gleichgesinnte aus ihrem Kreis. Die zugrundeliegende Weltanschauung speist sich aus den hermetischen Quellen: Leib und Seele gehören ebenso zusammen wie Mikrokosmos und Makrokosmos; es sind Polaritäten, die auf eine höhere Einheit zustreben. Das pansophische Schrifttum, das diese Anschauungen als Gegenbewegung zur herrschenden Doktrin des Cartesianischen Dualismus dem 18. Jahrhundert vermittelte, wird Goethe nun nahegebracht, insbesondere durch jene »schöne Seele«, Susanna Katharina von Klettenberg. Die Werke, deren Lektüre sie ihm empfiehlt, handeln von den geheimnisvollen Kräften verschiedener Mineralien und Salze, und sie enthalten magisch-mystische Zeichen, die das Prinzip der Analogie aller Schöpfungsbereiche visuell verdeutlichen. Dabei wird der innere Zusammenhang von Mikrokosmos und Makrokosmos häufig durch eine goldene Kette dargestellt, die »Aurea catena homeri«. Sie ist eine Variante des alten Motivs der »Kette der Wesen«, das bis in die zweite Hälfte des 18. Jahrhunderts die maßgebliche Erklärungsfolie für den Naturzusammenhang bot, bis das »Eindringen der Zeit« diesen Zusammenhang korrodieren ließ und allmählich durch den des Evolutionsgedankens ersetzte.[40]

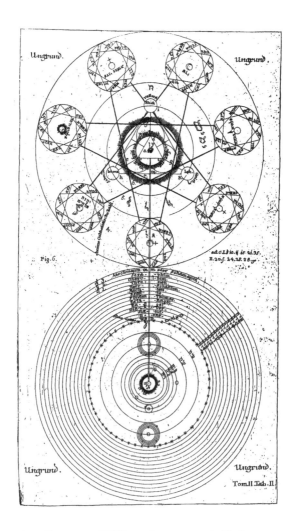

Aus Georg von Wellings *Opus Mago-Cabbalisticum*

Durch Abbildungen der hier gezeigten Art wird Goethe zu eigenen Kosmologieentwürfen im pansophischen Duktus angeregt. Er treibe Philosophie, und sein »Rüstzeug« seien »Zirkel, Papier, Feder und Dinte«[41], schreibt er an Oesers Tochter Friederike. Ermunterung zu diesem konstruktionsfreudigen Umgang mit religiösen Inhalten findet er in eklektizistischen Werken wie Gottfried Arnolds *Großer Kirchen- und Ketzerhistorie* (1688), denen es nicht um die Verkündung eines bestimmten Systems geht, sondern darum, die Frömmigkeit der Seele in den unterschiedlichsten kulturellen Verkörperungen zu erkennen und zum Ausdruck zu bringen. Dabei wird als eine transkulturelle Konstante immer wieder auf das Prinzip der Polarität verwiesen, die produktive Wechselwirkung von Licht und Dunkel, Innen und Außen, Mikro- und Makrokosmos. Auf der Grundlage dieses Prinzips bildet sich Goethe einen eigenen Schöpfungsmythos: Er geht davon aus, daß sich die Schöpfung in dem gefallenen Engel Luzifer, der die ursprüngliche Produktivität Gottes weiterführte, immer mehr konzentrierte und schließlich zur Materie verdichtete. Die Materie aber bedurfte, um sich nicht selbst in diesem Konzentrationsprozeß aufzureiben, einer expansiven Gegenwirkung. So kam das Licht ins Spiel, das seither für den »Puls des Lebens« sorgt wie das befreiende Ausatmen im Wechsel mit dem bedrängenden Einatmen. An dieser Analogie von kosmologischen und physiologischen Prozessen sollte Goethe zeitlebens festhalten: Der universelle Rhythmus von Systole und Diastole verlangt auf individueller Ebene seine Entsprechung im »Verselbsten« und »Entselbsten« der Menschen und Kulturen – darin sind sie sich bei aller Verschiedenheit gleich:

»Die Geschichte aller Religionen und Philosophien lehrt uns, daß diese große, den Menschen unentbehrliche Wahrheit von verschiedenen Nationen in verschiedenen Zeiten auf mancherlei Weise, ja in seltsamen Fabeln und Bildern der Beschränktheit gemäß überliefert worden; genug wenn nur anerkannt wird, daß wir uns in einem Zustande befinden, der, wenn er uns auch niederzuziehen und zu drücken scheint, dennoch Gelegenheit gibt, ja zur Pflicht macht, uns zu erheben und die Absichten der Gottheit dadurch zu erfüllen, daß wir, indem wir von einer Seite uns zu verselbsten genötiget sind, von der andern in regelmäßigen Pulsen uns zu entselbstigen nicht versäumen.«[42]

Schon der junge Goethe war von der kulturübergreifenden Geltung des Polaritätsprinzips, das hier freilich im souveränen Altersstil formuliert ist, überzeugt. Es bestimmt fortan in den unterschiedlichsten Konkretisierungen sein Denken und sein Dichten, wie insbesondere an den verschiedenen Entwicklungsstadien des *Faust* abzulesen ist.

Erste Faust-Motive

Eine erste Niederschrift einzelner Faust-Szenen ist nicht vor dem Winter 1771/72 belegt, und doch hat Goethes innere Arbeit an seinem Lebenswerk schon lange begonnen. Mit dem Puppenspiel wie auch dessen ursprünglicher Quelle, dem 1587 erschienenen Volksbuch, seit früher Kindheit vertraut, war er für alle Eindrücke, die sich mit dem Faust-Stoff in Verbindung bringen ließen, besonders empfänglich.

So gehen wesentliche Züge der Gelehrtentragödie schon auf die Leipziger Zeit und die anschließende Krankheitsphase zurück. Wenn Faust zu Beginn des Dramas am Wissenschaftsbetrieb verzweifelt, so spricht aus seinen Worten, stellenweise wörtlich, was schon der präpotente Student in den Briefen an die Schwester beklagte. Und natürlich verdankte Goethe seinem Studienort auch eine gründliche Kenntnis jener Lokalität, die er mit der Szene in Auerbachs Keller so berühmt machen sollte, daß der dankbare Wirt ihm lebenslänglich freien Verzehr garantierte. Schon vor Goethes Zeit aber hatte das Lokal einen legendären Ruf, weil hier der historische Faust eines seiner Zauberkunststücke, den Ritt auf dem Weinfaß, vollführt und anschließend seine Prämie, das Faß, mit Studenten verzecht haben soll. Dunkle, damals schon weit über hundertjährige Wandgemälde erinnerten daran, wenn Goethe dort seine eigenen Trinkgelage mit Kommilitonen abhielt.

Daß sich der Gelehrte Faust von den scholastischen Fakultäten abgewendet und der »Magie ergeben« (377) hat, entspricht Goethes Wendung vom Leipziger Studienaufenthalt, der ihn mit der offiziellen, zur neuen Scholastik erstarrten Aufklärungswissenschaft bekannt machte, zur Frankfurter Rekonvaleszenzzeit, die ihn mit der Nachtseite der Aufklärung, den hermetischen Geheimwissenschaften, in Berührung brachte. Faust erblickt zunächst das »Zeichen« des Makrokosmos-Piktogramms, das ihm »das innere Toben« stillt, indem es ihm die »Kräfte der Natur« enthüllt (434-438) – ein Quietiv, das Goethe in seiner Genesungsphase an sich selbst erfahren hatte, als ihm das piktographische Philosophieren im Geiste der Pansophie dabei half, seine Verzweiflungszustände zu lindern. Fausts Bewunderung für das »Schauspiel«, »Wie Himmelskräfte auf und niedersteigen / Und sich die goldenen Eimer reichen« (449 f.), muß im Zusammenhang mit dem erwähnten Motiv der »goldenen Kette« gesehen werden. Diese hält die Polarität der Welt, Mikro- und Makrokosmos, Oben und Unten, Licht und Finsternis zusammen.

Doch bei aller Bewunderung für dieses Modell ist die von ihm vorgestellte Dynamik abstrakt. »Welch Schauspiel! Aber ach! ein Schauspiel nur!« ruft Faust, erkennend, daß die »unendliche Natur« darin nicht zu fassen ist (454 f.). Er wendet sich deshalb dem Erdgeist zu, der ihm »näher« sei (461) und den er nun durch praktische Magie beschwört.

Auch Goethes magische Interessen blieben in jener Zeit nicht allein theoretischer Art. Geweckt wurden sie, als ihn der Arzt von der lebensbedrohlichen Paralyse seines Verdauungsapparates durch ein »geheimnisvolles« Salz befreite. Es handelte sich vermutlich um einfaches Glaubersalz, das aber in der todesnahen Situation, in der es genommen wurde, als wahres Wunder erscheinen mußte. Sogleich unternahm der Gerettete eigene alchemistische Experimente. Dabei ging es, wie er inzwischen wußte, darum, eine schöpferische Ursubstanz herzustellen, die »prima materia«. Sie war die Voraussetzung für jenen Transformationsprozeß, der das Geschehen im Reagenzglas zur Analogie einer personalen Selbstverwandlung machte. Indem der Alchemist den Schöpfungsvorgang der Natur unter die eigene Ablaufkontrolle brachte, machte er sich zum Herrn der Zeit. Voraussetzung hierfür war seine Bereitschaft zur Selbstpreisgabe – als seelische Entsprechung zur Auflösung der Stoffe in den Ausgangszustand, die »massa confusa«.

Der enthusiasmierte Faust ist entschlossen zu diesem »kleinen Tod«, wie ihn die Alchemisten nennen. Er beschwört den Erdgeist unter Einsatz seiner Existenz, ihn zur Teilhabe an der Produktivität der Natur zu befähigen: »Du mußt! du mußt! und kostet' es mein Leben!« Tatsächlich erscheint daraufhin der Erdgeist »in der Flamme« (481 f.). Allerdings verschwindet er gleich darauf wieder; der Beschwörungsversuch scheitert. Auch Goethes Experimente endeten nach hoffnungsvollen Anfängen immer wieder in schnödem Kieselstaub, der »keineswegs irgend etwas Produktives in seiner Natur spüren ließ, woran man hätte hoffen können diese jungfräuliche Erde in den Mutterstand übergehen zu sehen«[43].

Von unmittelbaren Anregungen kann trotz all dieser Parallelen noch nicht die Rede sein. Der entscheidende Impuls zu Goethes Faust-Drama, das Motiv des Kindsmords, dessen spezifische Verarbeitung Goethes Tragödie von den zahlreichen Vorläufern unterscheiden wird, steht noch aus. Die bisherigen Eindrücke unterliegen freilich einer Entwicklung. So wird die Magie, mit der es Faust gelingt, den Erdgeist anzuziehen, nicht mehr allein die alchemistische des 16., sondern vor allem die Sprachmagie des 18. Jahrhunderts sein, in die sie Goethe unter dem Einfluß Herders in Straßburg transformiert.

Nach anderthalbjähriger Rekonvaleszenz ist der Leipziger »Schiffbruch« überstanden. Die lange Systole hat Goethe auf eine um so heftigere Diastole vorbereitet. Auf ihn passen nun die Verse, die er seinem Faust dann in den Mund legen wird:

>»Ich fühle Mut, mich in die Welt zu wagen,
> Der Erde Weh, der Erde Glück zu tragen,
> Mit Stürmen mich herumzuschlagen
> Und in des Schiffbruchs Knirschen nicht zu zagen.« (464-467)

2. Sturm und Drang. Grenzübertritte (1770-1775)

Der erneute Aufbruch in die Welt war, wie es in solchen Fällen die Regel ist, verbunden mit einer Distanznahme von der eigenen biographischen Vergangenheit, um den kommenden Eindrücken Raum zu geben. Über die Arbeiten, die die Leipziger Verbrennungsaktion überstanden hatten, verhängte Goethe nun, da sie ihm inzwischen »kalt, trocken, oberflächlich« vorkamen, sein zweites »großes Haupt-Autodafé«[44]. Auch drängte es ihn, vom nörgelnden, ja grausam verständnislosen Vater endlich wegzukommen. Ein heftiger Streit, veranlaßt durch die Kritik des inzwischen geschmacksgeschulten Sohnes an der verkitschten Innendekoration des Wohnhauses, beschleunigte den Auszug. Im Frühling des Jahres 1770 fuhr Goethe zum Abschluß seines Jurastudiums nach Straßburg – und wurde dort zum Mitbegründer des »Sturm und Drangs«, wie die literarisch revolutionäre Bewegung später nach einem Dramentitel Maximilian Klingers genannt wurde.

In mehrfacher Hinsicht ist hier von Grenzübertritten zu sprechen: im Hinblick auf Landes- und Sprachgebiete ebenso wie hinsichtlich der bislang von Goethe strikt auseinandergehaltenen Wissensgebiete aufklärerischer und hermetischer Provenienz. Sprachtheoretisch erneuert, wurde die alte Naturmagie nun zur Triebkraft einer radikalisierten Aufklärung. Deren Licht sollte nicht nur leuchten, sondern auch wärmen, ihre Naturkenntnis nicht mehr nur abstrakt, sondern konkret-sinnlich »begreifbar« sein. Übertreten wurde von Goethe schließlich auch die Grenze zwischen Poesie und Leben – mit ebenso unrühmlichen wie ruhmreichen Folgen.

Genietöne der Völker

An dem von ihm eigentlich gewünschten Studienort wäre Goethe in den Bannkreis einer neuen literarischen Bewegung geraten: des Göttinger Hainbunds, der sich aus Verehrung für Klopstock und das durch ihn repräsentierte Dichtergenie dort gebildet hatte. Doch die Intervention des Vaters, der auf Straßburg besteht, setzt ihn – konträr zur prohibitiven Absicht, den werdenden Juristen vor Eskapaden zu bewahren – Einflüssen aus, die ihn zum Protagonisten einer weitaus radikaleren Geniebewegung machen werden. Während die Göttinger noch im Banne der Empfindsamkeit stehen, wird Straßburg zum Zentrum des Sturm und Drangs.

Spannender ist schon die geographische Situation der erst seit kurzem französischen Stadt. Hier ist man nicht in der deutschen Provinz, sondern an einer Schnittstelle der europäischen Kultur. Die Einflußsphäre von Paris und Versailles ist ebenso spürbar wie die der anderen Großmächte.

Gleich zur Zeit der Ankunft Goethes wird Straßburg denn auch zum Ort einer historischen Begegnung: Marie-Antoinette, die Tochter der österreichischen Kaiserin, wird in der Grenzstadt vom künftigen König Frankreichs, Ludwig XVI., empfangen, um mit ihm gemeinsam nach Versailles zur Vermählung zu reisen. Das Ancien régime ist bereits im Wanken, und wenn man Goethes nachträglicher Schilderung in *Dichtung und Wahrheit* Glauben schenken will, dann hat er dessen Ende, das mit der Hinrichtung des Paares besiegelt wird, nicht erst beim Bekanntwerden der Halsbandaffäre vorausgeahnt, sondern bereits damals:

Er beschreibt, wie auf einer Rheininsel bei Straßburg ein Gebäude für den Empfang der Erzherzogin vorbereitet wird, das er im Vorwege besichtigen kann. Als er in den Hauptsaal kommt, ist er höchst irritiert über die dort aufgehängten Teppiche. Denn sie zeigen »die Geschichte von Jason, Medea und Creusa, und also ein Beispiel der unglücklichsten Heirat«[45]. Tatsächlich wird sich der tragische Verlauf der fürstlichen Ehe bereits unmittelbar danach schon ankündigen, als beim Hochzeitsfeuerwerk in Paris zahlreiche Menschen verunglücken. Goethe sieht darin eine Bestätigung für seinen Glauben an die magische Macht der Bilder.

Daß auch die Sprache magische Kräfte entfalten kann, erfährt er durch Herder. Der aus Riga zum Zweck einer Augenoperation nach Straßburg Gereiste ist bereits eine Berühmtheit, unter anderem durch die Veröffentlichung der *Kritischen Wälder*, in denen er sich auch in die Kontroverse um Lessings *Laokoon* eingeschaltet hatte. Als er gerade im Gasthof »Zum Geist« angekommen ist, läuft ihm Goethe zufällig über den Weg. Sogleich entwickelt sich ein Gespräch, und der fünf Jahre Ältere macht Goethe zum Lieblingsjünger seiner Mission, der Mission einer sprachlichen Erneuerung Deutschlands. Mit ihr geht eine Umbesetzung der bisher geltenden ästhetischen Sinneshierarchie vom Bild zum Klang einher. Denn die in allen Sprachen jenseits ihrer Semantisierung überdauernden Töne eines ursprünglichen Empfindungsausdrucks sind für Herder die eigentlichen kulturellen Wurzeln eines Volkes, seine Natur. Die poetischen Konsequenzen, die er aus diesem – mit Goethe intensiv diskutierten – Sprachverständnis zieht, verändern die geltende Nachahmungsdoktrin grundlegend: Die Mimesis des Künstlers bezieht sich, konträr zur Poetik der Aufklärung, nicht mehr auf das Bild der Natur, sondern auf ihren handelnden und tönenden Selbstausdruck. Es gilt nicht mehr, *die* Natur nachzuahmen, sondern *der* Natur nachzuahmen.

Aus dem gleichen Impuls heraus beginnt Herder mit dem Sammeln von Volksliedern, da aus ihnen noch ein unverfälschter Nachhall der jeweiligen Ursprachen herauszuhören sei. Zu der unter dem Titel *Stimmen der Völker* bekannten Sammlung steuert Goethe zwölf Lieder bei, die er auf Exkursionen ins Elsaß von alten Frauen erfragte, so daß man ihn als einen der ersten ethnographischen Feldforscher bezeichnen kann.

Das Zusammentragen der verschiedenen Lieder – anfangs sind es neben nordischen und einigen deutschen vor allem englische, mit der Zeit aber so gut wie alle europäischen und schließlich auch außereuropäische – soll durch die große Vielfalt deutlich machen, »daß die Menschheit zusammen erst der wahre Mensch ist, und daß der Einzelne nur froh und glücklich sein kann, wenn er den Mut hat, sich im Ganzen zu fühlen«[46]. Voraussetzung hierfür aber ist die Entwicklung eines Sensoriums für das je Eigene der unterschiedlichen Kulturen, da der Chor der Humanität nur von seinen Einzelstimmen lebt.

Vor diesem Hintergrund ist auch die Neubewertung der gotischen Baukunst zu sehen, die Goethe als Adept Herders vollzieht. Zahlreiche Besuche des Straßburger Münsters und Besteigungen seines Turms vermitteln ihm eine intime Kenntnis des Bauwerks, die er nun, in seiner ersten kunsttheoretischen Abhandlung, für Herders Zeitschrift *Von deutscher Art und Kunst* niederlegt. Mit »deutscher Art« ist hier eine naturwüchsig-erhabene Architektur als Gegenbild zur künstlich-verzärtelten des französischen Klassizismus gemeint, also keine nationalistische, sondern eine ästhetische Orientierung. Dieser Charakteristik zufolge ist Friedrich der Große kein Deutscher und Rousseau kein Franzose. Die Favorisierung der »deutschen Art« zielt auf ein vom »esprit systématique«, vom Diktat der Regeln befreites Lebensgefühl.

Unter Herders Einfluß entkleidet Goethe seine hermetisch inspirierte Naturverbundenheit ihrer traditionellen, pansophischen Vorstellungswelt. Soweit er sich noch mit Alchemie und Kabbalistik beschäftigt, verbirgt er dies tunlichst vor seinem Mentor und gibt es schließlich ganz auf, da er nun eine neue, dem Wesen des modernen Künstlers unmittelbarer entsprechende Ausdrucksform natürlicher Kräfte gefunden hat. Sie firmiert unter dem Begriff des Genies.

Das Genie wird bei Herder, der dabei englische Einflüsse aufgreift, zur vermittelnden Instanz einer geschichtsphilosophischen Konzeption, die der beginnenden Aufspaltung von Raum und Zeit, Substanz und Bewegung die Alternative einer naturalen Geschichtsauffassung gegenüberstellt. Die geforderte Vermittlungsleistung geht aus einer doppelten Frontstellung hervor: zum einen gegen den Klassizismus Winckelmanns, dessen Altertumsforschungen von einer zeitlosen Norm ausgingen, die keine Veränderung und keinen Fortschritt zuließ, zum anderen gegen das mechanistische Fortschrittsmodell der zeitgenössischen Philosophie, wie es in der großen *Encyclopédie*, dem Hauptwerk der französischen Aufklärung, seinen Niederschlag fand. Goethe berichtet:

»Wenn wir von den Enzyklopädisten reden hörten, oder einen Band ihres ungeheuren Werks aufschlugen, so war es uns zu Mute, als wenn man zwischen den unzähligen bewegten Spulen und Weberstühlen einer großen Fabrik hingeht, und vor lauter Schnarren und Rasseln, vor allem Aug' und Sinne verwirrenden Mechanismus, vor lauter Unbegreiflichkeit einer auf das mannigfaltigste in einander greifenden Anstalt, in Betrachtung dessen, was alles dazu gehört, um ein Stück Tuch zu fertigen, sich den eignen Rock selbst verleidet fühlt, den man auf dem Leibe trägt.«[47]

Die Impulse, die zur literarischen Revolution des Sturm und Drangs führen, kommen also aus einer Gegenbewegung zum aktuellen französischen Zeitgeist und haben ihre historischen

Vorbilder nicht mehr in Horaz, dem römischen Anakreontiker, sondern in Pindar, dem griechischen Dithyramben, der nach Herders Wort noch das »Odenfeuer«[48] der Leidenschaft zu schüren gewußt habe. Zur pindarischen Odentradition gehört ein bestimmtes Arsenal erhabener Topoi: Nacht und Dunkelheit, Meeresfluten, Seefahrt und Stürme, Erlebnisse von Gefahr, Einsamkeit, Trunkenheit und Kraft.[49] Ihre dichtungstheoretische Rehabilitation vollzieht sich im Rahmen der Debatte über den Vorzug des Erhabenen gegenüber dem Schönen, die in den fünfziger Jahren des 18. Jahrhunderts von England ausging und nun auf Deutschland übergreift. Als Protagonist der erhabenen Dichtungsart gilt den deutschen Genies Shakespeare, dessen offene Dramenform und dessen expressive, als naturhaft im Sinne Herders empfundene Sprache das genaue Gegenstück zum regelhaften Drama des französischen Klassizismus mit seinen drei Einheiten und seiner geschliffenen Diktion bildet.

Der neuen Orientierung am Norden kommt es weniger auf Quellentreue an als auf den empfindsamen Ton. Bezeichnend hierfür ist die begeisterte Aufnahme der Gesänge des Ossian, eines legendenumwobenen, schottisch-gälischen Barden, die 1765 erstmals erschienen sind. Herder wie auch Klopstock preisen sie begeistert als Ausdruck urtümlich-nordischer Dichtung – nicht ahnend, daß es sich vornehmlich um Fälschungen aus der Feder eines Zeitgenossen handelt, des Geld und Geltung bedürfenden Edinburger Hauslehrers James Macpherson. Der Idee des neuen deutschen Dichtungsprogramms tut dieser Irrtum aber keinen Abbruch. Denn es ist just eine »neue Mythologie«, die Herder die Literaten seiner Zeit zu erfinden auffordert; sie sollen die antiken Dichter nicht nachahmen, wie es die bislang geübte Praxis war, sondern von deren Motiven einen »heuristischen Gebrauch« machen, um sich in ihrer »ganz verschiednen Sphäre eben so einen Schatz von Bildern verdienen zu können«[50]. Genau das wird Goethe in den kommenden Jahren tun – in einer auch vom theoretischen Duktus Herders verschiedenen Sphäre.

Dichterliebe

Goethes Initiation zum Dichtergenie beginnt seinem Lebensbericht zufolge mit einigen heftigen Küssen, die sich als verhängnisvoll erweisen werden. Er bekommt sie von der älteren der beiden Töchter eines Tanzmeisters, die im Verlauf der gemeinsamen Übungsstunden auf ihre jüngere Schwester eifersüchtig wird, und dies nicht zu Unrecht.

Nach einer heftigen Szene stürzt sich die Verschmähte auf den doppelt Geliebten: »›Ich weiß, daß ich Sie verloren habe; ich mache keine weitern Ansprüche auf Sie. Aber Du sollst ihn auch nicht haben, Schwester!‹ Sie faßte mich mit diesen Worten ganz eigentlich beim Kopf, indem sie mir mit beiden Händen in die Locken fuhr, mein Gesicht an das ihre drückte und mich zu wiederholten Malen auf den Mund küßte. ›Nun‹, rief sie aus, ›fürchte meine Verwünschung. Unglück über Unglück für immer und immer auf diejenige, die zum ersten Male nach mir diese Lippen küßt!‹«[51]

Der erschrockene Jüngling wird sich in der nächsten Zeit vor Küssen hüten und seine Leidenschaften mehr aufs Papier lenken. Diese Diskrepanz hat aber weniger mit der erwähnten Episode zu tun als mit einer Grundbestimmung des Dichtens in jener Zeit: Die Poesie stellt absolute Forderungen, die das konkrete Leben nicht erfüllen kann.

Herder hat gelehrt, daß es weniger auf den Stoff ankomme als auf die Form; der Überschwang der Leidenschaften sollte als Kunstprodukt angesehen werden. Das ist bei Goethes lebhafter Natur eine Haltung, die ihm nicht leichtfällt. Insofern kann er dem verwünschenden Kuß durchaus einen heilsamen Aspekt abgewinnen. Er selbst empfindet seine hohe Erregbarkeit als einen solchen Mangel, daß er sich gleich nach seiner Ankunft einem rigorosen Desensibilisierungstraining unterzieht. So setzt er sich lautem Militärgetrommel aus, besteigt den höchsten Punkt des Münsters und besucht anatomische Praktika in der Absicht, sich »nicht allein gegen diese sinnlichen Eindrücke, sondern auch gegen die Anfechtungen der Einbildungskraft [...] zu stählen«[52].

Es mag auf Anhieb erstaunen, daß ein Mensch, der im Begriff steht, sich zum Sprecher einer bislang unerhörten Gefühlsintensität zu entwickeln, diesen Weg ausgerechnet damit beginnt, daß er sich gegen das Überwältigtwerden von den Sinnen und der Einbildungskraft zu wappnen sucht. Aber dieses Vorgehen hat durchaus innere Konsequenz: Auch das leidenschaftlichste Geniestück bedarf zu seinem Gelingen einer formalen Disziplin, wie der beste Chirurg derjenige ist, der sein Skalpell mit der größten Nüchternheit zu führen versteht. Diese Distanznahme gegenüber dem eigenen Empfinden muß Goethe erst lernen, und wiederum ist es Herder, der ihn regelrecht dazu erzieht.

Jedenfalls versucht er es – unter anderem durch das Vorlesen des *Landpriesters von Wakefield*, des neuen Romans von Oliver Goldsmith, den er als ein Musterbeispiel für die von ihm geforderte Erneuerung der Literatur Deutschlands ansieht. Herder trägt die idyllisch-sentimentale Geschichte in einem gleichmäßigen Ton vor, der »ernst und schlicht« ist, »eben als wenn nichts gegenwärtig, sondern alles nur historisch wäre, als wenn die Schatten dieser poetischen Wesen nicht lebhaft vor ihm wirkten, sondern nur sanft vorübergleiteten«[53]. Und wenn Goethe sich beim Zuhören immer noch seinen Gefühlsregungen überläßt, wird er dafür von seinem Mentor streng getadelt.

Doch alle Desensibilisierungsbemühungen helfen nichts bei ihm. Er nimmt die poetische Wirklichkeit mit erregten Sinnen auf; und wie er einst in Dresden nach dem Besuch der dortigen Galerie eine Schusterwerkstatt mit den Augen eines niederländischen Malers sah, so ist er nun disponiert, bei einem Ausflug zu einem dörflichen Pfarrhaus, zu dem ihn ein Freund überredet, den *Landpriester von Wakefield* im Ohr zu haben.[54] Und damit nimmt seine Verstrickung in die virtuelle Realität der Dichterliebe ihren Lauf. Friederike, die Tochter des Landpriesters von Sesenheim, die für das Genie aus Straßburg nicht viel mehr sein wird als die Projektionsfigur seiner lebhaften Einbildungskraft, wird zum Opfer einer Verliebtheit in die Poesie des Verliebtseins. So ist es symptomatisch, daß Goethe bei seinen ersten Besuchen auf dem Pfarrhof in wechselnden Verkleidungen auftritt. Als die Pfarrersfrau ihn einmal fragt: »Sind Sie es, junger Herr? wie viel Gestalten haben Sie denn?« antwortet er: »Im Ernst nur Eine, zum Scherz soviel Sie wollen.«[55] Der ländliche Liebhaber ist nur eine von vielen Gestalten des in der französischen Universitätsstadt über eine Erneuerung der deutschen Literatur reflektierenden Studenten. Damit aber ist der unglückliche Ausgang der Liebesgeschichte vorherbestimmt. Denn was Goethe liebt, ist eine poetische Fiktion; alle Erlebnisse, die das Zusammenfinden und Zusammensein der beiden ausmachen, tragen die Züge einer bukolischen Idylle für ihn. Nicht zufällig vertieft sich die Zuneigung just in der Zeit, als Goethe in Straßburg zu tun hat und beide darauf angewiesen sind, sich Briefe zu schreiben. Den Gedichten, die er in diese Korrespondenz einstreut, wächst gerade aus diesem Abstand heraus ihre lyrische Ausdruckskraft zu. Umgekehrt zeigt sich – als man einen Besuch der Pfarrersfamilie in Straßburg verabredet, damit die Liebenden sich endlich wieder einmal sehen können –, daß die reale Nähe der Geliebten ihrer imaginativen Verklärung abträglich ist. Goethe erzählt im (gewiß konstruierenden, aber darin wohl stimmigen) Altersrückblick seiner Autobiographie, wie ihm der Wechsel der Kulisse von der elsässischen Landidylle in den städtischen Lebenskreis schlagartig vor Augen geführt habe, daß hier eine für ihn unüberbrückbare kulturelle Diskrepanz vorlag. Der Gegensatz zwischen der traditionell deutschen Tracht der Landmädchen und der eleganten französischen Kleidung seines eigenen sozialen Umfeldes machte ihm anschaulich, wie weit die beiden Lebenswelten auseinanderlagen. Dabei handelte es sich nicht nur um regional und sozial bedingte Unterschiede. Sesenheim repräsentierte die Sphäre der Poesie, Straßburg aber die der prosaischen Wirklichkeit mit ihren theoretischen und praktischen Ansprüchen: Goethe war zum Abschluß seiner Studien nach Straßburg gekommen, zur Vorbereitung auf einen künftigen Beruf. Die beiden Orte stehen auch für das Auseinandertreten der kulturellen Wertsphären, das dem Prozeß der Modernisierung geschuldet ist. In dem Maße, wie die Kirche und mit ihr das metaphysische Weltbild an Einfluß verlor, zerfiel die bisher als Einheit begriffene Lebenswelt mit ihren ästhetischen, theoretischen und praktischen Interessen in einzelne Kulturen mit jeweils eigenen Gesetzmäßigkeiten und Regeln. Nur so konnte sich auch eine literarische Öffentlichkeit entwickeln: Emanzipiert von den bisherigen Diktaten, zum Lob Gottes oder zum Ruhm des Fürsten zu singen, konnten Künstler ihre Sujets selbst suchen, die Kunst um ihrer selbst willen ausüben. Ein Überleben als Schriftsteller war fortan von einer neuen Macht abhängig: dem entstehenden kapitalistischen Markt. Die Einbuße, die mit diesem Prozeß der Ausdifferenzierung einherging, war ein Verlust an Verbindlichkeit. Was nach ästhetischen Regeln gelungen war, mußte es nicht nach wissenschaftlichen oder moralischen Kriterien sein, ja konnte es nicht sein, weil hier unterschiedliche Normen galten.

Diese objektiven Diskrepanzen sind für die Tatsache zumindest mitverantwortlich, daß Goethe einerseits einen Durchbruch seines poetischen Talents erfahren und es andererseits in seine Lebenspraxis nicht integrieren kann – jedenfalls so lange nicht, bis er sich, in Italien erst, ganz als Künstler definiert und dadurch den Widerspruch hinfällig macht. Bis dahin verfolgt er konsequent die bürgerliche Karriere. Und Friederike, die ihm in ihrer ländlichen Tracht plötzlich so fremd erscheint, daß er schlagartig alles Gefühl für sie verliert, wird dabei überrollt.

Das Vorexamen kann er gleich nach seiner Ankunft absolvieren, da hierfür immer noch seine Kenntnisse des mit dem Vater einstudierten *Kleinen Hoppe* ausreichen. Für die sich daran anschließende Dissertation verlangt man – da wird mancher heutige Student neidisch – einen Umfang von zwanzig bis vierzig Druckseiten, freilich in lateinischer Sprache. Selbst dafür aber mag Goethe das Sitzfleisch nicht aufbringen. Allzu aufregend sind die künstlerischen Nebenbeschäftigungen. Mit seinen Straßburger Freunden, insbesondere Heinrich Jung alias Stilling, Heinrich Leopold Wagner und Jakob Michael Reinhold Lenz, die ebenfalls ihr Studium zugunsten ihrer literarischen Projekte leichtnehmen, bildet Goethe unter dem Einwirken Herders den neben Göttingen wichtigsten Kristallisationspunkt der sogenannten Geniebewegung. Da darf an akademische Dissertationen nicht zu viel Zeit verwendet werden. Die bequemere Variante ist das Formulieren von Thesen, über die zu disputieren in Straßburg genügt, um den Abschluß eines »Lizentiats der Rechte« zu erhalten, der in Deutschland der Doktorwürde gleichkommt. Doch Goethe steht immer noch allzusehr im Banne des Vaters, der von ihm eine respektable akademische Leistung erwartet, und so verfertigt er tatsächlich in kurzer Frist eine Dissertationsschrift über die Frage, ob der Staat das Recht habe, die Glaubenspraxis, den »Cultus« des Volkes zu bestimmen. Goethe beantwortet die Frage mit Ja, was weniger einer Kühnheit gegenüber der kirchlichen Zensur entspricht als einer List, die

Obrigkeiten zum eigenen Vorteil gegeneinander auszuspielen. Indem er nämlich das Werk so verfaßt, daß es unmöglich die Zensur zu passieren vermag, hat er nicht nur die Universitätsoberen in der Hand, denen er mit dem privaten Druck einer unterdrückten Dissertation drohen kann; zugleich hat er auch seinem Vater Tribut gezollt, ohne daß er etwas publizieren muß, was er nur hastig heruntergeschrieben hat. Der Weg ist nunmehr frei für die Disputationsvariante. Manche der von Goethe im Eiltempo formulierten Thesen sind nur als Veralberung der Prozedur zu verstehen, zum Beispiel »Studium Juris longe praestantissimum est« (»Das Studium der Rechte ist das bei weitem vorzüglichste«)[56]; andere berühren immerhin ernste Themen wie zum Beispiel die Todesstrafe für Kindesmörderinnen, von der aber trivialerweise auch nicht mehr ausgesagt wird, als daß sie unter Juristen umstritten sei. »Die Disputation ging«, wie Goethe erzählt, »unter Opposition meiner Tischgenossen, mit großer Lustigkeit, ja Leichtfertigkeit vorüber«[57]. Damit ist er promoviert.

Goethe steht nun vor der Option, eine Diplomatenlaufbahn in Frankreich einzuschlagen, zu der ihm einflußreiche Lehrer raten, insbesondere wegen seiner multilingualen Begabung, die ihm den Weg an die deutsche Kanzlei in Versailles geebnet hätte. Doch gerade sein besonderes Sprachempfinden läßt ihn eine andere Richtung einschlagen. Das Französische, wie es zu seiner Zeit gesprochen und geschrieben wird, verrät seiner Einschätzung nach Momente der Erstarrung und Überlebtheit, wohingegen er in seiner Muttersprache den Durchbruch zu einer neuen Innerlichkeit antizipiert. Daran möchte er Anteil nehmen. Mit nationalistischer Abgrenzung hat das nichts zu tun, vielmehr mit einem anderen Modell des Kulturaustausches als dem schlecht komplementären, das es schon gab: Wie Goethe bitter bemerkt, hat Friedrich der Große die französische Dichtung eingeführt und das absolutistische Frankreich den preußischen Stock. Da war es besser, die heimische Dichtung zu stärken – schon um einen besseren Exportartikel zu haben.

Friederike spielt, wie gesagt, in diesen Karierreüberlegungen keine Rolle. Je mehr Goethes Beziehung zu ihr einem Roman gleicht, um so mehr entfernt er sich in der Realität von ihr. In dem Moment, als die poetische Distanz zum Sesenheimer Idyll aufgehoben ist, als Friederike in seinen realen Lebenskreis eintritt, spürt er schlagartig, daß seine Liebe einer Traumwelt angehörte, die nun durch den Kontakt mit der Wirklichkeit heillos beschädigt wird. Der Konflikt zwischen Ideal und Leben ist für das Genie unlösbar, ja schlimmer: seine Unlösbarkeit ist die Voraussetzung für den Erfolg der Genieästhetik. Das kündigt sich in dem berühmten Gedicht *Willkommen und Abschied* geradezu dokumentarisch an. Es reflektiert in der verdichteten Form eines nächtlichen Rendezvous, das mit der morgendlichen Dämmerung schweren Herzens beendet wird, den Verlauf der Beziehung zu Friederike. Dabei suggeriert es eine Naturnotwendigkeit der Trennung, die nur vor dem Hintergrund der erwähnten Künstlerproblematik einsichtig wird, also des Verzichts auf Bindung zugunsten einer Liebe, die in der Terminiertheit erst ihren unvergänglichen metaphysischen Gehalt offenbart:

>»Der Abschied, wie bedrängt, wie trübe!
>Aus deinen Blicken sprach dein Herz.
>In deinen Küssen welche Liebe,
>O welche Wonne, welcher Schmerz!
>
>Du gingst, ich stund und sah zur Erden
>Und sah dir nach mit nassem Blick.
>Und doch, welch Glück, geliebt zu werden,
>Und lieben, Götter, welch ein Glück!«

Mit der biographischen Realität freilich hat das nichts zu tun. *Er* war es, der ging – und sie hatte noch nicht einmal Gelegenheit, ihm nachzusehen. Denn er ging kommentarlos, ohne Abschied.

Die Heimreise nach Frankfurt unterbricht er nur, um sich im Mannheimer Antikensaal die Laokoon-Gruppe anzusehen. Dabei beschäftigt ihn die vor dem Hintergrund des Friederike zugefügten Leids bemerkenswert nüchterne Frage, warum Laokoon, der doch offensichtlich gerade von einer Schlange gebissen wird, nicht schreit. Goethe findet, nach Winckelmanns ethischer und Lessings ästhetischer, zu einer physiologischen Erklärung: »Um den Schmerz zu mildern, mußte der Unterleib eingezogen und das Schreien unmöglich gemacht werden.«[58] Er hingegen ist trotz der Trennung frei von Schmerzen und höchst mitteilsam. Aus Frankfurt schreibt er ihr unbekümmert, man möge die Beziehung doch als Brieffreundschaft weiterführen, fügt vierzehn Seiten Ossian-Übersetzungen bei und sein Gedicht *Willkommen und Abschied* mit dem grotesk verdrehten Schluß. Erst ihr Antwortschreiben macht ihm klar, was er ihr angetan hat. Sie ist unter der Trennung so gründlich zusammengebrochen, daß sie sich offenbar nie ganz davon erholen wird. Ihre Schwester jedenfalls berichtet: »Alle Heiratsanträge schlug sie aus. ›Wer von Goethe geliebt worden ist‹, sagte sie einmal, ›kann keinen anderen lieben‹«[59]. Demnach bewahrheitete sich der Bannfluch, den die Tochter des Tanzmeisters über seine Lippen verhängt hatte.

Aussteigerkarriere

Das Genie ist nach dem Verständnis Goethes und seiner Generation naturhaft schöpferisch, das heißt, es handelt ausschließlich aufgrund von inneren Impulsen, unabhängig von äußeren moralischen Rücksichten. Frei von entsprechenden Erwägungen ist auch Goethes Kommen und Gehen in Sesenheim gewesen. Nun aber melden sich die Schuldgefühle – die dazu führen, daß er in teils bußfertiger, teils legitimatorischer Absicht das Scheitern des poetischen Liebesideals an der prosaischen Realität als notwendig tragisches Schicksal zum Gegenstand seiner Dichtung macht. Nicht nur, daß er sich in einer späteren Neufassung von *Willkommen und Abschied* zu dem biographisch korrekteren Vers »Ich ging, du standst und sahst zur Erden« bekennt. Als eine »poetische Beichte«[60] über das Friederiken-Erlebnis sind nach Goethes Auskunft auch *Götz* und *Clavigo* konzipiert. Und die sogenannte Gretchentragödie des *Faust* wird davon ebenfalls mitgeprägt sein.

Den entscheidenden Anstoß zur zentralen Handlungsmotivierung des Dramas erhält er durch den Beruf, den er als unvereinbar mit einer Fortsetzung seiner Beziehung zu Friederike empfindet: Mit seiner Promotion beim Schöffengericht als Anwalt zugelassen, bekommt er Einblick in die Prozeßakten der Susanna Margareta Brandt, einer Dienstmagd, die man unweit des Goethehauses wegen Kindesmords verhaftet hat. Auch sonst kommt er mit dem Fall, der schließlich mit einer öffentlichen Hinrichtung abgeschlossen wird, aufs engste in Berührung. Die gesundheitliche Untersuchung der Inhaftierten wird von Dr. Metz, seinem eigenen Arzt, durchgeführt, und die Rechtsvertretung ihres Henkers, der sich weigert, seines Amtes zu walten, übernimmt Goethes Bekannter und künftiger Schwager Georg Schlosser. Die tragische Geschichte, bei der die öffentliche Moral und das private Empfinden sich als unvereinbar erweisen, muß Goethe vor dem Hintergrund seines Wissens um die Verzweiflung Friederikes ohnehin nahegehen. Zum Bestandteil des *Faust* wird das Erlebte aber erst später verarbeitet.

Das Hauptmotiv zum *Götz* hingegen hatte Goethe bereits in Straßburg. Der historische Stoff, der in den Wirren der Bauernkriege spielt, war dazu angetan, ein Drama nach dem Vorbild Shakespeares zu schreiben, das heißt mit einer offenen Form, die sich nicht an die klassizistischen drei Einheiten von Ort, Zeit und Handlung hält. In einer emphatischen Rede zum Namenstag Shakespeares am 14. Oktober 1771 hat Goethe dessen Stücke dadurch charakterisiert, daß in ihnen das »Eigentümliche unsres Ichs, die prätendierte Freiheit unsres Wollens, mit dem notwendigen Gang des Ganzen zusammenstößt«[61]. Das gilt auch für den *Götz*. Der Held des Stücks, ein Ritter nach altem Ehrgefühl, wird von seinem ehemaligen Jugendfreund Weislingen auf doppelte Weise verraten, als dieser der schönen Intrigantin Adelheid erliegt, die ihn mit der Aussicht auf Macht und Reichtum verführt. Die Treue zu Götz wie auch zu dessen Schwester Maria, der Weislingen die Ehe versprochen hat, wird dem Ehrgeiz geopfert. Goethe, der mit dieser Parallelisierung zur eigenen Lebensgeschichte eine Form der Selbstreflexion betreibt, schreibt die Erstfassung des Dramas in sechs Wochen herunter und bittet seinen Straßburger Freund Salzmann, ein Exemplar nach Sesenheim zu schicken: »Die arme Friederike«, erklärt er in seinem Begleitschreiben, »wird einigermassen sich getröstet finden, wenn der Untreue vergiftet wird.«[62]

Ein weiteres Exemplar geht an Herder, der sich mit der Antwort ein halbes Jahr Zeit läßt und auch dann nur verhaltenes Lob spendet, was nicht zuletzt auf Neidgefühle gegenüber dem ihn jetzt schon unverkennbar überragenden Zögling zurückzuführen sein dürfte. Ermutigung zur Publikation erhält Goethe hingegen durch Johann Heinrich Merck, einen Darmstädter Freund, der ihn zugleich als Mitarbeiter an einem gerade erst übernommenen Periodikum, den *Frankfurter Gelehrten Anzeigen*, zu gewinnen sucht. Und dies mit Erfolg. Der Jahrgang 1772 ist zwar, da es bald Querelen mit der Kirche gibt, der einzige, der unter dem neuen Herausgeberteam Bestand hat. Aber er hat es in sich. Goethe ist darin mit zahlreichen Rezensionen vertreten, darunter einer Auseinandersetzung mit der *Allgemeinen Theorie der schönen Künste* von Johann Georg Sulzer, deren Kritik in dem Satz kulminiert: »Gott erhalt' unsre Sinnen, und bewahr' uns vor der Theorie der Sinnlichkeit.«[63] Radikal bricht Goethe hier mit der Ästhetik der Empfindsamkeit, die im Phantasma einer guten Natur das Vorbild für die schönen Künste erblickt. Diese wie jene sollen von der Gängelung durch moralische oder ästhetische Maximen befreit werden. Die neue Geniepoetik verfolgt diesen Zweck durch ein Konfrontationsmodell, das das Scheitern der künstlerischen Bemühung an der Übermacht der Natur ästhetisch inszeniert und damit die Kunst indirekt zum authentischen Sprecher der Natur macht.

Wie Goethe klar unterscheidet zwischen Kunst und Moral, so differenziert er auch zwischen dichterischer und bürgerlicher Existenz. Der Schriftsteller befindet sich mit dem Anwalt in einem Konflikt. Das war freilich schon die Straßburger Situation. Sie wiederholt sich nun auf neuer Stufe, als er im Mai 1772 nach Wetzlar geht, um dort am Reichskammergericht ein Praktikum zu absolvieren. Goethe unternimmt den karrierefördernden Schritt, der ja abermals nur die Erfüllung einer Vorgabe seines Vaters ist, ohne innere Motivation. Doch stellt er bei seiner Ankunft rasch fest, daß sich ihm hier entgegen aller prosaischen Erwartungen ein durchaus poetisches Leben auftut: Die Tischgesellschaft besteht aus Gesandtschaftsabgeordneten, die sich einer Fiktion verschrieben haben. Sie verstehen sich als ein geheimer Ritterorden, bei dem jeder einen entsprechenden Namen erhält, unter dem er an mysteriösen Ritualen partizipiert. Goethe wird in diesen Geheimorden als »Götz der Redliche« aufgenommen.

Daß auch sein Liebesleben künftig mehr von dem edlen Ritter hat als vom untreuen Weislingen, dafür sorgt ein bemerkenswertes Gespür bei der Wahl seiner Partnerinnen, die alle in einem Merkmal übereinstimmen: Sie sind schon vergeben. So auch Charlotte Buff, die er bald nach seiner Ankunft in Wetzlar kennenlernt. Wie Friederike entspricht sie dem Ideal einer Unschuld vom Lande, und abermals fühlt sich Goethe an den *Vicar of Wakefield* erinnert. Anders als Friederike aber ist Charlotte verlobt, und zwar mit Johann Christian Kestner, Delegationssekretär am Reichskammergericht. Goethe scheint die Verbindung nicht zu stören, ja er beschreibt die Dreisamkeit, die man zumeist in der freien Natur erlebt, als das perfekte Glück: Er kann unbefangen sein, weil er sich zu nichts verpflichtet, und sie kann es, weil sie sein Verhalten nicht als Werbung auslegen muß. Den diensteifrigen Kestner erlebt er nicht als Konkurrenten, sondern als Mitliebenden, der sozusagen für die bürgerlichen Seiten der Liebe zuständig ist, während er, hier ganz Künstler, sich den poetischen Aspekten der Affäre widmen kann.

Natürlich muß eine solche Lösung des Friederiken-Dilemmas unstabil sein. Kestner, der stets ein gutmütiger Freund Goethes bleibt, kann eben doch nicht umhin, ab und zu gereizt zu reagieren. Nach einem Kuß der beiden, der seine Gutmütigkeit allzusehr strapaziert, verlangt er von Lotte, klarzustellen, daß Goethe »nichts als Freundschaft hoffen dürfe«, worauf dieser ihm »blaß und niedergeschlagen« erscheint.[64] Tatsächlich mag Goethe in sich die heimliche Hoffnung genährt haben, daß ein Zusammenleben zu dritt möglich sei. Und es bedarf des guten Zuredens von Merck, der Goethe zu weiteren Publikationsprojekten treibt, daß er Wetzlar nach einem leidenschaftlich durchlebten Sommer endlich verläßt.

Auf dem Rückweg nach Frankfurt besucht er Sophie von La Roche, Wielands Cousine und Exverlobte, die zum Kreis der Empfindsamen gehört. Dort verliebt er sich in Sophies Tochter Maximiliane, der späteren Mutter von Clemens und Bettina Brentano. Die Sechzehnjährige besitzt den für Goethe in jener Zeit unwiderstehlichen Vorzug: Sie ist verlobt. Auch hier treibt er es so weit, bis Maximilianes italienischer Bräutigam ihm energisch Grenzen setzt.

Nicht, daß er sich Lotte schon aus dem Kopf geschlagen hätte – kaum zurück in Frankfurt, hängt er ihren Scherenschnitt über sein Bett, schreibt emsig Briefe nach Wetzlar, ja läßt es sich nicht nehmen, selbst die Eheringe der beiden anfertigen zu lassen und sich um Lottes Nachthemd sowie Umstandskleider für die Aussteuer zu kümmern. Doch signifikant an diesem Beziehungsverhalten bleibt, daß es ihn gerade vor dem bewahrt, was dann dem Helden seines Werther-Romans widerfährt: an unerfüllter Liebe zugrunde zu gehen. Goethe bezieht, in dieser Phase jedenfalls, aus versagter Erfüllung im realen Leben seine künstlerische Produktivkraft. Wie gut er mit dieser Spannung umzugehen vermag, zeigt die Tatsache, daß er sich nicht unmittelbar zum *Werther* gedrängt fühlt, sondern vorher diverse andere Sujets bearbeitet. Allen voran, zu Beginn des Jahres 1773, den *Götz*, zu dessen Fertigstellung Merck ihn drängt. Das Drama, das die Freunde dann auf eigene Kosten herausbringen, wird allerdings ein finanzieller Mißerfolg, dies nicht zuletzt aufgrund eines bald erscheinenden Raubdrucks, wogegen es damals kaum rechtliche Handhabe gibt. So macht Goethe zwar Schulden, wird aber dafür auf einen Schlag hochberühmt. Rezensionen bezeichnen ihn als »deutschen Shakespeare«, und seine Frankfurter Wohnung wird zum Pilgerort für Genieaudienzen.

Doch das ist erst der Beginn eines schier explosionsartigen Kreativitätsschubs. Im selben Jahr entstehen, neben der Umarbeitung des *Götz*, Anfänge zu *Wilhelm Meister*, zum *Faust* und zu einem Mahomet-Stück, das Singspiel *Erwin und Elmire*, *Das Jahrmarktsfest zu Plundersweilern*, *Ein Fastnachtsspiel von Pater Brey*, außerdem bibelkritische Abhandlungen, Gedichte, Übersetzungen und Farcen, darunter *Satyros oder der vergötterte Waldteufel*, *Künstlers Erdenwallen* sowie *Götter, Helden und Wieland*, eine Parodie auf den einflußreichen Repräsentanten der Empfindsamkeit, dem er vorhält, mit seinem *Alceste* die griechischen Helden auf ein handliches Wohnzimmerformat reduziert zu haben. Wieland reagiert übrigens in seiner Zeitschrift *Teutscher Merkur* zu Goethes Beschämung sehr souverän und lobt die Komik der Attacke.

Neben all den poetischen Projekten versucht sich Goethe immer wieder auch als Zeichner. Er ist sich keineswegs sicher, ob er eher zum Maler oder zum Dichter geboren ist. Und diese Unsicherheit wird ihn noch länger beschäftigen. So auch in den ästhetischen Reflexionen des *Werther*, dessen Niederschrift er im Februar des nächsten Jahres beginnt. Wenn es tatsächlich, wie er berichtet, der Selbstmord Jerusalems, eines Mitglieds der Rittertafel, gewesen ist, der ihn zum Schreiben des Werks motiviert hat, dann können wir darin einen weiteren Beleg für Goethes Fähigkeit sehen, poetische Stoffe lange mit sich herumzutragen. Denn es ist anderthalb Jahre her, daß der durch einen eifersüchtigen Ehemann von seiner Angebeteten Entfernte sich erschoß. Die Pistolen dazu hatte er sich von Kestner entliehen.

Was den in nur vier Wochen geschriebenen, aber freilich lange durchdachten Roman zu einem nie dagewesenen literarischen Erfolg macht, ist die Präzision, mit der er den Nerv der Epoche trifft. Goethe versteht es, seine eigenen Briefe an Merck und die Berichte Kestners über den Selbstmord Jerusalems so zu verdichten, daß daraus ein unverkennbares Porträt seiner Generation wird. Die jungen Intellektuellen der Zeit sind zivilisationsverdrossen; sie leiden an einem »Ennui«, einer tödlichen Langeweile, die nicht zuletzt daraus resultiert, daß es zu viele Universitätsabsolventen gibt, für die keine angemessenen Stellenangebote zur Verfügung stehen. Die fehlende Möglichkeit zur Selbstverwirklichung sowie ein noch kaum entwickelter literarischer Markt haben zu einem verzweifelten Originalitätsdruck geführt, einem Kult des Individuums, das seine reale Ohnmacht durch einen künstlich übersteigerten Gefühlsreichtum kompensiert.

Diese Strömung der Empfindsamkeit wird von Goethe nun als Mode charakterisiert, als kultische Hingabe an ein Verschmelzungsgefühl, das durch gleiche Gesinnungen jenseits aller Worte erzeugt wird. Zur Aktivierung dieses Konfluenzerlebens bedarf es lediglich »Losungen«, die weniger ausgesprochen als »ausgegossen« werden: »Wir traten ans Fenster. Es donnerte abseitwärts, und der herrliche Regen säuselte auf das Land, und der erquickendste Wohlgeruch stieg in aller Fülle einer warmen Luft zu uns auf. Sie stand auf ihren Ellenbogen gestützt, ihr Blick durchdrang die Gegend; sie sah gen Himmel und auf mich, ich sah ihr Auge tränenvoll, sie legte ihre Hand auf die meinige und sagte: ›Klopstock!‹ – Ich erinnerte mich sogleich der herrlichen Ode, die ihr in Gedanken lag, und versank in dem Strome von Empfindungen, den sie in dieser Losung über mich ausgoß.«[65]

Der *Werther* charakterisiert diesen Konfessionalismus auch dadurch als Mode, daß er als Briefroman verfaßt ist. Denn die öffentliche Zurschaustellung intimer Briefwechsel, in denen man sich wechselseitig an Sentimentalität zu überbieten sucht, ist damals enorm populär.

Und selbst die Todessehnsucht, die sich im *Werther* ausspricht, greift eine Modeströmung auf: die ostentative Beschwörung des Selbstmords, die den Wert des Individuums durch den Ausdruck seiner Verzweiflung an der Gleichgültigkeit der Welt zu erhöhen sucht. Das Genie beweist sich im Scheitern; der Verzicht auf die Realisierung seiner Sehnsucht ist der Preis seiner Authentizität. Eben vor diesem Scheitern bewahrt sich Goethe, indem er dessen Zwangslogik genau analysiert. Er tut es am Modellfall einer unerfüllten Liebe, die in Verzweiflung münden muß, da der Kult der Empfindung keinen Kompromiß duldet. Das Begehren muß absolut und unbedingt sein, und diese Unbedingtheit kann nur dadurch aufrechterhalten werden, daß der Begehrende sich überwindet, sobald er auf Bedingungen trifft, die er nicht überwinden kann. In der Selbstnegation des Suizids bleibt er sich treu.

Und darin auch erweist er sich als naturverbunden. Denn die Natur, das wird im *Werther* mit einer bis dahin ungekannten Tiefenschärfe demonstriert, ist für das Genie der Spiegel seines Inneren. Ihr kommt es nahe, indem es sich entweder heroisch selbst als autonome Schöpferkraft erweist oder heteropathisch in ihr auflöst – eine Alternative, wie sie in den Gedichten *Prometheus* und *Ganymed* exemplarisch zum Ausdruck kommt. Beide gehören zusammen wie Verselbsten und Entselbsten, Systole und Diastole, die beiden Pole, zwischen denen sich nach Goethe der »Puls des Lebens« abspielt: Prometheus, der Titanensohn der griechischen Mythologie, der sich dem alten Göttergeschlecht widersetzt, gilt seit Shaftesbury als Inbegriff des Genies, das wie die Natur aus eigenem schöpferischen Antrieb agiert. So stellt ihn auch Goethe dar, wobei dieser der Rebellion zugleich eine deutlich antiklerikale Note gibt:

> »Wer half mir wider
> Der Titanen Übermut?
> Wer rettete vom Tode mich,
> Von Sklaverei?
> Hast du's nicht alles selbst vollendet,
> Heilig glühend Herz?
> Und glühtest, jung und gut,
> Betrogen, Rettungsdank
> Dem Schlafenden dadroben?«

Die Antwort auf alle Fragen heißt wie das letzte Wort des Gedichts: »ich«.

Diesem Extrem an Verselbstung, die das eigene Naturgefühl aus der Widerstandskraft gegen äußere Beschränkungen bezieht, stellt Goethe mit *Ganymed* das Pendant einer Entselbstung gegenüber, deren ganz anderes, aber nicht minder intensives Naturgefühl aus einer Haltung restloser Hingabe hervorgeht:

> »Ich komme! Ich komme!
> Wohin? Ach, wohin?
> Hinauf, hinauf strebt's
> Es schweben die Wolken
> Abwärts, die Wolken
> Neigen sich der sehnenden Liebe,
> Mir, mir!
> In eurem Schoße
> Aufwärts,
> Umfangend umfangen!
> Aufwärts
> An deinen Busen,
> Alliebender Vater!«

Beide Haltungen, die prometheische und die ganymedische, widersprechen sich nicht, sondern sind in ihrer systolischen und diastolischen Ichbezogenheit die beiden Seiten des Naturgefühls einer Generation, die unter den gegebenen sozialen Umständen keine Möglichkeiten der Selbstentfaltung und sich damit in die gleichermaßen realitätsfernen Extreme gedrängt sieht, entweder absolut aufzubegehren oder sich absolut aufzulösen.

Der *Werther* bringt die tödlichen Konsequenzen dieses ausweglosen Naturgefühls auf den Punkt. Als literarischer Notruf einer ganzen Generation wird das Werk denn auch rasch bekannt, nicht nur in Deutschland, wo es bis Ende 1775 in elf Ausgaben, meist Raubdrucken, erscheint, sondern auch weit darüber hinaus: Die Werther-Kleidung – blauer Frack und gelbe

Weste, braune Stulpenstiefel, grauer Hut – beeinflußt die internationale Mode; in Frankreich wird ein Eau-de-Werther-Parfüm zum Kassenschlager, und selbst die Porzellanmanufakturen in China können durch die auf Teegeschirr aufgemalten Romanmotive ihren Umsatz steigern. Dem Kultbuch ist allerdings auch ein trauriger Erfolg beschieden: Man findet es häufig, aufgeschlagen an der passenden Stelle, neben den sterblichen Überresten junger Leute, die ihrem Leben in Werther-Manier ein Ende setzten. Daraufhin mehren sich kritische Kommentare; mancherorts wird das Buch verboten, was die Nachfrage natürlich noch mehr anheizt. Goethe spricht rückblickend vom »Zündkraut« einer »Explosion«[66]. Deren Nachhall wird seinen Autor zeitlebens verfolgen – als Echo eines begeisterten Publikums, aber auch in der stillen Resonanz vieler Unglücklicher, die sich mit dem fiktiven Helden allzusehr identifizieren und von denen sich immer wieder manche ratsuchend an Goethe wenden.

Das Honorar indessen ist gerade hoch genug, um nicht ganz von den Götz-Schulden aufgezehrt zu werden. Dafür hat Goethe nun eine Popularität erreicht, die ihm die beruhigende Gewißheit gibt, auf dem literarischen Markt künftig bestehen zu können. Und es ist auffällig, daß der schöpferische Höhepunkt mit einem neuen Beziehungsmuster einhergeht. Er sucht in der Folgezeit nicht mehr eine poetisch verklärte und in ihrer Idealität unrealisierbare Partnerschaft wie bei Friederike, Lotte und Maximiliane, sondern läßt sich auf heiratsfähige Frauen ein. Eine von ihnen ist Susanne Magdalene Münch, die er im Freundeskreis seiner Schwester kennenlernt. Die Runde kommt eines Tages auf die Idee, ein Mariage-Spiel zu veranstalten: Bei jedem Treffen werden Paare ausgelost, die sich dann wie Eheleute zueinander verhalten müssen. Daß Goethes Los gleich dreimal hintereinander auf Susanne trifft, nimmt er als Omen, und er behauptet in seinem Lebensbericht, wenn in jener Zeit zufällig ein Priester in der Nähe gewesen wäre, hätte man nichts dagegen gehabt zu heiraten.

Offenbar war kein Priester zur Stelle. Statt dessen geht aus dem Mariage-Spiel ein neues Werk hervor: Susanne verlangt von ihrem Los-Gatten einen Beweis seiner Liebe, den er kurzerhand dadurch zu geben verspricht, daß er bis zum nächsten Treffen, also eine Woche später, ein komplettes Drama für sie verfaßt. Tatsächlich stellt Goethe das Stück, es ist der *Clavigo*, fristgerecht fertig. Der Stoff ist inspiriert von Beaumarchais' Memoiren und wird abermals im Sinne der eigenen Vergangenheitsbewältigung gestaltet. Clavigo, ein ehrgeiziger Schriftsteller, hat auf Anraten seines Freundes Carlos, der wohlmeinend um seine Karriere besorgt ist, ein Eheversprechen zurückgezogen, das er Marie Beaumarchais gegeben hatte. In dieser Exposition sind nach Goethes eigener Aussage Züge jener Situation zu erkennen, in der er als frisch promovierter Anwalt Friederike verließ; sie enthält aber auch Reminiszenzen an die Phase, als sein Freund Merck ihn von Charlotte Buff abzubringen suchte (die Gerüchten zufolge tatsächlich im Begriff gestanden haben soll, sich von Kestner zu Goethes Gunsten zu lösen). Während die realen Geliebten die Trennungen mehr oder weniger gut überleben, geht die Marie im Drama an dem Treuebruch zugrunde; Clavigo bereut und handelt nun, entgegen dem Kalkül des Freundes, nach seinem Gefühl: Er begibt sich an Maries Grab, wo er von ihrem Vater getötet wird, und bittet Carlos sterbend, den unglücklichen Täter sicher über die Landesgrenze zu bringen.

Die Rückbesinnung auf eine solide bürgerliche Existenz, die in dem Stück – wenn man es rein biographisch betrachtet – durchklingt, liegt für Goethe tatsächlich näher denn je. Zwar ist er ein berühmter Schriftsteller, aber es ist nicht klar für ihn, in welche Richtung er weitergehen soll. Viele Wege stehen ihm offen, und gerade das wird ihm zum Problem. Die Orientierungsunsicherheit fühlt er um so mehr, als er inzwischen mit zahlreichen Berühmtheiten zusammengetroffen ist, unter anderem mit Lavater und Basedow, den Brüdern Jacobi, Wilhelm Heinse, Friedrich Wilhelm Gotter, Heinrich Christian Boie und schließlich auch dem großen Klopstock. Alle zeigen sich von Goethe angezogen und beeindruckt, aber für ihn ergeben sich keine neuen Perspektiven aus den Begegnungen.

Zu Lavaters *Physiognomischen Fragmenten* liefert er einige Beiträge, ohne von dem dogmatischen Hintergrund ihrer Charakteranalysen – der empfindsame Geistliche beurteilt Gesichter nach ihrer Nähe oder Ferne zum Idealbild Christi – recht überzeugt zu sein. Bemerkenswert ist in diesem Zusammenhang vor allem Goethes hymnische Beschreibung verschiedener Newton-Porträts, aus denen er genau die Eigenschaften herausliest, die er dem Begründer der modernen Naturwissenschaft später vehement absprechen wird.

Das radikale Gegenstück zur Missionstätigkeit Lavaters bildet der pädagogische Ansatz Basedows. Dieser hatte mit seinem *Elementarbuch* ein Konkurrenzwerk zu dem immer noch populären *Orbis Pictus* von Comenius geschaffen, das nicht nach bildlichen, sondern nach rein begrifflichen Kriterien organisiert ist. Von dieser abstrakten Mnemotechnik hält Goethe wenig. So fühlt er sich zwischen den beiden »Propheten«, dem Bilduniversalisten Lavater und dem Ikonoklasten Basedow, mit denen er, verkleidet als Dorfgeistlicher, eine Lahn- und Rheinreise unternimmt, als »Weltkind in der Mitten«[67].

Auch die Jacobis sind ihm mit ihrem allzu jenseitsorientierten Empfindsamkeitskult suspekt. Zwar freundet er sich mit dem Älteren, dem Philosophen Friedrich Heinrich, dennoch auf eine sentimentalische Weise an; aber es ist eine Freundschaft über weltanschauliche Abgründe hinweg, was sich besonders im späteren Spinoza-Streit zeigen wird.

Klopstock schließlich enttäuscht Goethe durch seine neueste Produktion, die *Deutsche Gelehrtenrepublik*, mit einem von der politischen Realität stelzig abgehobenen Ideal der literarischen Welt. Als Goethe mit dem ihm ausgebrannt erscheinenden Messias-Dichter zusammentrifft, sprechen sie denn auch kein Wort über die Rolle der Dichtung in einem zu erneuernden Deutschland, sondern über das von Klopstock nachdrücklich propagierte Schlittschuhfahren.

Ein Leben als Nur-Schriftsteller wäre für Goethe zwar denkbar; es wäre aber auch ein sehr realitätsfernes Leben. Und das liegt ihm nicht. Er will in die Praxis. Nun bietet sich für eine amtsgebundene Karriere den Intellektuellen jener Zeit typischerweise nur die Alternative einer Verwaltungslaufbahn – genau das ist die Planung des Vaters, zu der das Jurastudium die geeignete Voraussetzung bietet – oder der Anstellung an einem Fürstenhof, wo ein Aufstieg sehr viel rascher möglich, aber auch die Gefahr größer ist, in Abhängigkeit zu geraten.

Die zweite Option wird Goethe nahegebracht, als der Weimarer Kammerherr Karl Ludwig von Knebel, der sich für seine Schriften begeistert, ihn aufsucht und ihm vorschlägt, ihn mit dem jungen weimarischen Prinzen Carl August bekannt zu machen. Dieser befindet sich gerade auf dem Weg nach Paris, um etwas von der »Welt« zu sehen (wozu auch der im Etatplan abgerechnete Besuch einer Mätresse gehört) und für die großmachtpolitisch kalkulierte Ehe mit einer Prinzessin von Hessen-Darmstadt in jeder Hinsicht vorbereitet zu sein. Goethe nimmt das Angebot Knebels an und gerät sogleich in eine karrieretechnisch günstige Situation. Zufällig liegen die *Patriotischen Phantasien* von Justus Möser auf dem Tisch, ein Werk, das Goethe mit Begeisterung gelesen hat, da hierin eine Staatslehre entworfen wird, die seinem Denken – und, wie sich herausstellt, dem des Herzogs – sehr entspricht. Mösers Schrift hält der allgemeinen Klage über die Zersplitterung Deutschlands entgegen, daß es ein großer Vorteil für die kulturelle Gesamtentwicklung sei, wenn jeder Kleinstaat sich gemäß den lokalen Gegebenheiten entwickeln könne. Dieser Gedanke, der Goethe schon von Herder vertraut war, muß auch den künftigen Herzog beeindrucken, da er selbst das Muster eines solchen Kleinstaats repräsentiert und bereits seit einiger Zeit von seiner Mutter Anna Amalia instruiert wird, seine Residenz als »Musenhof« zu etablieren.

Bei einem weiteren Zusammentreffen konkretisiert sich der Vorschlag, Goethe in Weimar einzuführen. Doch als er das begeistert seinen Eltern erzählt, mahnt ihn der Vater aufgrund seiner eigenen schlechten Erfahrungen energisch, sich nicht von Fürsten abhängig zu machen. Goethe ist zwar weniger skeptisch. Dennoch scheinen ihn die Einwände und Bedenken seines Vaters zu verunsichern, zumal diese mit der Androhung verbunden sind, ihm im Falle einer Zusage in Weimar jede finanzielle Unterstützung zu entziehen. So verstärkt er in der folgenden Zeit seinen Einsatz für die andere der beiden genannten Optionen, für die Karriere in einem bürgerlichen Beruf.

Seine Anwaltspraxis ist in der Zeit, da er als junges Genie unter Beschlag genommen wurde, von seinem Vater und einem Schreiber weitergeführt worden. Der Vater war durchaus zufrieden damit, zum einen, weil er froh war, eine Beschäftigung zu finden, die ihm lag, und zum anderen, weil er sich so indirekt am unerwarteten Ruhm seines Sohnes beteiligt fühlen konnte.

Daß Goethe sich nun wieder selbst um seine Anwaltspraxis kümmert, hat aber noch einen anderen Beweggrund. Zu Beginn des Jahres 1775 lernt er Anna Elisabeth – kurz: Lili – Schönemann kennen, Tochter eines angesehenen Bankiers. Um sich ihrem Milieu gewachsen zu zeigen, muß er bürgerliche Qualitäten vorweisen, und dazu ist Goethe aus Liebe durchaus bereit. Aber es gelingt ihm nur durch eine Aufspaltung seines Gefühlslebens. Da ist auf der einen Seite das Dichtergenie; daß es auf die ihm gemäße Weise lieben kann, dafür sorgt der poetisch-leidenschaftliche Briefwechsel im Werther-Ton mit einer anonymen Verehrerin (wobei sich später herausstellt, daß es sich um Auguste Gräfin Stolberg handelt), der Goethe niemals persönlich begegnen wird. Nur so kann er auf der anderen Seite vorbehaltlos zu Lili stehen, das heißt zu einem Leben als solider Partner mit allen bürgerlichen Tugenden.

In die Zeit dieser Aufspaltung als Liebhaber fällt die Abfassung der Stella-Dichtung, eines poetischen Spiegels der gegenwärtigen Lebenskonstellation. Hier wird der Druck zur Entscheidung zwischen einer jüngeren und einer reifen Frau, die eine idealisch, die andere pragmatisch geliebt, dahingehend aufgelöst, daß man beschließt, zu dritt zusammenzuleben. Erst sehr viel später wird Goethe dem als Skandal aufgenommenen Stück ein gesittet-tragisches Ende geben.

Im realen Leben kommt es weder zu dem einen noch dem anderen Schluß. Je mehr Goethe sich in den großbürgerlichen Lebenskreis seiner Verlobten einzufügen und anzupassen sucht, desto unbehaglicher wird ihm. Schon immer hat man in seiner Familie das Frankfurter Establishment mit Vorbehalten betrachtet und den eigenen Außenseiterstatus kultiviert. Hinzu kommt nun Goethes Erfahrung, daß seine Entwicklung zum bedeutenden Dichter mit sozialer Desintegration zusammenhängt. So keimt in ihm die Sorge, daß seine künstlerische Produktivität gefährdet sei, wenn er sich binden würde. Er stellt fest, daß er immer dann zu »Weltgeschäften« neigt, wenn er sich unproduktiv fühlt[68], daß er also das für die Beziehung Gemäße tut, wenn er in einer seinem Dichtungstalent unangemessenen Verfassung ist. Trennungsgedanken häufen sich, die er allerdings – als Konsequenz aus den Erfahrungen mit Friederike – nun mit größerem Verantwortungsgefühl realisiert. Er vermeidet es, Erwartungen zu nähren, an deren Erfüllbarkeit er zweifelt, und verhält sich entsprechend zurückhaltend, obwohl er sich nach Lilis Nähe sehnt.

Eine Gelegenheit zur Distanznahme bietet sich, als die Grafen Stolberg, Mitglieder des Göttinger Hainbunds und Brüder von Auguste, der anonymen Briefpartnerin Goethes, ihn besuchen. Sie überreden ihn zu einer »Geniereise« in die Schweiz, die durch Rousseau zum Inbegriff des neuen Natur- und Freiheitsgefühls geworden war. In Werther-Tracht brechen sie auf, nachdem sie den Abend zuvor im Götz-Stil übermütig gezecht haben: Die Mutter hatte die besten Rotweine aus dem Keller geholt, die als »Tyrannenblut« mit gespielter Todesverachtung hinuntergegossen wurden.

Goethe ist eigentlich über derlei Späße hinaus; ihm geht es, wie sein Freund Merck pointiert bemerkt, darum, das Wirkliche zu poetisieren, den anderen darum, die Poesie zu verwirklichen. Aber er ist in einer Verfassung, die exzentrische Beschäftigungen verlangt, um sich abzulenken. Und auch daraus erwachsen schließlich neue Reifungsschritte. Die Reise bringt Goethe erneut mit Lavater zusammen sowie mit dem Poetiklehrer und Gottsched-Kritiker Johann Jakob Bodmer. Mehr als von diesen aber lernt er die Kunst der Selbstbefreiung in der Natur. Er badet in den Schweizer Seen – zum Entsetzen der Beobachter genialisch nackt –, wandert und unternimmt ausgedehnte Bootspartien. Und bei einer dieser Bootsfahrten entsteht das Gedicht *Auf dem See*, das die Überwindung seiner Krise antizipiert, ohne daß Goethe dies schon bewußt gewesen sein mag. Die im Reisetagebuch festgehaltenen Verse zeigen zu Beginn den genietypisch extremen Weltbezug von absoluter Egozentrik und absoluter Hingabe:

> »Ich saug' an meiner Nabelschnur
> Nun Nahrung aus der Welt.
> Und herrlich rings ist die Natur,
> Die mich am Busen hält.«

Beides steht in einem kontrapunktischen Verhältnis zueinander:

> »Die Welle wieget unsern Kahn
> Im Rudertakt hinauf,
> Und Berge wolkenangetan
> Entgegnen unserm Lauf.«

Doch plötzlich schlägt die Stimmung um. Der im Geborgenheitsgefühl unzerstreut nach innen gehende Blick trifft auf die Empfindung unerfüllter Liebessehnsucht:

> »Aug mein Aug, was sinkst du nieder?
> Goldne Träume, kommt ihr wieder?
> Weg, du Traum, so gold du bist,
> Hier auch Lieb und Leben ist.«

Die kindlich-naive Geste des Beiseiteschiebens kann natürlich nicht gelingen, aber aus dem Zwiespalt zwischen Gegenwart und Erinnerung, Naturverbundenheit und unerfüllter Sehnsucht tut sich nun ein Drittes auf, das eine völlig neue Perspektive eröffnet:

> »Auf der Welle blinken
> Tausend schwebende Sterne,
> Liebe Nebel trinken
> Rings die türmende Ferne,
> Morgenwind umflügelt
> Die beschattete Bucht
> Und im See bespiegelt
> Sich die reifende Frucht.«

Die Landschaftsschilderung hat den harten Kontrast zwischen Außen und Innen aufgehoben; das Nächste, die Welle, verschmilzt mit dem Fernsten, den Sternen; Ich und Welt treten in den reflektorischen Wechselbezug einer sich selbst bespiegelnden Natur. Dieser Schluß des Gedichts hat wahrhaft antizipatorischen Charakter. Als Goethe schließlich auf dem Gotthard-Gipfel steht und einen mit dem Zeichenstift festgehaltenen *Scheideblick nach Italien*[69] wirft – in jenes Land, das ihm durch die schwärmerischen Erzählungen des Vaters zum Inbegriff der Sehnsucht geworden ist –, da weiß er, daß er seinen Konflikt weder durch ein Ausweichen in die Ferne noch durch eine Bindung an die Geliebte lösen wird. Weder Flucht noch Festlegung ist Goethes Option, sondern Fortentwicklung. Diese Option läßt das Gedicht im Bild eines natürlichen Reifungsprozesses aufscheinen, der sich selbst bespiegelt und damit die Selbstreflexion des Erwachsenwerdens symbolisiert. Auch poetisch ist dies eine neue Haltung bei Goethe, die er in der folgenden Zeit ausbilden wird: zu einer Naturlyrik, die nicht mehr zwischen der passiven Seligkeit Ganymeds und der aktionistischen Unruhe Prometheus' hin und hergerissen ist, sondern kontinuierliche Prozesse ausdrückt, analog zu den Wachstumsvorgängen in der Natur. Dieser Bewegungsausdruck ist nicht allein beschreibend, sondern er ist in die Sprache selbst, in ihre innere Dynamik hineinverlegt. Damit weist er auf die Naturstudien und die Naturlyrik des ersten Weimarer Jahrzehnts voraus, so wie das Bild der Reifung auf die Übernahme politischer Verantwortung dort vorausweist – freilich unter Verzicht auf die bürgerliche Ehe: Das Verlöbnis mit Lili wird gelöst und dem Herzog die Gefolgschaft zugesagt.

»Urfaust«

Unter den Papieren, die Goethe mit nach Weimar nahm, befand sich ein Konvolut von Faust-Szenen, aus denen er bald nach seiner Ankunft dort vorlas. »Die Herzoginnen waren gewaltig gerührt bei einigen Szenen«, berichtete Friedrich Stolberg seiner Schwester.[70] Hingerissen war auch das Hoffräulein Luise von Göchhausen, das sogleich eine Abschrift anfertigte, die erst 1887 durch den Germanisten Erich Schmidt in ihrem Nachlaß aufgefunden werden sollte. In der Annahme, daß dieser Fund den damaligen Arbeitsstand an dem Drama wiedergab, nannte Schmidt ihn »Urfaust« – eine, wie wir mittlerweile wissen, nicht ganz zutreffende, aber fest eingebürgerte Bezeichnung. Immerhin läßt sich der Abschrift entnehmen, was Goethe schon in den Frankfurter Jahren fertiggestellt hatte, bevor er nach Weimar kam.

Da sind zunächst die Spuren der von Herder verordneten »neuen Mythologie«. Insbesondere die Erdgeistbeschwörung läßt erkennen, wie Goethe hier einen »heuristischen« Gebrauch vom alten, aus der magischen und alchemistischen Tradition herrührenden Bildmaterial macht, um einen modernen Gehalt, die neue Magie der poetischen Sprache zu inszenieren. Dabei kommen verschiedenste kulturelle Einflüsse zusammen. Die Beglaubigung der von Faust angerufenen »Kräfte« vollzieht sich durch jenes Erhabenheitsvokabular (Trunkenheit, Stürme, Schiffbruch – 462 ff.), das seine Vorbilder in der nordischen Dichtung und Poetik hat. Fausts leidenschaftliche Glut (463) und die von ihr herbeigerufene »Flammenbildung« (499) des Erdgeistes entsprechen Herders Lehre vom pindarischen »Odenfeuer«, das im übertragenen Sinn die traditionelle Funktion des Alchemistenherdes übernimmt. Die pindarische Ode zeichnet sich gegenüber der anakreontischen dadurch aus, daß sie die äußeren Regularitäten der Sprache abstreift. Eben das vollzieht sich nun auch in der Beschwörungsrede Fausts: Der Reim löst sich auf, das Metrum gerät aus dem Takt, die Sätze werden elliptisch. Dieses dithyrambische Sprechen, das nicht mehr der narrativen Logik der Beschreibung, sondern der parataktischen Logik des Gefühlsausdrucks folgt, repräsentiert eine Rückkehr zur Ursprache im Sinne Herders. Mit ihren Ausrufen und Interjektionen realisiert es die Forderung der Sprachschrift: »Ton der Empfindung soll das sympathetische Geschöpf in denselben Ton versetzen!«[71] Auch der Erdgeist in Goethes Drama wird »angesogen« durch »der Seele Ruf« (490); an die Stelle der optisch-semantisch orientierten Mimesis im Sinne der Aufklärung tritt auch hier eine akustisch-performative. Allerdings wird Faust gleich darauf an der Übermacht des Erdgeistes scheitern; er vermag ihn anzuziehen, aber nicht zu »halten« (625). Warum ist das so?

Es handelt sich hier um eine Art des Umgangs mit dem anderen, die sich ganz auf das Gefühl der Gleichheit beruft. Fausts Annäherung an den Erdgeist ist so extrem identifikatorisch, daß ihr Erfahrungsgehalt in völliger Indifferenz verschwindet. Die unmittelbare Gleichsetzung erweist sich als abstrakt, die totale Mimesis als reine Konstruktion. Dieser Umschlag von absoluter Nähe in absolute Fremdheit kommt akustisch signifikant zum Ausdruck, denn Rede und Gegenrede künden von ihrer inhaltlichen Differenz bezeichnenderweise im Modus der klanglichen Übereinstimmung:

»FAUST. Der du die weite Welt umschweifst,
Geschäftiger Geist, wie nah fühl' ich mich dir!
GEIST. Du gleichst dem Geist, den du begreifst,
Nicht mir!« (510 ff.)

Der Erdgeist nimmt in Rhythmus, Reim und Assonanz das Identifikationsbegehren seines Beschwörers völlig auf und spiegelt es als Echo zurück. Konfrontiert mit der eigenen Klangkopie, erfährt Faust, daß sein Anspruch auf totale Gleichheit mit dem anderen in reiner Selbstbezüglichkeit endet. Dies treibt ihn in dieselbe Art von Verzweiflung, die schon in Ovids Mythos von Narziß und der Nymphe Echo beschrieben wurde. Auch der Erdgeistbeschwörer ist ein Narziß. Er bleibt verstrickt in die genietypische Dialektik von absoluter Identität und absoluter Alterität – eine Dialektik, die Goethe mit seiner Entscheidung für Weimar zugunsten eines differenzierten Wirklichkeitsbezugs aufzubrechen suchte.

Schon in Frankfurt hatte Goethe seinen Freunden aus den Faust-Papieren vorgelesen, und vor allem hatte er ihnen die Kernidee seiner Dramatisierung des Stoffes verraten: die Verknüpfung der Gelehrtentragödie mit der Gretchentragödie. An der Geschichte einer Kindermörderin sollten diejenigen Aspekte herausgearbeitet werden, denen die Gerichte im Fall von Susanna Margaretha Brandt und zahlreichen vergleichbaren Opfern patriarchalischer Verhältnisse nicht gerecht wurden. Das Spezifische an Goethes Behandlung des Motivs ist, daß er die Tragödie nicht nur aus dem praktischen Umstand der Stigmatisierung einer »verführten Unschuld« durch die gesellschaftliche Moral hervorgehen läßt, sondern dies zugleich mit einem bestimmten Typ theoretischen Wissens parallelisiert. Die Diagnose, die er dem gelehrten Erdgeistbeschwörer Faust stellt: daß der unduldsame, unmittelbare Zugriff auf das andere diesem mit seiner Andersheit zugleich alle Qualitäten raubt – diese Diagnose überträgt Goethe auf Fausts konsumistischen Umgang mit Margarete, die auf ein »unschuldig Ding« (2624) reduziert und schließlich in den Wahnsinn getrieben wird. »Hör, du mußt mir diese Dirne schaffen« (2619), fordert Faust von Mephisto, und er selbst überrumpelt die in bescheidenen Verhältnissen Lebende mit üppigen Goldgeschenken und überlegener Rhetorik, bis sie den Attacken auf ihre Schamschwelle endlich nachgibt.

Während es Goethe gerade auf diese Verknüpfung von männlichem Eros und naturbeherrschender Erkenntnis ankommt, für die er die endgültige Darstellungsform, eine szenische Reihe von Entgrenzungsversuchen, noch nicht gefunden hat, interessiert sich einer seiner Frankfurter Zuhörer besonders für das Gretchenmotiv. Es ist Heinrich Leopold Wagner, der bald darauf sein Drama *Die Kindermörderin* herausbringt.

Goethe wird fortan zurückhaltender sein mit Auskünften über laufende Projekte. Seine eigene, unvergleichlich realitätsnäher gezeichnete Kindermörderin wird erst viel später, nämlich 1790, und auch dann nur im Faust-Fragment, erscheinen. Daß es ihm so schwerfällt, eine endgültige dramatische Form für den skizzierten Konflikt zu finden, wird verständlicher vor dem Hintergrund der Erfahrungen des ersten Weimarer Jahrzehnts.

3. Frühklassik. Integrationsversuche (1775-1786)

Zu den Polaritäten in Goethes Leben gehört es, daß er ausgerechnet in der Phase, in der er seine öffentliche Existenz aufs äußerste entfaltete, als Dichter besonders innerliche Töne anschlägt. Ausgewogen kann das Verhältnis beider Tendenzen trotzdem nicht genannt werden. Vielmehr handelte es sich um die prekäre Balance einer unaufgelösten Spannung zwischen öffentlichen und privaten Selbstanteilen. Ihr ambivalentes Energiezentrum war die Liebe zu einer Frau, die ihn zur innigsten Hingabe motivierte, ohne sich ihm je ganz hinzugeben. Um ihn in dieses Dilemma zu bringen, bedurfte es schon einer Charlotte von Stein. Allein die Schilderungen, die Goethe noch vor der ersten Begegnung über die Weimarer Baronin vernahm, haben ihm angeblich »drei Nächte lang den Schlaf geraubt«[72]. Und eine Silhouette, die man ihm von ihr zeigte, charakterisierte er für Lavaters Physiognomik mit den Worten: »Nachgiebige Festigkeit./ Wohlwollen./ Treubleibend/ Siegt mit Nezzen«[73]. Diese zwiespältige Deutung sollte sich als wahrhaft hellseherisch erweisen.

Indessen hatte nicht nur Charlotte die Netze nach Goethe ausgeworfen. In Weimar wurde nichts dem Zufall überlassen, um die bedeutende Verstärkung des »Musenhofs« einzufangen. Wieland wurde ersucht, seinen Frieden mit dem ihn einst attackierenden Genie zu machen, wozu er sich ohne weiteres bereit erklärte, und Carl August, von dem es hieß, er sei bereits in Goethe verliebt, schickte ihm eine Kutsche zur Abholung, um ganz sicher zu gehen, daß er auch komme.

Doch der angekündigte Chauffeur wurde in Frankfurt vergeblich erwartet. Da Goethe sich bereits von seinen Freunden verabschiedet hatte, mochte er sich keine Blöße geben, blieb im Haus und schrieb an einem neuen Stück, dem *Egmont*. Das Stück wurde fast fertig, aber noch immer war kein Abholer zur Stelle. Erst als Goethe sich schon getäuscht glaubte und entschied, daß nun der rechte Zeitpunkt für die schon wiederholt vertagte Italienreise gekommen sei, traf die verspätete Kutsche doch noch ein.

Mit dieser herausgezögerten Erfüllung einer Erwartung begann eine bemerkenswerte Aktivität auf allen Feldern des kulturellen Lebens. Als Politiker, Naturforscher und Künstler leistete Goethe gleichermaßen Außerordentliches. Er wurde nun selbst zum integrativen Mittelpunkt eines Netzes, das die verschiedensten Lebensbereiche miteinander verknüpfte. Aber auch die selbstgestrickten Maschen beengten ihn mehr und mehr. Denn bei allem äußeren Erfolg blieb die innere Erfüllung aus. Die ungestillte Sehnsucht bewirkte ein immer deutlicher poetisch artikuliertes Verlangen nach dem Land, »wo die Zitronen blühn«. Gut zehn Jahre dauerte es, bis Goethe tatsächlich nach Italien reiste und einen Integrationsanspruch aufgab, den er zuvor mit allen Kräften zu realisieren gesucht hatte.

Kleinmachtpolitik

Goethes Entscheidung für Weimar ist seine erste Lebensentscheidung, die er dezidiert gegen den Willen des Vaters trifft. Aber nicht nur ihm, sondern auch den Geniefreunden gegenüber sieht er sich zu Erklärungen genötigt. Wie kommt es, daß ausgerechnet er, stolzer Bürger einer freien Reichsstadt, Dichter von titanischen Selbsthelferfiguren wie Prometheus, Götz und

Faust, sich unter die Herrschaft eines Fürsten begibt? Dies fragen sich seine Altersgenossen um so mehr, als Goethe im Unterschied zu den meisten von ihnen nicht aus finanziellen Gründen genötigt ist, eine höfische Stellung anzunehmen. Doch gerade in einer solchen Position sieht er – zum Befremden der Freunde – eine Erweiterung seiner Möglichkeiten. Eine Verwaltungslaufbahn in Frankfurt hätte seinen Tätigkeitsdrang zu sehr eingeschränkt. In Weimar aber läßt sich »versuchen, wie einem die Weltrolle zu Gesichte stünde«. Obwohl er sich zutraut, »das durchaus Scheisige dieser zeitlichen Herrlichkeit zu erkennen«, sei die höfische Existenz »doch immer besser als das untätige Leben zu Hause wo ich mit der grössten Lust nichts thun kann. Hier hab ich doch ein paar Herzogtümer vor mir.«[74]

Die Herzogtümer freilich, die er da vor sich hat, sind alles andere als prädestiniert für eine Weltrolle. Sachsen-Weimar-Eisenach hat mit seinen 106 000 Einwohnern zwar eine dreimal größere Bevölkerung als Frankfurt, ist aber wirtschaftlich völlig zurückgeblieben. Es gibt nur einen Industriebetrieb, die Strumpfmanufaktur in Apolda, und einen stillgelegten Bergwerksbetrieb in Ilmenau. Nicht mehr als ein winziger Teilabschnitt der für Zolleinnahmen wichtigen Verkehrsstraßen führt durch das Gebiet des Herzogtums. So bleibt der Hauptwirtschaftszweig die – zudem wenig ertragreiche – Landwirtschaft. Um die Universität Jena ist es auch nicht gut bestellt; die meisten Professoren und Studenten wandern nach Göttingen ab. Und Weimar selbst erinnert eher an ein Dorf als an eine Fürstenresidenz. Die Stadt ist für den internationalen Verkehr so unbedeutend, daß die Postkutsche außerhalb hält, außerdem ist das Schloß im Vorjahr ausgebrannt, so daß der Hof in Notunterkünften leben muß. Von den 6000 Einwohnern gehören über ein Viertel dem Hof an, auch der Rest ist mehr oder weniger mit dessen Unterhalt beschäftigt.

Goethes Funktion in Weimar ist zunächst vor allem die eines Fürstenerziehers. Gerade für sie freilich scheint das Originalgenie am allerwenigsten geeignet. Gemeinsam mit seinem Souverän und Schützling Carl August macht er die Gegend unsicher; zu Pferde streifen sie durchs Herzogtum, meist angetrunken, treiben derbe Späße, baden schockierenderweise nackt in Flüssen und Seen und stellen den Bauernmädchen nach, wobei die öffentliche Moral sich weniger darüber empört, daß sie es überhaupt tun, als darüber, daß sie sich dabei angeblich dieselben Mädchen teilen. Sexuelle Ausschweifungen sind freilich nur für den Herzog belegt, der seine zahlreichen unehelichen Kinder stets großzügig mit Alimenten versorgen wird. Soweit läßt es Goethe niemals kommen. Er macht das übermütige Treiben nicht zuletzt deshalb mit, um das Vertrauen des Herzogs zu gewinnen und es schließlich pädagogisch zu nutzen. Ein solches Taktieren scheint auch durchaus erforderlich bei dem kriegsbegeisterten jungen Despoten, der es liebt, sich auf den Marktplatz zu stellen und mit Peitschenknallen seine Untertanen einzuschüchtern.

Tatsächlich fährt Goethe von Anfang an zweigleisig. So beteiligt er sich zwar lebhaft an den Späßen des Herzogs, wenn dieser etwa zum Entsetzen des Hofes lärmend ins Schloß einfällt, um »Blinde Kuh« zu spielen, andererseits versäumt er keine Gelegenheit, der als prüde geltenden und streng auf Etikette bedachten Herzogin Louise besondere Aufmerksamkeit zu widmen. Ihre Geburtstagsfeierlichkeiten, die Goethe jedes Jahr mit großem Aufwand vorbereitet, sind die Höhepunkte des kulturellen Lebens am Fürstenhof. Kurz, er setzt alles daran, um sich die Gunst zu erwerben, die zu seiner Zeit nötig ist, um als bürgerlicher Intellektueller politischen Einfluß zu bekommen.

Um ein guter Fürstenerzieher zu sein, bedarf er freilich selbst erst der Nachhilfe in höfischen Sitten und einer Mäßigung seines heftigen Temperaments. Und daß er dazu bereit ist, dafür sorgt jene Frau, die er schon vor der ersten Begegnung als Seelenfängerin charakterisiert hatte. Die »Nezze«, mit denen Charlotte von Stein über ihn siegt, sind aus dem feinen, aristokratischen Gewebe anerzogener Natürlichkeit, jener paradoxen Doppelstruktur »nachgiebiger Festigkeit«, die als Sanftmut zu umschreiben eine Verharmlosung ist. Sieben Jahre älter als er und verheiratet, ist sie das ideale Liebesobjekt für Goethe – dessen Unerreichbarkeit ihn aber dann doch zu quälen beginnt. Denn die Distanz, in der sie ihn hält, ist durchaus pathetischer Art; sie verbittet sich das Du, das sie ihm permanent entlockt.

So zur Selbstbeherrschung verführt, widmet sich Goethe mit vollem Einsatz den neuen Beschäftigungen in Weimar, die vor allem der Politik gelten. Dabei denkt man freilich in seinem Fall zunächst an Kulturpolitik. Er ist ja in der Absicht berufen worden, den Ausbau Weimars zum Musenhof voranzutreiben. Und das tut er durchaus. Manche der Stellenbesetzungspläne, die er hierfür zu realisieren sucht, scheitern zwar. So wird Friedrich Leopold Stolberg vergeblich der Posten eines fürstlichen Kammerherrn angeboten, den Klopstock ihm unter Hinweis auf Goethes Eskapaden mit Carl August ausredet. Auch Lenz und Klinger sind nicht integrierbar, weil sie sich allzu genialisch aufführen. Immerhin aber kann Goethe dafür sorgen, daß Herder die Stelle des Generalsuperintendenten und Oberhofpredigers an der Stadtkirche erhält. Gemeinsam mit ihm führt er dann eine Schulreform durch. Ansonsten beteiligt er sich an dem von Anna Amalia herausgegebenen *Tiefurter Journal*, unterhält Lesegesellschaften und organisiert Bildungsveranstaltungen. Insbesondere aber kümmert er sich um das Weimarer Liebhabertheater, ein Provisorium, nachdem das Schloßtheater mit dem Brand von 1774 vernichtet worden ist. Goethe fungiert hier sozusagen als »Superintendant«: Er betreibt Öffentlichkeitsarbeit – unter anderem durch die populäre Maßnahme, unentgeltlichen

Eintritt für die unteren Klassen durchzusetzen –, er stellt den Spielplan auf und führt Regie. Im übrigen verstärkt er auch das Ensemble, und zwar auf mehrfache Weise: durch sein eigenes, nicht geringes Schauspieltalent, durch Unterricht für den Nachwuchs, für den er später ein eigenes Regelwerk verfassen wird, und schließlich durch die Verpflichtung auswärtiger Bühnenstars, vor allem jener Corona Schröter, die er bereits als Student in Leipzig bewundert hat. Auch in den folgenden Jahrzehnten wird er sich intensiv um das Weimarer Hoftheater kümmern, das nach langer Zeit des Ausweichens auf andere Spielorte im Jahre 1791 endlich seinen eigenen Neubau erhält. Goethe bleibt dessen offizieller Intendant, bis er 1817 kündigt – aus Protest gegen den über seinen Kopf hinweg durchgesetzten Wunsch einer Mätresse des Herzogs, ein Stück aufzuführen, in dem ein dressierter Pudel die Hauptrolle spielen soll. Man mag das als verlorenen Machtkampf werten, wie es immer wieder geschieht – fragt sich nur: für wen?

Gleich nach seiner Ankunft in Weimar wird Goethe auch mit der Leitung des Schloßneubaus betraut. Und nachdem er 1776 und 1778 in Wörlitz den ersten deutschen Park nach englischem Vorbild gesehen hat, betätigt er sich zudem als Landschaftsarchitekt. Die systematische Umgestaltung des Parks an der Ilm, in dem er ein ihm vom Herzog geschenktes Gartenhaus bewohnt, kann zwar erst 1785 erfolgen, als die Grundstücksfragen geklärt sind, aber schon jetzt sorgt er für die Anpflanzung von verschiedensten Bäumen, Farnen und Sträuchern, auch exotischer Art. Nach englischem Vorbild wird eine romantische Grotte angelegt und – als Namenstagsüberraschung für die Herzogin – eine Einsiedelei: das »Luisenkloster«, zu dessen Eröffnung Goethe, als »Pater Decorator« fungierend, Willkommensverse vor einem künstlichen Wasserfall spricht.[75] Auch sonst ist Goethe immer wieder mit der Aufführung von Sing-

und Lichtspielen, Maskenumzügen und lebenden Bildern beschäftigt; er gilt als Maître de plaisir in Weimar.

Doch all das ist reine Nebenbeschäftigung. Goethes Ambitionen beschränken sich nicht auf Kulturpolitik für den Musenhof. Er will große Politik machen, die Regierungsgewalt nicht nur ornamental verzieren, sondern substantiell ausüben. Und das gelingt ihm. In wenigen Jahren vollzieht er eine steile Karriere zum mächtigsten Mann des Fürstentums nach dem Herzog.

Sie beginnt damit, daß er im Juni 1776 Mitglied des dreiköpfigen Geheimen Consiliums wird, das den Fürsten politisch berät. Zugleich ist er von Beginn an Mitglied im Sonderausschuß Finanzen – eine wichtige Funktion, da das Fürstentum mehr Geld ausgibt, als es einnimmt. Im Februar 1777 wird er außerdem Leiter der Bergwerkskommission, die insbesondere den brachliegenden Bergbau zu Ilmenau wieder ankurbeln soll. Dieser Aufgabe widmet sich Goethe lange Zeit beharrlich, bis 1796 der endgültige Mißerfolg feststeht und die Einstellung der Bemühungen erzwingt (offiziell erst 1813). Seit 1779 ist er zusätzlich Vorsitzender der Kriegskommission, die unter anderem die Rekrutierung von Soldaten vorzunehmen hat. Hier erringt Goethe einen seiner größten politischen Erfolge: Er setzt gegen den kriegsbegeisterten Herzog eine drastische Reduzierung der Truppenstärke durch und sorgt damit maßgeblich für die Sanierung der Staatsfinanzen. Zur gleichen Zeit übernimmt er den Vorsitz der Wegebaukommission, was ebenfalls ein wirtschaftlich bedeutendes Amt ist, denn gute Straßen sind die Voraussetzung dafür, den zollträchtigen Durchgangsverkehr zwischen Frankfurt und Leipzig über Weimarer Gebiet zu lenken.

Den Höhepunkt seiner politischen Karriere bringt das Jahr 1782: Der Kammerpräsident von Kalb muß sein Amt aufgeben, und Goethe als sein Stellvertreter rückt in diese Position. Damit ist er der Leiter der Staatsfinanzen und kann unter anderem erfolgreich die korrumpierte Steuerpolitik in Ordnung bringen. Im selben Jahr wird er von Carl August in den Adelsstand erhoben. Dafür waren insbesondere außenpolitische Erwägungen ausschlaggebend. Weimar drohte stets, wie andere kleine Fürstentümer, in die machtpolitischen Auseinandersetzungen zwischen Preußen und Österreich hineingezogen zu werden, was ein diplomatisch geschicktes Taktieren erforderte. Goethe wurde vom Herzog in die entsprechenden Beratungen und Missionen einbezogen. Bereits 1778 waren beide zu Sondierungsgesprächen in Berlin und Potsdam gewesen, wobei Goethe zugleich fasziniert und abgestoßen war von der politischen Maschinerie der Großmacht. Während er sich damals noch aus Gründen der höfischen Etikette zurückhalten mußte, wird er nun durch den Adelstitel in den Stand gesetzt, als Außenminister des Herzogs zu fungieren. Seine größte Bewährungsprobe im diplomatischen Dienst sind die Verhandlungen über einen Fürstenbund unter der Leitung Preußens 1784 in Braunschweig. Historisch bilanzierend, läßt sich sagen, daß Goethe in durchaus kontroverser Haltung zum Herzog Weimars Autonomie gegenüber den großen Mächten wahren half. Eben auf diese Kleinmachtpolitik zielte sein politischer Ehrgeiz.[76]

Ungeteilte Naturstudien

Bei dem enormen Arbeitspensum des Politikers Goethe ließe sich erwarten, daß alle anderen Beschäftigungen zur Nebensache herabgestuft werden. Doch dem ist nicht so. Mit ebenso ungeteilter Aufmerksamkeit, wie er sie seinen administrativen Funktionen widmet, betreibt Goethe Naturstudien. Diese werden anfangs durch die amtlichen Zuständigkeiten veranlaßt, expandieren aber bald zu einem eigenständigen Interessengebiet.

So bringt ihn etwa die Tätigkeit in der Bergwerkskommission dazu, sich mit der Analyse von Gesteinsproben zu beschäftigen. Bald schon legt Goethe umfangreiche Mineraliensammlungen an. Das zieht theoretische Auseinandersetzungen über die Geschichte der Erdentstehung nach sich, die man damals aus Gesteinsformationen und Schichtenbildungen zu entziffern beginnt. Die Diskussion der Ergebnisse ist von besonderer Brisanz, da sie dazu angetan ist, die noch weitgehend im Banne der biblischen Schöpfungsmythen stehende Naturgeschichte durch historisierende, entwicklungsgeschichtliche Modelle abzulösen. Die Anfänge hierzu hat Buffon bereits 1749 im ersten Band seiner *Histoire Naturelle* gemacht; 1778 präzisiert er nun seinen Ansatz, indem er von unterschiedlichen »Epochen« der Erdentwicklung ausgeht, die von einem zunehmenden Erkalten der anfänglich glutflüssigen Erde geprägt seien. Goethe knüpft in seinen ersten geologischen Betrachtungen an Buffons Position an, ergänzt sie aber durch eigene Thesen, wie sein 1784 verfaßtes Aufsatzfragment *Über den Granit* zeigt.

Somit in die Auseinandersetzung um die beginnende Temporalisierung der Naturgeschichte hineingezogen, kommt er zwangsläufig auch zur Beschäftigung mit anatomischen Studien. Denn auf diesem Gebiet wird seinerzeit, lange vor Darwin, die Frage entschieden, ob die Tiere und der Mensch einem gemeinsamen Entwicklungsprozeß angehören oder nicht: Das theologische Dogma der Sonderstellung des Menschen im Schöpfungsplan hält sich, in den modernen Sog der wissenschaftlichen Begründung geraten, an der anatomischen Beobachtung fest, daß Menschen im Gegensatz zu Tieren keinen Zwischenkieferknochen aufweisen. Goethe, der schon aufgrund seiner früheren hermetischen Studien von der natürlichen Verwandtschaft aller Geschöpfe überzeugt ist und sich Herders Erneuerung dieser Ansicht verpflichtet weiß, reizt es, den Gegenbeweis anzutreten.

Nach ausführlichen vergleichenden Schädelbeobachtungen findet er im Jahre 1784 schließlich bei menschlichen Embryonen die gesuchte Naht des später mit dem übrigen Kiefer verwachsenen Zwischenkieferknochens. Überzeugt, den »Schlußstein« gefunden zu haben, der die Naturgeschichte mit der Humangeschichte in Übereinstimmung bringt[77], schreibt er jubelnde Briefe an seine Freunde und verfaßt eine – nach seinen Vorstellungen – wissenschaftliche Abhandlung. Diese schickt er an alle einschlägigen Fachleute, doch er stößt auf einhellige Ablehnung. Ein solches Schicksal wird er, der naturwissenschaftliche Außenseiter, noch häufiger erleiden. Der Hauptgrund hierfür ist seine ungewöhnlich poetische und plastisch schildernde Beschreibungsweise, die sich den terminologischen Gepflogenheiten der Fachdisziplin entzieht. Dabei führt sie in dem erwähnten Fall nicht etwa zu falschen Ergebnissen – bald geht es, im sogenannten Prioritätsstreit mit Lorenz Oken, nur noch darum, ob Goethe wirklich der erste gewesen ist, der die Entdeckung gemacht hat.

Um die begehrte Anerkennung der Fachwissenschaft zu erlangen, muß Goethe sich, wie er im Laufe der Zeit bemerkt, die professionelle Terminologie aneignen. Das tut er nur mit Widerstreben, da ihm, wie er sagt, das Zergliedern nicht liegt, jenes Zergliedern, das paradigmatisch in den Klassifikationen Linnés zum Ausdruck kommt. Goethe arbeitet sich dennoch in dessen Benennungssystem ein, nicht zuletzt motiviert durch seine landschaftsplanerischen Aktivitäten und das Vorhaben, Gärten mit Heilpflanzen anzulegen. Die Art freilich, wie er sich mit den offiziellen Bezeichnungen vertraut macht, ist charakteristisch für seine dynamistische Naturauffassung: Sie findet buchstäblich im Vorübergleiten wandelnder Wahrnehmungssituationen statt. So schildert er den anmutigen Eindruck einer Fahrt mit der Kutsche, vor der »ein wohlgebauter Jüngling« herlief: »In gebirgigen Gegenden immer zu Fuße brachte er mit eifrigem Spürsinn alles Blühende zusammen, und reichte mir die Ausbeute wo möglich an Ort und Stelle sogleich in den Wagen hinein, und rief dabei nach Art eines Herolds die Linnéischen Bezeichnungen, Geschlecht und Art, mit froher Überzeugung aus, manchmal wohl mit falscher Betonung.«[78]

Die für einen Wissenschaftler geradezu provokante Betonung der entspannten Begleitumstände seiner Naturstudien verfolgt durchaus programmatische Intentionen: Die rigiden Raster der naturgeschichtlichen Taxonomie sollen in Bewegung versetzt, die strikten Grenzen zwischen den »drei Reichen« und ihren Unterteilungen genealogisch überwunden werden. Die Sprache der Naturwissenschaft wird in die Narration zurückgeholt, aus der sie kommt; sie besinnt sich auf ihre poetischen Wurzeln.

Kunst der Kontemplation

Es ist häufig bemerkt worden, daß bei der Vielfalt der Beschäftigungen auf den Feldern der Politik und der Naturforschung die Kunst zu kurz gekommen sei. Diese Einschätzung ist sowohl hinsichtlich der Argumentation als auch der Befunde korrekturbedürftig. So entsteht zwar unter den zeitlich beengten Produktionsbedingungen auch manches Läppische an Gelegenheitsdichtungen, Maskenumzügen und Festspielen für den Hof. Aber der hohe Druck der Dienstverpflichtungen verhindert keineswegs das Zustandekommen von bedeutenden ästhetischen Schöpfungen, ja er verstärkt ihre Intensität. Die psychodynamische Erklärung hierfür liegt darin, daß Goethes starke äußere Beanspruchung ein ebenso starkes Bedürfnis nach einem inneren Gegengewicht hervorruft, dessen Energie dem künstlerischen

Ausdruck zuwächst. Auch in quantitativer Hinsicht läßt Goethes künstlerische Produktivität zunächst kaum nach – bis die Spannung zwischen öffentlichen und privaten Selbstanteilen zu groß wird und ihn auszulaugen beginnt.

So frappiert, was Goethe in jenem ersten Weimarer Jahrzehnt zustande bringt. Unter den zahlreichen poetischen Arbeiten – neben denen auch eine Fülle von Zeichnungen in protoimpressionistischer Manier entsteht – sind einige der wichtigsten Entwürfe und Produktionen Goethes überhaupt. Erwähnt seien nur die Anfänge zu *Wilhelm Meister*, *Iphigenie* und *Tasso* sowie die Gedichte *Warum gabst du uns die tiefen Blicke*, *An den Mond*, *Harzreise im Winter*, *Grenzen der Menschheit*, *Das Göttliche* und das nach einer Umfrage im Jubiläumsjahr 1982 beliebteste Goethe-Gedicht der Deutschen überhaupt: *Über allen Gipfeln ist Ruh*.

Die acht metrisch unregelmäßigen Verse, die zu seinen meistzitierten (und -parodierten) werden, hat Goethe mit Bleistift an die Wand einer Berghütte geschrieben. Diese Produktionssituation ist kennzeichnend für seine Dichtungen in jener Zeit. Sie entstehen aus der Tendenz des Rückzugs in die Einsamkeit der Natur. Gelegenheit dazu bieten Goethe nicht zuletzt seine zahlreichen Dienstreisen als Verantwortlicher für den Ilmenauer Bergbau. Die Wälder Thüringens sind ihm dadurch gut vertraut, bald auch der Harz. Hierhin flieht er vor dem Hofleben, so oft es geht.

Die erste Harzreise unternimmt er im Winter 1777. Inkognito, unter dem Namen Weber reisend, bricht er ohne Vorankündigung von Weimar auf. Sein Ziel ist es, den Brocken zu besteigen, was zu dieser Jahreszeit ein Wagnis ist. Doch sein Motiv ist stärker als die Furcht: Er möchte sich in der denkbar größten Einsamkeit, allein auf dem sagenumwobenen Berg stehend, über seine Lebenssituation klar werden. Dafür hofft er auf ein Götterzeichen.[79] Und wo, wenn nicht hier, am mythologischen Zentrum seiner Faust-Dichtung, sollte er es erhalten können?

Das Orakel fällt günstig aus: Als er den tiefverschneiten Gipfel erklimmt, steht er im hellsten Sonnenschein, während unter ihm die Welt in Wolken gehüllt ist. Das Gedicht *Harzreise im Winter* legt Zeugnis von der schicksalhaften, ja religiösen Bedeutung ab, die er diesem Moment gibt. Er ist für ihn das Zeichen, daß er den richtigen Weg eingeschlagen hat, einen riskant steilen Weg, der ihn dazu führen soll, »die Pyramide meines Daseins, deren Basis mir angegeben und gegründet ist, so hoch als möglich in die Lufft zu spizzen«[80]. Dieser Anspruch, der mit einer extremen Akzentuierung seiner öffentlichen Existenz verbunden ist, kann nach Goethes an Polaritäten orientierter Lebensanschauung nur durch eine äquivalente Gegenakzentuierung des Privaten ausgeglichen werden. Dem äußerlich sichtbaren Erfolg muß die Anerkennung eines unergründlichen Inneren die Waage halten. Das findet in der *Harzreise im Winter* seinen lyrischen Ausdruck:

> »Du stehst mit unerforschtem Busen
> Geheimnisvoll-offenbar
> Über der erstaunten Welt
> Und schaust aus Wolken
> Auf ihre Reiche und Herrlichkeit«

Die kontemplative Besinnung auf die Unergründlichkeit des Inneren hat hier nicht den Charakter einer Abkapselung von der Außenwelt, sondern im Gegenteil den der psychologischen Voraussetzung, sich ihr vorbehaltlos zuwenden zu können. In ebendiesem Sinne hat sich Goethe auf jener Harzreise kurz vor der Brockenbesteigung als Psychotherapeut betätigt. Er besuchte den Philosophen Plessing, der sich in depressiver Verzweiflung mit mehreren Briefen ratsuchend an den Autor des

Werther gewandt hatte. Goethes Empfehlung für den Unglücklichen lautet: Statt in selbstquälerischen Grübeleien sein Inneres zu verzehren, solle er dieses in seiner Unergründlichkeit bejahen und – in diesem Sinne zur Selbstlosigkeit befähigt – sich mit entsprechender Gelassenheit der Außenwelt zuwenden.

Ebendieses bipolare Lebenskonzept wird Goethe in der Folgezeit bis zum äußersten praktizieren. Es findet sein integratives Zentrum in einer ungewöhnlichen Beziehung.

Reine Liebe

Goethes vielfältige Tätigkeiten auf den Feldern der Politik, Naturforschung und Kunst treiben ihn permanent aus sich heraus, und er bejaht dies voll und ganz. »Ich dancke Gott«, schreibt er am 3. Februar 1782 an Knebel, »daß er mich bey meiner Natur in eine so eng-weite Situation gesetzt hat, wo die mannigfaltigen Fasern meiner Existenz alle durchgebeizt werden können und müssen.« Ein ganz normaler Tagesablauf in jener Zeit sieht so aus: Morgens Sitzung in der Kriegskommission, Mittagessen mit Corona Schröter, nachmittags Vortrag über die Anatomie des Fußes in der Fürstlichen Zeichenschule, abends Leitung der Proben zu einem Maskenzug für den Geburtstag der Herzogin. Später kommt er, sofern die Zeit bleibt, mit Charlotte von Stein zusammen oder tauscht mit ihr Botschaften aus. Sie ist es, die ihn im Strudel seiner diversen Beschäftigungen vor dem Untergang bewahrt. »Die Stein«, schreibt er in jenem Brief an Knebel, »hält mich wie ein Korckwamms über dem Wasser, dass ich mich auch mit Willen nicht ersäufen könnte.« Woher kommt dieser Auftrieb?

Er resultiert aus einer perpetuierten Sehnsucht. Der andauernde Aufschub sexueller Befriedigung sorgt aus äußeren wie inneren Gründen dafür, daß Goethe den ständigen Rollenwechsel psychologisch durchstehen kann. Für beide Selbstanteile ist Charlotte von Stein die ideale Partnerin: Als Ehefrau eines anderen und Mutter ist sie selbst beschäftigt genug, zieht ihn also kaum von der Außenwelt ab. Und als platonisch Geliebte sorgt sie für die Aufrechterhaltung jener emotionalen Spannung, die bei Zölibatären häufig als Selbstverleugnung gepriesen oder kritisiert wird. Ob dies eine grundsätzlich angemessene Diagnose ist, sei dahingestellt. Bei Goethe jedenfalls ist der Ausdruck »Selbstverleugnung« unpassend. Die zahlreichen Briefe und Kurzbotschaften an Charlotte, vor allem aber die Gedichte dieser Zeit verraten eine Innigkeit des Empfindens und eine Subtilität der Aufmerksamkeit für seelische Regungen, wie sie Goethe nie wieder erreicht hat. Es sind Gedichte eines Einsamen, der aber in der Einsamkeit sich höheren Mächten – der Natur, dem Leben, dem Schicksal – nahe fühlt. Diese nehmen die Stelle des Intimpartners ein, mit dem still und geheimnisvoll kommuniziert wird. Gerade weil er sein Selbst *nicht* verleugnet, kann er selbstlos sein.

Freiwillig indessen ist Goethes Zölibat nicht. Es fällt ihm äußerst schwer hinzunehmen, daß sie ihm einerseits das vertrauliche »Du« verwehrt und ihm andererseits zugleich absolute Treue und Ehelosigkeit abverlangt. Die pathogenen Aspekte dieser Bedürfnisverschiebung sind unabweisbar. Ein deutliches Symptom ist die exzessive Verwendung des Begriffs der »Reinheit«. Er findet sich in zahlreichen Tagebucheintragungen, wie zum Beispiel dieser vom 7. August 1779: »Möge die Idee des Reinen die sich bis auf den Bissen erstreckt den ich in Mund nehme immer lichter in mir werden.«

So läßt sich die weltanschauliche Haltung Goethes in dieser Lebensphase, das Ideal der vollkommenen sittlichen Läuterung, von einer psychiatrischen Diagnose schwer abtrennen. Was er sich zum Vorsatz macht, ist nichts weniger als die Verbesserung der Menschheit durch das eigene Beispiel; und das ist ein Wahn, sei er auch edel. Zugleich aber hat er einen realpolitischen Aspekt: Goethes Reformpolitik verdankt ihre partiellen Erfolge der Glaubwürdigkeit; den Maximen seiner Politik korrespondiert die eigene Lebenspraxis. Daß er etwa die Steuermoral des Herzogtums zu erneuern vermag, dürfte nicht zuletzt an seinem vorbildlichen Umgang mit den eigenen Privilegien liegen. Statt von Solidarität nur zu reden, praktiziert er sie in der selbstlosen Unterstützung Bedürftiger. Hierfür ist Plessing nur ein Beispiel; weitere sind die Sorge für den Lebensunterhalt von Peter im Baumgarten, einem Schweizer Hirtenbuben, und die Betreuung des schwer depressiven Johann Friedrich Krafft, verbunden mit Alimentierungen, die bisweilen sogar Goethes Einnahmen übertreffen.

Das Motiv eines vorgelebten Humanismus findet seine ästhetische Reflexion in *Iphigenie auf Tauris*: Die auf das ferne Eiland verschlagene Heldin des Stücks wendet das Begehren des Barbarenkönigs Thoas in selbstlose Menschlichkeit, so daß er von der sonst bei ihm üblichen Opferung aller auf seiner Insel Strandenden abläßt. Daß es dazu kommen kann, beruht auf einer ambivalenten Beziehungsstruktur, die der zwischen Charlotte und Goethe in manchem ähnelt. Iphigenie fungiert als Thoas' treue Priesterin und kann ihn dazu bewegen, aus Liebe zu ihr die Menschenopfer einzustellen. Damit freilich verbindet er die Erwartung, daß er sie für sein Werben empfänglich macht. Als sie ihn aber konstant abweist, befiehlt er ihr die Wiederaufnahme der grausigen Rituale. Ein Anlaß hierfür hat sich gerade ergeben, da zwei Griechen auf der Insel gelandet sind. Wie sich herausstellt, handelt es sich um Iphigenies Bruder Orest und dessen Freund Pylades. Anstatt nun deren Plan einer heimlichen Flucht gutzuheißen, wendet die humane Priesterin sich, der Überzeugungskraft reiner Gesinnungen vertrauend, an Thoas, um von ihm freies Geleit zu erbitten. Es gelingt ihr, das Herz des Barbarenkönigs zu erweichen und ihn zum Verzicht zu bewegen. Sogar ein »Lebt wohl!« (2174) läßt er sich von der ihn Verlassenden abringen.

Am 6. April 1779 ist die Uraufführung des Stücks. Corona Schröter, in 56 Meter weißen Stoff gehüllt, spielt die Iphigenie und Goethe den Orest – göttergleich, wie die völlig hingerissenen Zuschauer einhellig befinden. In seinem Tagebuch notiert Goethe nach der Premiere schlicht: »gar gute Wirkung, besonders auf *reine* Menschen«. Dabei ist er sich der extremen Idealisierung der im Stück demonstrierten Position durchaus bewußt – und die Produktionsbedingungen sprachen ihr Hohn: Das Drama ist vornehmlich auf einer Reise entstanden, die der Rekrutenaushebung diente; und als man durch Apolda kam, erfuhr Goethe, daß die Arbeiter in der Strumpffabrik seit längerem »an 100 Stühlen« arbeitslos waren. »Es ist verflucht«, berichtete er über diesen Hintergrund seiner literarischen Schöpfung, »der König von Tauris soll reden als wenn kein Strumpfwürcker in Apolda hungerte.«[81]

Zum humanistischen Ideal der Reinheit gehört eben, daß es sich nicht von der profanen Realität irremachen läßt. Das gibt ihm etwas Rigides, kompromißlos Weltfernes. Goethe, der darum weiß und seine Iphigenie deshalb auch einmal »ganz verteufelt human«[82] nennt, ist nicht so naiv anzunehmen, daß sich das Ideal ohne weiteres realisieren ließe; worauf es ihm vielmehr ankommt, ist, daß »man immer rein fühlte *warum* man's nicht erreichen kann«[83]. Ebendiese Frage nach den Bedingungen der Unerreichbarkeit führt ihn in geradliniger Konsequenz zu der Einsicht, daß sein derzeitiges Lebenskonzept, das ja ebenso einem unerreichbaren Ideal wie einer unerfüllten Liebe gewidmet ist, keinen dauerhaften Halt bieten kann, sondern notwendig befristet sein muß.

Die allmähliche Abkehr vom Reinheitsideal vollzieht sich in dem Moment, als sich der maximale Erfolg dieses Lebenskonzepts abzeichnet: Der Herzog wird unter Goethes Einfluß als gereift erlebt, und was an Reformen möglich schien, ist durchgesetzt. Daß Goethe in einer sich vertiefenden Spaltung von äußerem Tun und innerer Askese lebt, das wird ihm immer mehr zum Problem. Deutlich macht er es vor allem in dem nun konzipierten *Torquato Tasso*, den er über die ersten zwei Akte noch nicht hinausbringen kann, weil er zunächst keine Lösung für das dort dargestellte Dilemma findet: In Tasso und Antonio, den Antagonisten des Stücks, objektivieren sich zwei Aspekte Goethes, nämlich der des Dichters, der in der Tiefe des Empfindens lebt, und der des Staatsmanns, der sich zu beherrschen weiß, deshalb aber kalt wirkt. Goethe führt das Stück an den Punkt heran, wo beide in Konflikt geraten: Tasso zieht im Affekt sein Schwert gegen Antonio, weil der seine leidenschaftlichen Reden als solipsistische Schwärmerei verhöhnt. Diese Exposition läuft darauf hinaus, daß der Dichter vom Staatsmann lernt, sich der Welt zuzuwenden. So steht Goethe zu jener Zeit zweifellos hinter Antonios Worten:

>»Inwendig lernt kein Mensch sein Innerstes
>Erkennen. Denn er mißt nach eignem Maß
>Sich bald zu klein und leider oft zu groß.
>Der Mensch erkennt sich nur im Menschen, nur
>Das Leben lehret jedem was er sei.« (1239-1243)

In den zwei fertiggestellten Akten des *Tasso* bringt Goethe die Notwendigkeit einer Vermittlung von äußerer und innerer Existenz zum Ausdruck. Doch wie diese Vermittlung möglich ist, das bleibt für ihn zunächst eine ungeklärte Frage. Erst nach der Italienreise wird er in der Lage sein, das Drama zu einem Ende zu bringen. Bis dahin führt er sein Doppelleben weiter, ja vertieft den Rollenkonflikt, bis die Spannung unerträglich wird.

Einen Doppelcharakter hat auch Goethes Beitritt zur Weimarer Freimaurerloge »Amalia«. Einerseits entspricht er dem introvertierten Bedürfnis nach Geheimhaltung, andererseits zeugt er von einem zunehmenden Engagement in der Politik. Denn die Loge dient damals durchaus aufklärerischen Zielsetzungen, bis mit dem Wilhelmsbader Konvent 1782 obskurantistische Tendenzen die Oberhand bekommen, was zur Gründung des Illuminatenordens führt, dem Goethe 1783 gemeinsam mit Carl August dann ebenfalls beitritt, um weiterhin ein Forum zu haben, in dem reformpolitische Ideen, aber auch pragmatische Ziele wie das Projekt des Fürstenbundes, für das man den preußischen Thronfolger Friedrich Wilhelm II. gewinnen will, besprochen werden können.[84] Als die politisch-administrative Tätigkeit ihren Höhepunkt im Jahre 1782 erreicht, zieht Goethe vom Gartenhaus an der Ilm in ein repräsentatives Domizil am Frauenplan um, wo er endlich auch als Gastgeber großer Gesellschaften auftreten kann.

Nach wie vor allerdings hält er seine öffentliche Existenz von der privaten streng getrennt. Beide werden nur von der labilen Ausgeglichenheit eines Zölibatärs zusammengehalten, der über sich sagt, daß er »mitten im Glück in einem anhaltenden Entsagen lebe«[85]. Es muß aber schon zu dieser Zeit in ihm der Gedanke aufgekommen sein, daß der extrem polarisierte Zustand nicht von Dauer sein könne. Aus einer Tagebuchnotiz geht hervor, daß er zwei Jahre seines Lebens dafür einplant, sich den ihm auferlegten Verantwortungen zu stellen, um schließlich dem unterdrückten Gefühlsleben wieder mehr Raum zu geben. Auch das »Du« gegenüber Charlotte von Stein läßt er sich seit 1781 nicht mehr verwehren, und in seinen Briefen ist nun wieder mehr von Liebe als von Reinheit die Rede.

Ausdruck seiner Suche nach Halt in einer Phase der zunehmenden Destabilisierung ist auch die Naturforschung Goethes in jener Zeit. Besonders deutlich wird das an dem 1784 entstandenen *Versuch über den Granit*. Der Aufsatz war ursprünglich als Einleitung zu einem Roman über das Weltall gedacht – ein Parallelunternehmen zu Herders *Ideen zur Philosophie der Geschichte der Menschheit*. In beiden Projekten geht es darum, in der veränderlichen Natur Konstanten auszumachen, einen Urgrund aller weiteren Entwicklung. Goethe sieht einen solchen Urgrund im Granit, dem ältesten Gestein und damit dem Fundament der Naturgeschichte. Aber wie der Aufsatz zeigt, erweist sich dieses Fundament mit fortschreitender Reflexion seinerseits als geschichtlich und veränderlich: Seine Festigkeit ist nur das Resultat eines vorausgegangenen Umwälzungsprozesses, nur ein Moment des Innehaltens in einem ebenso katastrophischen wie kontinuierlichen Gesamtgeschehen. Der Aufsatz endet denn auch mit der offenen Frage, wie der Widerstreit von geordneten und chaotischen Entwicklungstendenzen aufgelöst werden könne.

Es ist Goethes Existenzfrage jener Zeit. Das äußerlich geordnete Leben kann seine wachsende innere Unruhe immer weniger in Schach halten. Er fühlt sich ausgebrannt und unerfüllt; die dichterische Produktivität läßt spürbar nach. Als Reaktion auf diese Krisensymptome läßt er sich durch die Berufung eines weiteren Mitglieds in den Conseil entlasten. Und er beginnt, sich konkret auf die wiederholt aufgeschobene Italienreise hin zu orientieren.

Eine unbestimmte Sehnsucht nach dem Süden kündigte sich schon früher an, wie etwa die Verse Mignons deutlich machen, die Goethe im Jahr zuvor geschrieben hat:

»Kennst du das Land, wo die Zitronen blühn,
Im dunkeln Laub die Goldorangen glühn,
Ein sanfter Wind vom blauen Himmel weht,
Die Myrte still und hoch der Lorbeer steht,
Kennst du es wohl?
            Dahin! Dahin
Möcht' ich mit dir, o mein Geliebter, ziehn!«[86]

Aber nun sind es nicht nur sehnsüchtige Empfindungen, die die Fluchttendenz motivieren, sondern auch bewußt gezogene Konsequenzen aus der Analyse seiner Lebenssituation. Nachdem er in Wörlitz das erste klassizistische Schloß Mitteldeutschlands besucht hat, schafft sich Goethe die Werke Palladios an, des italienischen Baumeisters und Architekturtheoretikers, der nach dem Vorbild Vitruvs die Antike reaktualisiert hatte. Dabei spielen nicht nur ästhetisch-theoretische, sondern auch anthropologische Interessen eine Rolle. Schon Winckelmann hat die spezifische Empfindungsqualität der antiken Kunst betont. In ihr findet Goethe nun die angemessene Form für seine verstärkte Hinwendung zu einem sinnesorientierten Weltbezug.

Auch in theologischer Hinsicht vollzieht er eine entsprechende Wende. Den Anlaß hierfür gibt der sogenannte Spinoza-Streit, in dem die Prometheus-Ode eine zentrale Rolle spielt: Friedrich Jacobi behauptet in einer gegen Moses Mendelssohn gerichteten Streitschrift von 1785, Lessing habe sich kurz vor seinem Tod unter Bezugnahme auf Goethes Geniehymne zu Spinoza und damit zum Atheismus bekannt. Das löst eine Welle von öffentlichen Erwiderungen aus, die um die Frage kreisen, ob der Pantheismus mit einer atheistischen Position gleichgesetzt werden dürfe. Goethe schreibt zur Verteidigung Spinozas, das Göttliche könne nicht im Überirdischen, sondern nur »auf und unter Bergen«, »in herbis et lapidibus« (in Pflanzen und Steinen) aufgefunden werden.[87]

Zur Italienreise veranlassen Goethe schließlich auch die vielen angefangenen und nicht fertiggestellten Dichtungsprojekte, für deren Ausarbeitung er in Weimar nicht die nötige Ruhe findet. Er tritt in Verhandlungen mit dem Leipziger Verleger Göschen, um eine achtbändige Ausgabe seiner gesammelten Schriften vorzubereiten. Und er beschließt, sich für diese Werkausgabe nun ganz auf sein – zuvor ins Private abgedrängtes – Künstlertum zu besinnen. Nachdem die Integrationsbemühungen des ersten Weimarer Jahrzehnts gescheitert sind, erkennt er hierin die Chance, die notwendige Polarität von Selbst- und Weltbezug auf neuer Grundlage zu vereinen.

Faust-Fragmente

Seinen *Faust* wird Goethe ebenfalls in der Göschen-Ausgabe publizieren, aber erst 1790, und auch dann nur als Fragment. Die Italienreise wird also dieses Werk kaum voranbringen, obwohl es ein Hauptanliegen Goethes ist. Ein Grund für die Schwierigkeiten der Vollendung ist gewiß der Umstand, daß unter südlich-klassischem Himmel nicht so recht gedeihen mag, was der Anlage nach bereits vom nordisch-neuzeitlichen Charakter Shakespeares geprägt ist: der Disproportion von Ich und Welt, Innen und Außen, Begehren und Genießen. Dieses Problembewußtsein immerhin vermag Goethe künstlerisch umzusetzen, und das findet auch im *Faust* seinen Reflex, insbesondere im Monolog der Szene *Wald und Höhle*. Ob auch er in Rom erst geschrieben wurde, wie die *Hexenküche*, ist nicht geklärt. Der Motivik und Atmosphäre nach gehört er jedenfalls eindeutig in die voritalienische Zeit, so daß hier der richtige Ort ist, auf ihn einzugehen.

Faust, in Margarete noch unschuldig verliebt, zieht sich in die Einsamkeit der Natur zurück und hat nun eine zweite Begegnung mit dem Erdgeist, die völlig anders geartet ist. Was zuerst – auf der Grundlage des Naturbildes der Geniebewegung – unerfüllt geblieben war, das ist Faust nun vergönnt. Er bedankt sich dafür, daß er »die herrliche Natur zum Königreich« erhalten habe und die »Kraft, sie zu fühlen, zu genießen« (3220 f.). Der Begriff des Reiches wird hier metonymisch gebraucht, und zwar in den Bedeutungsverschiebungen, die auch für den Faust-Autor seinerzeit bestimmend waren. Zum einen bezeichnet er das politische Reich, an dem Goethe in jener Phase intensiven Anteil nahm. Zum zweiten spielt der Begriff auf die Reiche der Natur an, die Goethe – veranlaßt durch seine administrativen Tätigkeiten – nun erst genauer kennenlernte. Und drittens schwingt in der Danksagung, diese Reiche als »Gabe« empfangen zu haben, etwas vom emotionalen Reichtum ästhetischer Naturerfahrung mit. Woher kommt nun die Fülle, die der frühere Drang nach dem Absoluten nicht zu geben vermochte?

Faust begegnet dem anderen seiner selbst nicht mehr mit dem Anspruch absoluter Gleichheit, sondern als Partner, der die Differenz anerkennt und sich zu ihr in ein Verhältnis der Wechselwirkung bringt. Er behauptet nicht, alles schon in sich zu fühlen, sondern läßt sich die Natur in einzelnen Erscheinungen zeigen und ist offen für den schrittweisen Prozeß der Erweiterung seiner Erfahrungen:

> »Du führst die Reihe der Lebendigen
> Vor mir vorbei, und lehrst mich meine Brüder
> Im stillen Busch, in Luft und Wasser kennen.« (3221 ff.)

Die »Reihe der Lebendigen« ist eine Reminiszenz an das alte neuplatonische Motiv der »Kette der Wesen«; sie ist zugleich die poetische Antizipation eines Zentralbegriffs der von Goethe in den folgenden Jahren entwickelten Wissenschaftskonzeption, die zum schwärmerischen Naturbild der Geniezeit ebenso ein Gegenmodell bildet wie zur statischen Taxonomie Linnés.

Bei Faust findet das seinen Niederschlag in einem sympathetischen Naturbezug, bei dem das Subjekt weder sich dem anderen gleichmacht noch das andere sich – was ja auf dasselbe hinausliefe –, sondern zur Selbsterfahrung *in* der Fremderfahrung findet: »Zeigst/ Mich dann mir selbst«, sagt Faust zum Erdgeist, »und meiner eignen Brust/ Geheime tiefe Wunder öffnen sich« (3232 ff.).

Doch auch dieses Modell der Verhältnisbestimmung von Identität und Alterität ist nicht unproblematisch, wie der Umschlag des Monologs nach einer Zäsur zeigt: Die Kontemplation der Natur vermag zwar ein gewaltfreies Miteinander des Verschiedenen zu begründen, aber nur in der Vorstellung, nicht in der Praxis. Der Bedarf an leibhaftiger Erfahrung, an sinnlicher Befriedigung bleibt unerfüllt, wie es gerade die kontemplative Haltung bewußt werden läßt. *Im* vergeistigten »Genuß« meldet sich die physische »Begierde« wieder (3250). Das gilt für Faust, der nun in Gretchens Kammer eilt, ebenso wie für Goethe. Das platonische Liebesverhältnis zu Charlotte von Stein vermochte ihm nur vorübergehend kompensatorischen Halt für die starke äußere Beanspruchung zu geben, letztlich ließ es seine kreativen Möglichkeiten versiegen. Die Konsequenz ist, daß Goethe, der sich in den Amtsgeschäften zu verlieren, sich fremd zu werden drohte, nach Italien, in die Fremde geht, um sich zu finden.

4. Hochklassik. Autonomiebestrebungen (1786-1806)

Goethes Flucht aus den Weimarer Lebensverhältnissen war nötig, um denjenigen Anteil seiner Existenz wieder zur Entfaltung zu bringen, den er im Interesse einer »Weltrolle« abgespalten hatte. Viel zu lange hatte er seine Gefühle kontrolliert und die Erfüllung seiner sinnlichen Bedürfnisse lyrischen Sehnsuchtsäußerungen vorbehalten. Erst in Italien sollte sich das ändern. Aber das Erlebnis der Sexualität stand erst am Ende seines fast zweijährigen Aufenthaltes; es bildete den Höhepunkt einer schrittweisen Wiederaneignung und Kultivierung aller Sinne, die von der Schulung des Sehens zunehmend auch zu der des Hörens und der des Tastens überging. Das Dichten bildete also nur den Kontext für das Anschauen und Zeichnen, das Musikinszenieren und Modellieren. So war es die Erfahrung des Ästhetischen in der erweiterten, physiologischen Bedeutung des Wortes, die Goethe schließlich an den Herzog schreiben ließ, er habe sich »wiedergefunden; aber als was? – Als Künstler!«[88]

Mit dieser Neubestimmung der eigenen Identität ging auch ein verändertes Verhältnis zur Außenwelt einher. Sowohl in der Naturforschung als auch in der Beschreibung des Volkslebens unterschied er nun deutlich zwischen Ideal und Realität. Ganz bewußt wurden die Phänomene über ihr empirisches Dasein hinausgehoben, zu Repräsentanten allgemeiner Ideen stilisiert und typisiert.

Es war das Prinzip der autonomen Kunst. Noch während der Italienreise mit Moritz begründet und danach mit Schiller insbesondere als Reaktion auf die zunehmende Verrohung der Französischen Revolution ausgebaut, blieb es fortan bestimmend für Goethes Denk- und Seinsweise. Es sollte gleichwohl politisch wirken – dies allerdings dadurch, daß die Kunst sich von aller Politik fernhielt und so der schlechten Wirklichkeit ihren Abstand zum Ideal vor Augen brachte. Die Zusammenarbeit mit Schiller führte schließlich auch zu einer erkenntnistheoretischen Neufundierung der Goetheschen Naturforschungen, die von anderer Seite her das gemeinsame Projekt der ästhetischen Erziehung ergänzten und eine neue Art der Beziehung von Mensch und Natur begründen halfen.

Selbstfindung in der Fremde

Ein Kuraufenthalt in Karlsbad mit den Angehörigen des Weimarer Hofs bietet sich an, um die Reise unauffällig vorzubereiten. Nur der Diener Philipp Seidel ist eingeweiht, gegenüber dem Herzog und Charlotte von Stein macht Goethe lediglich Andeutungen, daß er sich für eine Weile zurückziehen wolle, ähnlich wie bei der Harzreise im Winter 1777.

»Man hätte mich sonst nicht fortgelassen«, erklärt Goethe, dessen gesellschaftliche Eingebundenheit in den Hof sich soeben wieder an den aufwendigen Feiern zu seinem 37. Geburtstag gezeigt hat. Wenige Tage später bricht er frühmorgens in aller Heimlichkeit auf. Er reist, wie so oft, inkognito, als »Jean Philipp Möller aus Leipzig«, und nennt als Beruf je nach Situation Kaufmann oder Maler. Erst aus Rom, wohin er ohne größere Zwischenaufenthalte eilt, gibt er Auskunft über seinen Verbleib, aber gläubisch besorgt, daß ihm dieses vorrangige Reiseziel durch verfrühte Geheimnisoffenbarung vom Schicksal verwehrt werden könnte. Die wichtigsten Zwischenstationen auf dem Weg dorthin sind – abgesehen von Venedig – Vicenza und Bologna; die eine aus Begeisterung für die Bauten des Palladio, die andere aus Bewunderung für Raffael, das Haupt der florentinischen Schule. Florenz durchläuft er in nur drei Stunden, weil er es nicht abwarten kann, nach Rom zu kommen; auf den letzten Etappen schläft er sogar in voller Kleidung, um keine Zeit zu verlieren.

Warum diese Fixierung auf Rom? Weder die politische noch die religiöse Bedeutung der Stadt als Zentrum des Heiligen Römischen Reiches Deutscher Nation spielt hier eine Rolle. Es ist die Hauptstadt der antiken Welt, die Goethe aufsucht – als Ziel einer Reise in die Vergangenheit, von der er sich seine eigene Verjüngung erhofft. Schon für die Altertumsforschungen Winckelmanns, der hier sein letztes Lebensjahrzehnt verbracht hat, stand die Aneignung der Antike im Zusammenhang mit einer gleichzeitigen Selbsterkundung des Subjekts. Goethe betont diesen psycho-archäologischen Aspekt noch stärker als sein Vorgänger. Dabei stellt er fest, daß er manches erst wieder »verlernen« muß, um das zu finden, was in seinem Inneren verborgen liegt.[89]

Zu dem Verschütteten, von den Routinen der höfischen Karriere Verstellten, gehören Kindheitserinnerungen an die Eindrücke und Ansichten der Stadt, die ihm der Vater einst in einer bei diesem sonst nicht vorgekommenen Begeisterung vermittelt hatte. Was bislang Gegenstand einer imaginären Sehnsucht war, soll nun, da ihm eine Kunst der lebenskompensatorischen Kontemplation nicht mehr genügt, realisiert werden. »Alle Träume meiner Jugend«, schreibt er bei seiner Ankunft in Rom, »seh' ich nun lebendig«[90]. Durch dieses leibhaftige Erinnern fühlt er sich persönlich neu gegründet, und auf dieser Basis gelangt er dazu, daß er auch »wieder Interesse an der Welt«[91] nehmen kann.

Insofern ist der Weg nach Italien eine konsequente Fortsetzung dessen, was er im Kontakt zu der platonisch Geliebten begonnen hatte, aber darin nicht vollenden konnte: des Projekts der Persönlichkeitsbildung. Wie die Diskrepanz zwischen dem unmenschlichen Produktionskontext und dem humanistischen Inhalt der *Iphigenie* exemplarisch zeigte, konnte die Ausbildung eines der Antike entlehnten Ideals reiner Humanität unter den prosaischen Bedingungen der Moderne zwar imaginiert, aber nicht realisiert werden. Die – eben doch nicht so nachgiebige – Festigkeit einer Charlotte von Stein hatte Goethe das Ideal der Reinheit gelehrt, das sich letztlich als nicht lebbar, ja als ebenso »verteufelt human« erwies wie Iphigenie. Schon auf dem Weg nach Rom beginnt Goethe das Drama umzuarbeiten. Und die Art und Weise, in der das geschieht, antizipiert bereits die grundsätzliche Umstellung der Poetik Goethes unter dem Einfluß der Italienreise: Der Abstand vom realen Leben, den das Stück repräsentiert, wird nicht etwa durch größere Wirklichkeitsnähe verringert, sondern im Gegenteil vergrößert, um zu zeigen, wo allein das Ideal seinen Ort hat: im Bereich der Kunst. Goethe stilisiert die Sprache des Stücks so sehr, daß die poetische Sphäre als unendlich verschieden von der prosaischen des modernen Lebens erkennbar wird. Insbesondere verwendet er nun durchgängig Blankverse, die seit Lessings *Nathan* das klassische, aber bislang noch selten verwendete Versmaß des deutschen Dramas sind.

Indem Goethe die Kunst vor dem relativierenden Zugriff durch die Wirklichkeit bewahrt, kann er sich von dem zerstörerischen, weil unerfüllbaren Anspruch lösen, das im ersten Weimarer Jahrzehnt entwickelte Ideal in der Praxis zu realisieren. Es gibt auch richtiges Leben im falschen – so ähnlich mag Goethe nun in Abgrenzung von seinem früheren Rigorismus gedacht und daraus den Schluß gezogen haben, daß die Idee der Humanität vom Aufschub persönlicher Glücksansprüche nicht profitieren könne. Daß es notwendig sei, diese »italienische« Konsequenz zu ziehen, versucht er in beschwörenden Briefen an Charlotte verständlich zu machen, die verbittert und enttäuscht ist, daß er sie nicht in seine Pläne eingeweiht hat. Sie hat wohl auch eher begriffen als er, daß sein Schritt notwendig auf ein Ende der Beziehung zusteuert, denn noch versucht er ihr einzureden, daß seine Italienreise ganz im Geiste ihrer Verbindung sei, da sie einem persönlichen Reifungsprozeß entspreche, an dem sie doch weiterhin interessiert sein müsse.

Der Herzog hingegen versteht sehr gut, daß er Goethes Bemühung um Reintegration seines gespaltenen Selbst unterstützen muß, wenn er ihn nicht ganz verlieren will. Großzügig gewährt er ihm unbegrenzten Urlaub bei Fortzahlung der Bezüge. Und obwohl die Reisedauer die ursprünglich annoncierten vier Wochen bei weitem überschreitet, stellt Carl August erst nach eineinhalb Jahren Goethe ein geradezu unterwürfig verklausuliertes Ultimatum, dessen Bedingungen schlechterdings nicht abgelehnt werden konnten: Freistellung von allen Ämtern bei einer kräftigen Gehaltserhöhung um 200 Taler.

Diese mäzenatisch garantierte Autonomie ist der unentbehrliche Alimentierungsaspekt von Goethes italienischer Wiedergeburt als Künstler. Nur so war das Humanitätsideal der *Iphigenie* zu realisieren, nur so der Tasso-Konflikt zu lösen: in der Immanenz der ästhetischen Sphäre, die sich selbst genügen kann, weil sie sich zur Totalität ausweitet, zu einer Totalität, die sich den Luxus leisten kann, außerästhetische Faktoren, von denen sie eigentlich abhängig ist, zu ignorieren. Auch im *Egmont*, den Goethe auf seiner Reise fertigstellt, zeigt sich die neue Souveränität des Ästhetischen, wenn auch indirekt. Der Titelheld, Statthalter der von den Spaniern besetzten Provinz der Niederlande, handelt wie Iphigenie nicht aus taktischem Kalkül, sondern aus dem Glauben an die gewinnende Ausstrahlung der eigenen Aufrichtigkeit. Auf diese bauend, überhört er die Warnungen seiner Freunde, der Einladung des Herzogs Alba zu folgen, der gekommen ist, um Aufständische im Freiheitskampf abzuurteilen. Wie Iphigenie sucht er den Tyrannen durch das eigene Vorbild von seinen humanistischen Idealen zu überzeugen, doch er trifft in dem der Staatsräson verpflichteten Besatzer auf einen »Thoas, der Nein sagt«[92]. Nur im ästhetischen Schein, dort aber dafür uneingeschränkt, kann die Vermittlung von Innen und Außen, öffentlicher und privater Sphäre stattfinden: als Traumvision, die Egmont kurz vor seiner Hinrichtung hat.

Goethe freilich ist besser dran. Der gut Versorgte kann seinen ästhetischen Wünschen und Interessen kompromißlos nachgehen, nicht nur in der Phantasie. Und der von ihm nun mit Begeisterung rezipierte Palladio ist sowohl hinsichtlich seiner Antikenorientierung wie auch seiner Kompromißlosigkeit gegenüber außerästhetischen Ansprüchen vorbildlich. So fällt Goethe an den Bauten des Renaissancearchitekten immer wieder auf, daß bei ihnen die Form keinerlei Zugeständnisse an die Funktion macht. An der Rotonda etwa, einem Hauptwerk, beobachtet er, daß sie zwar aus jedem Blickwinkel einem vollendeten Tempel gleicht, aber für den Zweck einer Sommerresidenz, für den sie gebaut wurde, ganz ungeeignet ist. Palladios unübertreffliche Meisterschaft liege darin, so lautet Goethes abschließendes Urteil über ihn, daß er »weder die Alten einfach nur nachgeahmt, noch bloß erfinde«; vielmehr besitze er »die Force des großen Dichters, der aus Wahrheit und Lüge ein Drittes bildet, das uns bezaubert«[93]. Aus dieser Einschätzung spricht eine endgültige Absage an die Nachahmungsästhetik. Kunst- und Naturwahrheit werden strikt unterschieden zugunsten der ersteren, deren höhere Wahrheit darin besteht, daß sie nicht etwas Vorhandenes vor Augen führt, sondern ein von der Realität deutlich abgehobenes Ideal.

Entsprechend verhält es sich mit Goethes Urteil über Raffael, den einzigen nachantiken Künstler, der außer Palladio neben den griechischen Originalen für ihn bestehen kann. Auch hier ist es weniger das fertige Werk, das Goethe zur Grundlage seines Urteils macht, als vielmehr die im Werk nur angedeutete, letztlich unerreichbare Idee wahren Schöpfertums. Diese kann freilich nicht in einer bloßen Kopie der Griechen bestehen, sondern nur darin, in ihrem Sinne zu handeln und zu denken. Allemal kommt es auf die Autonomie gegenüber äußeren Vorgaben an. Das scheint Goethe in Raffaels Bildnis der St. Agatha derart gelungen, daß er sich vornimmt, er werde seine Iphigenie »nichts sagen lassen, was diese Heilige nicht sagen kann«[94].

Daß es sich bei diesen Wertschätzungen um relative ästhetische Prinzipien, nicht um fixierte Normen handelt, zeigt sich, als Goethe in Paestum erstmals ein original griechisches, nicht nur hellenistisches Bauwerk vor sich hat. Er ist von den »stumpfen, kegelförmigen, enggedrängten Säulenmassen« überrascht; sie erscheinen ihm »lästig, ja furchtbar«. Erst über den Umweg einer historisch-anthropologischen Reflexion kommt er dazu, das Werk zu schätzen:

»Doch nahm ich mich bald zusammen, erinnerte mich der Kunstgeschichte, gedachte der Zeit, deren Geist solche Bauart gemäß fand, vergegenwärtigte mir den strengen Stil der Plastik, und in weniger als einer Stunde fühlte ich mich befreundet, ja ich pries den Genius, daß er mich diese so wohl erhaltenen Reste mit Augen sehen ließ, da sich von ihnen durch Abbildung kein Begriff geben läßt. Denn im architektonischen Aufriß erscheinen sie eleganter, in perspektivischer Darstellung plumper, als sie sind, nur wenn man sich um sie her, durch sie durch bewegt, teilt man ihnen das eigentliche Leben mit; man fühlt es wieder aus ihnen heraus, welches der Baumeister beabsichtigte, ja hineinschuf.«[95]

Um die Lebendigkeit der antiken Kunst zu erkennen, muß sie erlebt werden; und so gehört für Goethe zur ästhetischen Kennerschaft auch die eigene Könnerschaft. Er vertieft seine Studien bildender Kunst durch Unterricht bei den römischen Freunden Tischbein und Meyer sowie bei Hackert, mit dem er in Neapel zusammentrifft. Auch wenn ihm diese Visualisierungsübungen klarmachen, daß er als Maler über ein Dilettieren nie hinauskommen wird, unterwirft er sich ihnen doch beharrlich. Denn es geht ihm nicht um das fertige Produkt, sondern darum, ein Gefühl für den Produktionsprozeß zu entwickeln.

Denselben Ansatz verfolgt er nun auch in seinen naturwissenschaftlichen Studien. Goethe kommt während einer Fahrt durch Sizilien zu der Überzeugung, daß er dem Geheimnis der Pflanzenzeugung auf der Spur sei. Die Lösung des Geheimnisses findet er, ebenso wie bei der Kunstbetrachtung, nicht in einem konkreten Naturprodukt. Dies hatte er zwar zunächst noch gehofft: im botanischen Garten von Palermo suchte er tatsächlich nach einer »Urpflanze«, die als »Muster« aller Variationen anzusehen sei[96], doch bald schon spricht er von der Urpflanze als einem bloßen »Modell«, um welches ihn freilich »die Natur selbst beneiden soll«. Es handelt sich, ganz unbescheiden, um einen Schöpfungsplan: »Mit diesem Modell und dem Schlüssel dazu kann man alsdann Pflanzen ins Unendliche erfinden, die konsequent sein müssen, das heißt, die wenn sie auch nicht existieren, doch existieren könnten und nicht etwa malerische Schatten und Scheine sind, sondern eine innerliche Wahrheit und Notwendigkeit haben. Dasselbe Gesetz wird sich auf alles übrige Lebendige anwenden lassen.«[97]

Die innere Wahrheit der Phänomene zu entdecken, die sich nicht schon der spontanen Anschauung erschließt, sondern kontrafaktisch zu den existierenden Erscheinungen erst ge- und erfunden werden muß – dieses Prinzip wendet Goethe tatsächlich auf alles übrige Lebendige an, ja auf alles Existierende, von den niedrigsten Organisationen, den Steinen, bis zur höchsten, dem Menschen.

Obwohl er sich zu Reisebeginn geschworen hatte, sich nicht mit Steinen abzuschleppen, stopft Goethe doch schon bald in alter Gewohnheit seine Taschen mit allen möglichen Proben voll. Und als ihn Meldungen vom Ausbruch des Vesuvs erreichen, bricht er sofort von Rom auf, um das Phänomen zu beobachten. Vulkane sind nach der von Goethe damals geteilten Überzeugung Buffons Reste eines glühenden Urmeers. Dies entspricht der Anschauung, die ihn später in der Begegnung mit Abraham Gottlob Werner zum »Neptunisten« machen wird, zum Anhänger einer geologischen Position also, die die Entstehung aller Gesteine auf ein einst die Erde bedeckendes Urmeer zurückführt und nicht, wie der sogenannte »Plutonismus«, die Erdgeschichte als ein diskontinuierliches, von vulkanischen Eruptionen bestimmtes Geschehen erklärt. Nur als Gegner des letzteren kann Goethe immer wieder sagen, daß er aus der Beschäftigung mit Steinen ein Daseinsgefühl der Dauer bezieht. Schon im Granit-Aufsatz haben wir diesen an ein physiologisches Erleben gekoppelten Versuch der Selbstbegründung feststellen können.

Gewohnt also, bei jedem Gesteinsfund sogleich ein vertrauenserweckendes Kontaktgefühl mit der Erdgeschichte zu bekommen, die sich als allmähliche und solide Entwicklung zu erkennen gibt, gelangt Goethe an den Kraterrand des Vesuvs, wo er mit einem Extrem an ungeordneter, eruptiver Gesteinsaktivität konfrontiert wird: mit einem »Ungetüm«, das »allem Schönheitsgefühl den Krieg ankündigt, ganz abscheulich«, und das, »nicht zufrieden, häßlich zu sein, auch noch gefährlich werden wollte«. Schließlich wagt er sich ganz vor und schaut in einen »Höllenbrudel«. Die Lehre, die Goethe aus dieser Erfahrung zieht, ist dieselbe wie im Bereich der Kunst: Man muß auf Distanz gehen, Überblick gewinnen, um die Phänomene richtig, das heißt in ihrer Idealität zu erkennen. Nur »solange der Raum gestattete, in gehöriger Entfernung zu bleiben«, schreibt er über die Besteigung des Vesuvs, »war es ein großes, geisterhebendes Schauspiel«[98].

Entsprechendes gilt auch für Goethes Reflexionen über das Volksleben. Auch hier ist er bemüht, die Mannigfaltigkeit der empirischen Erscheinungen durch die Erkenntnis immanenter Gesetzmäßigkeiten zu bewältigen. Dabei kommt es bisweilen durchaus zu borniterten Reaktionen, wie sie dem Stereotyp des ordnungsversessenen Deutschen im anarchischen Italien entsprechen. So stellt Goethe etwa in Venedig Überlegungen an, wie man die Verschmutzung der eigentlich architektonisch auf Reinhaltung angelegten Gassen durch eine amtliche Abfallbeseitigungsverordnung vermeiden könnte. Insofern entspricht er durchaus dem typischen Touristen, der die Irritationen der Fremde dadurch zu bewältigen sucht, daß er ihr die heimischen Lebensvorstellungen aufprägt. Was Goethe von jenem unterscheidet, ist einzig die Tatsache, daß er dieses Reaktionsmuster gegenüber dem Fremden kulturrelativistisch mitreflektiert: »So hat man«, fügt er seiner Polizeiphantasie selbstkritisch hinzu, »immer Trieb und Lust, vor fremden Türen zu kehren.«[99] Als er schließlich bis Palermo gekommen ist und ihm wiederum das Müllproblem auffällt, akzeptiert er bereitwillig die sizilianische Verfahrensweise, die darin besteht, auf ein Wunder zu hoffen. So nimmt er fasziniert zur Kenntnis, daß auch dieses Jahr wieder kurz vor dem wichtigen Rosalienfest die Straßen durch einen heftigen Regenguß freigespült werden und die Prozession aufgrund dieser höheren Einwirkung in der gebotenen Reinlichkeit vonstatten gehen kann.

Goethe, der in Italien seine Haltung eines »dezidierten Nichtchristen« durch ein »entschiedenes Heidentum«[100] ergänzt, hat keine Schwierigkeiten, andere Glaubensformen gelten zu lassen, auch wenn er sich bisweilen ironisch darüber äußert: »Soeben steht der Herr Christus mit entsetzlichem Lärm auf«, notiert er etwa zum Osterfest.[101] Doch die spezifische Frömmigkeit der Italiener respektiert er durchaus, und als es einmal darum geht, Gefahr abzuwenden, appelliert er sogar an den Volksglauben. Die Situation ist prekär: Das Schiff, mit dem er von Sizilien nach Neapel zurücksegelt, droht wegen ausbleibender Winde an die Uferklippen zu treiben und daran zu zerschellen. Die Passagiere beginnen zu meutern und dadurch die Rettungsmaßnahmen zusätzlich zu behindern. Goethe stellt sich daraufhin an Deck und hält eine Rede:

»›Was euch betrifft‹, rief ich aus, ›kehrt in euch selbst zurück und dann wendet euer brünstiges Gebet zur Mutter Gottes, auf die es ganz allein ankommt, ob sie sich bei ihrem Sohne verwenden mag, daß er für euch tue, was er damals für seine Apostel getan, als auf dem stürmenden See Tiberias die Wellen schon in das Schiff schlugen, der Herr aber schlief, der jedoch, als ihn die Trost- und Hülflosen aufweckten, sogleich dem Winde zu ruhen gebot, wie er jetzt der Luft gebieten kann, sich zu regen, wenn es anders sein heiliger Wille ist.‹
Diese Worte taten die beste Wirkung. Eine unter den Frauen, mit der ich mich schon früher über sittliche und geistliche Gegenstände unterhalten hatte, rief aus: ›Ah! il Barlamé! benedetto il Barlamé!‹ und wirklich fingen sie, da sie ohnehin schon auf den Knien lagen, ihre Litaneien mit mehr als herkömmlicher Inbrunst leidenschaftlich zu beten an.«[102]

Daß Goethe, der deutsche Heide, die italienischen Katholiken dazu bringt, als der Heilige Barlaam, als christlicher Bekehrer also, angesprochen zu werden, entbehrt nicht der Ironie. Doch wie jede Ironie ihren ernsthaften Anteil hat, so steckt auch hinter dieser Geschichte mehr als eine humoristische Episode, nämlich die Erkenntnis, daß Schwierigkeiten im Zusammenhalt von Menschen nur bewältigt werden können, wenn diese in ihren jeweils eigenen Wertesystemen angesprochen werden.

Diese Orientierung an der immanenten Ordnung, die Goethe den Normen des bereisten Landes selbst abzugewinnen sucht, gibt ihm ein Kriterium an die Hand, gesellschaftliche wie natürliche Krisen als solche zu diagnostizieren. So deutet er auch die gerade ruchbar gewordene Halsbandaffäre als Symptom, das den Untergang des Ancien régime ankündigt. Wie die Welt nun erfährt, war die bekannte Vorliebe der Königin Marie Antoinette für teure Juwelen zum Angelpunkt eines Skandals am französischen Hof geworden. Jene Schwäche verhalf der Gräfin de La Motte zu einem Täuschungsmanöver: Sie spielte dem Kardinal von Rohan durch gefälschte Briefe vor, daß er sich die Königin durch seine Hilfe bei der Beschaffung eines Diamanthalsbandes gewogen machen könne. Rohan besorgte sich das Halsband mit der Unterstützung eines Vertrauten durch die Übernahme einer Bürgschaft und händigte es der Gräfin aus, die die Diamanten einzeln ins Ausland verkaufte. Als der Wechsel bald darauf platzte und der Schwindel aufflog, wurde die Gräfin zu lebenslanger Kerkerhaft verurteilt, Rohan aber freigesprochen – ebenso wie sein Vertrauter, der Graf Cagliostro. Über diesen Grafen stellt Goethe nun in Italien weitere Nachforschungen an. Er hat nämlich erfahren, daß es sich um einen sizilianischen Hochstapler handelt, der eigentlich Giuseppe Balsamo heißt, und besucht dessen Familie, um beeindruckt festzustellen, daß es sich um sehr einfache Menschen aus ärmlichen Verhältnissen handelt. Daß ein Mensch aus den untersten Schichten mit reiner Schauspielerei als einflußreiches Mitglied des französischen Hofes fungieren konnte, offenbart Goethe die Nichtigkeit der zeitgenössischen Aristokratie, die auf den Trug nur deshalb hereinfallen konnte, weil sie inzwischen selbst zur Schauspielerei verkommen war. Sie hatte ihre eigene Substanz ausgehöhlt, die Legitimation ihrer Ordnung untergraben und damit ihren Untergang vorbereitet.

Goethes immanente Kritik der italienischen Verhältnisse hat im übrigen nichts mit folkloristischer Beschönigung zu tun. So läßt er seinem Unmut freien Lauf, wenn es um die vielgerühmte Sinnlichkeit der Südländer geht: »Von der Nation wüßte ich nichts weiter zu sagen, als daß es Naturmenschen sind, die unter Pracht und Würde der Religionen und der Künste nicht ein Haar anders sind, als sie in Höhlen und Wäldern auch sein würden. Was allen Fremden auffällt, und was heute wieder die ganze Stadt reden, aber auch nur reden macht, sind die Totschläge, die gewöhnlich vorkommen. Viere sind schon in unserm Bezirk in diesen drei Wochen ermordet worden.«[103]

Die Reminiszenz an den ebenfalls in Italien ermordeten Winckelmann drängt sich auf. Gerade der homosexuelle Altertumsforscher aber ist für Goethe ein hervorragendes Beispiel eines Reisenden, der sich auf die Fremde einläßt, anstatt ihr den importierten Maßstab aufzuerlegen:

»Man wirft den Engländern vor, daß sie ihren Teekessel überall mitführen und sogar bis auf den Ätna hinaufschleppen; aber hat nicht jede Nation ihren Teekessel, worin sie, selbst auf Reisen, ihre von Hause mitgebrachten getrockneten Kräuterbündel aufbraut? Solche nach ihrem engen Maßstab urteilende, nicht um sich her sehende, vorübereilende, anmaßliche Fremde verwünscht Winckelmann.«[104]

Im Unterschied zu Winckelmann bewegt sich Goethe zwar vor allem im Kreise deutscher Künstler. Gleichwohl bemüht er sich um das Verständnis der fremden Eigenarten und nimmt gerade das anarchische Erscheinungsbild des italienischen Volkslebens als eine Herausforderung, darin innere Gesetzmäßigkeiten zu entdecken.

Das kommt besonders in seiner Schilderung des römischen Karnevals zum Ausdruck, eines Ereignisses, das ihn ursprünglich abstieß, das er aber gleichwohl, nachdem er es zweimal unmittelbar miterlebt hat (seine Wohnung liegt am Corso, dem Zentrum des Geschehens), zu einem kunstvoll komponierten Werk verarbeitet. Dieses erscheint später in einer Prachtausgabe, mit Zeichnungen von Georg Melchior Kraus, als Ergebnis seines intensiven Bemühens, einem Geschehen, das auf den ersten Blick »weder einen ganzen noch einen erfreulichen Eindruck gebe«[105], eine innere Stimmigkeit abzugewinnen. Möglich ist das, wie er ausdrücklich hervorhebt, erst durch eine bestimmte Art der Beschreibung, die deutlich zu machen versucht, daß der »Gang der Torheiten [...] seinen entschiedenen Verlauf« habe, also letztlich doch »in einer gewissen Form und Schicklichkeit« ablaufe.[106] Goethe ist sich bewußt, daß dabei das Vergnügen auf der Strecke bleiben könnte. Es sei jedoch nicht seine Absicht, seine »Leser traurig zu machen«, erklärt er in einer »Aschermittwochsbetrachtung«: »Vielmehr wünschen wir, daß jeder mit uns, da das Leben im ganzen wie das Römische Karneval unübersehlich, ungenießbar, ja bedenklich bleibt, durch diese unbekümmerte Maskengesellschaft an die Wichtigkeit jedes augenblicklichen, oft gering scheinenden Lebensgenusses erinnert werden möge.«[107]

Erinnerung an die Wichtigkeit jedes augenblicklichen Lebensgenusses – dies ist die pädagogische Absicht von Goethes *Römischem Karneval*. Die Folgerungen aus dem an sich partikularen, willkürlich scheinenden Ereignis sind also umfassend. Für Goethe reichen sie von der politischen – ein Jahr *vor* der Französischen Revolution formulierten – Feststellung, »daß Freiheit und Gleichheit nur in dem Taumel des Wahnsinns genossen werden können«, bis in den privaten Bereich, wo etwa bemerkt wird, daß »während des Laufs dieser Torheiten der rohe Pulcinell an die Freuden der Liebe erinnert«[108].

An die Freuden der Liebe freilich mußte auch Goethe erst erinnert werden. Es ist just in der Karnevalszeit, daß der sexuell

Unerfahrene schließlich, am Ende seiner Italienreise, diejenige Erfahrung macht, die er so bemerkenswert lange vor sich hergeschoben hat und an die er sich offenbar erst im allmählichen Schulen seiner Sinne buchstäblich herantastete. Die Aufmunterung, seine Zurückhaltung endlich zu überwinden, dürfte nicht zuletzt von Briefen des Herzogs ausgegangen sein, die in aller Offenheit auf den Punkt bringen, was ihm an der Entwicklung des Freundes, an der er so großzügigen Anteil nimmt, noch zu fehlen scheint: Carl August hatte sich schon wiederholt bei Goethe erkundigt, was er denn von den Römer*innen* zu berichten wisse. Da mußte der Kunst- und Naturforscher passen, obschon er in Italien zu der Überzeugung gelangt ist, daß der nackte menschliche Körper, wie ihn die antiken Statuen zeigen, den Gipfel ästhetischer Vollkommenheit ausmacht, und deshalb auch Anatomiestudien an lebenden Modellen betreibt. Als Gründe für seine Zurückhaltung nennt Goethe, daß die Italienerinnen entweder verheiratet seien oder bei der ersten Annäherung gleich heiraten wollten, die Prostituierten aber als zu unsicher gälten. Das will der Herzog nicht akzeptieren. Es gebe nichts, schreibt er, der sich selbst gerade wegen einer Syphilis behandeln läßt, wogegen nicht etwas Quecksilber helfe.

Nachdem Goethe in Italien zunächst dem gewohnten Beziehungsmuster gefolgt war, indem er – etwa mit Angelika Kaufmann oder Maddalena Riggi – zu Frauen Kontakt pflegte, die schon vergeben waren, vermag er sich in der Karnevalstrance dem herzoglichen Rat offenbar endlich zu fügen. Er schreibt ihm: »Es scheint, daß Ihre guten Gedanken unterm 22. Januar unmittelbar nach Rom gewürckt haben, denn ich könnte schon von einigen anmutigen Spaziergängen erzählen. So viel ist gewiß und haben Sie, als ein Doctor longe experientissimus, vollkommen recht, daß eine dergleichen mäßige Bewegung, das Gemüth erfrischt und den Körper in ein köstliches Gleichgewicht bringt.«[109] Für Psychoanalytiker ist das ein verklausulierter und gerade deshalb klarer Hinweis auf ersten Geschlechtsverkehr.[110]

Die Identität der römischen Geliebten, die er Faustine nennt, ist nicht geklärt.[111] Aber wer immer sie war: für ihre Liebe wurde sie anscheinend großzügig entlohnt. Goethe ließ kurz vor seiner Abreise durch seinen Diener Philipp Seidel 400 Scudi auf ein Sonderkonto überweisen, eine Summe, die drei seiner neuen Monatsgehälter entsprach.

Kunst der Sinnlichkeit

Der Abschied von Italien ist ihm aus verständlichen Gründen sehr schwergefallen. Um so schlimmer ist es für ihn, daß auch der Weimarer Kreis ihn so nordisch kühl empfängt wie das Wetter. Seine im Süden erwachte Sinnlichkeit stößt hier auf Befremden. Erwartet hatte man kunsthistorische und im engeren Sinne volkskundliche Forschungsberichte. Nun aber tritt ihnen einer gegenüber, der nicht nur Schön*geistiges* von sich zu geben hat. Goethe ist nicht nur intellektuell gebildeter zurückgekehrt, sondern als Mensch insgesamt verändert; er fühlt sich durch das Italienerlebnis »wiedergeboren«[112]. Die Hauptstadt der antiken Welt war für ihn zur Stadt einer ganz gegenwärtigen Liebe geworden, was er gleich in dem ersten seiner nun entstehenden erotischen Gedichte, den *Erotica Romana* bzw. *Römischen Elegien*, unter Anspielung auf das Palindrom ihres Namens (»Roma« rückwärts gelesen) zum Ausdruck bringt.

Er ist »sinnlich geworden«, bemerkt naserümpfend die diesbezüglich konkurrenzunfähige und schwergekränkte Charlotte von Stein.[113] Er »betastet mir zu viel«, findet auch Schiller, der inzwischen zum Weimarer Kreis gehört.[114] Und selbst Herder, der dem Tastsinn in seiner *Plastik* das Wort geredet hat, geht auf

Distanz – womöglich aus Eifersucht, da seine Frau von dem sonnengebräunten Heimkehrer allzusehr angetan scheint. Als Goethe schließlich sogar in Schillers Zeitschrift *Die Horen* seine *Römischen Elegien* veröffentlichen kann, bemerkt Herder, immer noch bissig: »Die Horen müssen jetzt mit einem u geschrieben werden.«[115] Dem Hofklatsch zufolge soll Goethes »Gelecke an den jungen Mädchen« auch dem Herzog »nicht eben die besten Eindrücke« gegeben haben.[116] Das dürfte wohl aus der Luft gegriffen sein. Aber die moralische Unterstützung seines Gönners wird Goethe schon bald entzogen, da Carl August außerhalb Weimars mit Kriegsvorbereitungen beschäftigt ist. Und auch andere der früheren Stützen gehen in dieser Zeit fort. Die Herzoginmutter reist nun, angeregt durch Goethes Berichte, ihrerseits nach Italien ab und nimmt den Komponisten Kayser mit, einen Freund aus Rom, der ihm nach Weimar gefolgt war. Anna Amalia hat Goethe dringend gebeten, sie zu begleiten, doch er hat trotz seiner Isolation zwei starke Motive zu bleiben.

Das eine Motiv ist der Abschluß der Werkausgabe. In Italien hatte Goethe zunächst die *Iphigenie* in Verse gebracht, dann *Egmont*, *Erwin und Elmire* sowie *Claudine von Villa Bella* fertiggestellt. *Faust* und *Tasso* hingegen waren zwar vorangeschritten, aber nicht vollendet. Den einen bringt Goethe nun als Fragment in der Werkausgabe unter, den anderen aber will er zu Ende schreiben, und dazu ist jetzt der richtige Zeitpunkt gekommen.

Die beiden Akte, die schon geschrieben waren, hat er bislang nicht weiterführen können, weil ihm der Konflikt von Lebenspraxis und Kunst, verkörpert in Antonio und Tasso, festgefahren schien. Die Dynamik, die er jetzt dem Stück gibt, ist die am Autonomiepostulat orientierte Gegenbewegung zu den Integrationsbemühungen des ersten Weimarer Jahrzehnts. Goethes Stellungnahme in diesem Konflikt lautet nun klipp und klar: Es *kann* keine Synthese zwischen beiden Lebensformen geben. Sobald der Künstler versucht, seine ästhetischen Ideale ins praktische Leben einzuführen, muß er scheitern. Die Konsequenz ist der Rückzug auf die Existenzform des Dichters, die zwar defizitär ist, aber gleichwohl ein Ganzes zu schaffen vermag: im künstlerischen Ausdruck dessen, was das reale Leben versagt. Tassos berühmte Verse formulieren diese ästhetische Konsequenz:

> »Und wenn der Mensch in seiner Qual verstummt,
> Gab mir ein Gott zu sagen, wie ich leide.« (3432 f.)

Goethe nennt das Stück einen »gesteigerten Werther«, weil auch sein Thema der drohende Wahnsinn durch ein unrealisierbares Begehren ist.[117] Und wie er einst seine Werther-Krise dadurch überwand, daß er sie künstlerisch objektivierte, so überwindet er nun seine Tasso-Krise dadurch, daß er ein Stück schafft, das mit seiner streng klassizistischen, statuarisch stilisierten Form die Möglichkeit eines Gelingens aufscheinen läßt, das ausschließlich der Kunst vorbehalten ist. Die italienische Selbstfindung hebt den Widerspruch zwischen Kunst und Leben auf in einem Leben für die Kunst.

Diese Lösung kann freilich nur funktionieren, wenn der Künstler selbst weitgehend unabhängig ist. Er muß die Möglichkeit haben, seine eingeschränkte Existenz zur ästhetischen Totalität auszuweiten, ohne außerästhetischen Erfordernissen des Lebensunterhalts unterworfen zu sein. Kurz und paradox: Er ist angewiesen auf eine heteronom abgesicherte Autonomie. Im *Tasso* wird diese Paradoxie mit den Schlußversen ausgedrückt:

> »So klammert sich der Schiffer endlich noch
> Am Felsen fest, an dem er scheitern sollte.« (3452 f.)

In der Realität Goethes ist dieser Felsen der Herzog, der ihn nun bedingungslos für seine Kunst leben läßt und das zudem großzügig finanziert.

Das ganz dem Künstlertum – und das heißt für Goethes Ästhetikverständnis eben auch: der Entfaltung der Sinne – gewidmete Leben führt bald schon zu einer Begegnung, die den zweiten Grund dafür abgibt, daß er das Angebot ausschlägt, die Herzoginmutter nach Italien zu begleiten. Im Ilmenauer Park wird er von der 23jährigen Christiane Vulpius, Arbeiterin in einer Fabrik für künstliche Blumen, angesprochen. Ihre Kontaktaufnahme gilt zwar dem einflußreichen Staatsmann – sie hat ein offizielles Bittschreiben für ihren Bruder zu überreichen –, aber Goethe, der nun nicht mehr strikt zwischen privater und öffentlicher Existenz unterscheidet, kümmert sich ebenso selbstverständlich um den Bruder wie um die reizende Schwester, die er ohne Umschweife in seinem Gartenhaus einquartiert. Da mag die Weimarer Gesellschaft draußen die Nase rümpfen; drinnen genießt er die Fortsetzung der italienischen Freuden. In dem auf südliche Temperaturen beheizten Refugium liebt *und* dichtet er mit einer nie zuvor erfahrenen Beschwingtheit. Die *Erotica Romana*, die in den Jahren 1788 bis 1790 entstehen und später unter dem Titel *Römische Elegien* bekannt werden, lassen sexuelle Lust und künstlerische Schaffensfreude ineinander übergehen:

> »Oftmals hab ich auch schon in ihren Armen gedichtet
> Und des Hexameters Maß leise, mit fingernder Hand,
> Ihr auf den Rücken gezählt...«

Was hier, in der V. Elegie, als Vereinigung von innerem und äußerem Sinn beschrieben wird, kündet von einer neuen Dimension der synästhetischen Erfahrung, in der Blick und Berührung verschmelzen: »Sehe mit fühlendem Aug', fühle mit sehender

Hand«, heißt es an anderer Stelle. Alle der insgesamt 24 Gedichte sind künstlerische Realisationen eines solchen Ineinanderfließens der Sinne, wie es der erotischen Erfahrung eigentümlich ist; der Zyklus insgesamt wird so zu einer »Konstruktion des Glücks«[118]. Dessen unverblümte poetische Darstellung sinnlicher Freuden wird von den Goethe-Editoren seit je als derart skandalös empfunden, daß es skandalös lange, nämlich fast zweihundert Jahre dauern wird, bis alle 24 Elegien erstmals unzensiert im Zusammenhang erscheinen können.

Das Glück äußert sich nicht nur auf dem Papier. Am 25.12.1789 kommt ein Sohn zur Welt, den Goethe zu Ehren seines Gönners August nennt. Bald darauf fährt er nach Venedig, um die Herzoginmutter bei der Rückkehr von ihrer Italienreise nach Hause zu begleiten. Und während er in der Lagunenstadt auf die verspätete Anna Amalia wartet, dichtet er einen neuen Zyklus zur *Ars Erotica*. Was die im unerfüllten Verlangen nach der fernen Geliebten geschriebenen *Venezianischen Epigramme* gegenüber den *Römischen Elegien* auszeichnet, ist, daß sie zugleich freizügiger und kälter sind. Zum Inhalt haben sie allemal die Erfahrung, daß Erotik ohne Begegnung mit dem anderen nicht »reiner« ist, sondern lüsterner. So distanzieren sich auch die Epigramme, nur in entgegengesetzter Bezugnahme, von der voritalienischen Lebensform mit ihrem platonischen Liebesideal.

Die Revolution als persönliches Drama

Goethe hat sich nun auf eine völlig neue Existenzform eingerichtet. Es ist eine das Individuelle zur allgemeinen Bedeutung erhebende Existenzform, die die Entwicklung des einzelnen zur Voraussetzung für diejenige der Gesellschaft macht. Privatistisch aber ist sie deshalb nicht. Goethe hat zwar, wie er sagt, in Italien aufgehört, Zeitung zu lesen, doch das bedeutet keineswegs, daß ihm die Nachrichten gleichgültig geworden wären. Der Unterschied besteht in der neuen Form der Bezugnahme auf das Weltgeschehen: Er nähert sich ihm nicht mehr auf dem Feld der Politik, sondern im Bereich des individuellen Lebens, in dem es seine konkreten Schicksalsspuren hinterläßt. Diese Herangehensweise an die großen Weltereignisse hat ihn bereits in der Halsbandaffäre den Vorboten der Französischen Revolution erkennen lassen. Nun, da die Revolution sich vollzieht, antizipiert er einen Terror, den die meisten deutschen Geistesgrößen in ihrem Jubel zunächst außer acht lassen, bis sie ebenfalls schockiert auf Distanz gehen. Die Art, in der Goethe das für ihn »schrecklichste aller Ereignisse [...] in seinen Ursachen und Folgen dichterisch zu gewältigen« sucht[119], hat bei politisch denkenden Menschen seit je Kopfschütteln hervorgerufen. Denn Goethes Revolutionsdramen sind in erster Linie Personenstücke.

Dies gilt zunächst für das 1791 entstandene Lustspiel *Der Groß-Cophta*. Es behandelt die Halsbandaffäre in enger Anlehnung an die historischen Fakten, die aber nicht chronistisch, sondern aus der Innenperspektive der beteiligten Personen heraus gespiegelt werden. Demgemäß läßt es die Aufdeckung des Schwindels aus der individuellen Empörung eines der Betrogenen, eines edlen Ritters, hervorgehen (und nicht aus dem Ruchbarwerden des geplatzten Wechsels, also aus einer überindividuellen Panne des Betrugssystems, wie es die Geschichtsschreibung darstellt). Das Honorar der Buchausgabe schickt Goethe nach Sizilien an die Familie Balsamo, die nicht das Privileg genießt, auf legalem Wege zu Ansehen und Wohlstand gelangen zu können.

Auch in den beiden 1793 geschriebenen Lustspielen, *Der Bürgergeneral* und *Die Aufgeregten*, wird das Zustandekommen der revolutionären Unruhen nicht etwa primär aus objektiven Tendenzen des Zeitalters abgeleitet, sondern aus subjektiven Schwächen einzelner. Und wiederum sind es einsichtsvolle Vertreter der alten Ordnung, die schließlich alles zum Guten wenden. Denn für Goethe sind »die revolutionären Aufstände der unteren Klassen eine Folge der Ungerechtigkeiten der Großen«[120]. Wenn die Obrigkeit sich also ihrer Rolle gemäß verhielte, bräuchte es auch keinen Umsturz zu geben – dies jedenfalls scheinen seine Revolutionsstücke zu suggerieren.

Sie gelten bei der Kritik seit je als literarisch minderwertig. Der generelle Vorwurf, der ihnen gemacht wird, ist das Verfehlen der großen politischen Zeittendenzen in der Konzentration auf Einzelschicksale. Aber wie man sich dazu auch stellen mag: Die Tatsache, daß Goethe sich auch in den folgenden Jahren in vergleichbarer Weise dichterisch mit der Französischen Revolution auseinandersetzt, zeigt zumindest, daß es sich nicht um einmalige Entgleisungen handelt, sondern um eine konsequent vertretene Position. Wie er schon bei seinen ethnographischen Beobachtungen während der Italienreise nach dem Allgemeinmenschlichen in den spezifischen, kulturhistorischen Erscheinungen, etwa dem römischen Karneval, gefragt hat, so versucht er nun, das scheinbare Chaos der Revolution aus Gesetzmäßigkeiten der menschlichen Natur zu erklären. Davon zeugt insbesondere das ebenfalls 1793 entstandene Versepos *Reineke Fuchs*: Im allegorischen Gewand der Tierfabel werden hier das Machtstreben und die Manipulierbarkeit des »animal rationale« als naturwüchsig parodiert.

Goethes entpolitisierte, anthropologisch orientierte Sicht des Revolutionsgeschehens erscheint um so anstößiger, als sie nicht etwa durch Ereignisferne veranlaßt ist. Im Gegenteil: Er wird vom Herzog mehrfach in Kriegsvorbereitungen und Kriegszüge einbezogen. Gerade diese Involviertheit ist es, die ihn veranlaßt, auf seine spezifische Art zu reagieren. Als während des Frankreichfeldzuges die Kanonade von Valmy den Alliierten nicht den gewünschten Erfolg bringt, schließt Goethe abermals in gewagter Weise von der konkreten Situation auf einen historischen Wendepunkt. Gegenüber einer Gruppe von Offizieren fällt sein berühmter Ausspruch: »Von hier und heute geht eine neue Epoche der Weltgeschichte aus.«[121] Die Datierung dieses Ausspruchs ist umstritten, zumal sie die Frage aufwirft, wie Goethe – in einem verregneten Feldlager sitzend, ohne Überblick über die allgemeinen Truppenbewegungen und Kräfteverhältnisse – wissen konnte, daß es sich um genau den Moment handelte, von dem an die Französische Revolution sich endgültig durchsetzte. Wenn die Diagnose kein Zufall war, muß es ein besonderes Sensorium gewesen sein, aus der Atmosphäre einer konkreten Situation die »politische Großwetterlage« abzuleiten.

Auch während der Belagerung von Mainz im darauffolgenden Jahr reagiert Goethe als persönlich Betroffener, der die historischen Ereignisse aus der individuellen Perspektive wahrnimmt, ohne sein Urteil von Parteipositionen abhängig zu machen. So schildert er trotz seiner offiziellen Eingebundenheit in die antirevolutionäre Allianz durchaus empathisch das Zusammentreffen mit Republikanern um Georg Forster. Was ihn bei seiner Urteilsfindung vorrangig interessiert, sind die persönlichen Lebensverhältnisse der Akteure.

Dabei behält er auch die eigenen stets im Sinn. Während der Feldzüge denkt Goethe an seine kleine Familie, die »nicht eben eine heilige Familie ist«[122], und er nutzt die Zeit seiner Abwesenheit für einen ganz im antiken Geist vollzogenen Umbau des Wohnhauses am Frauenplan. Unter der Leitung des Malers und Kunsthistorikers Heinrich Meyer, den Goethe in Rom kennengelernt hat und der nun zu seinem wichtigsten Berater in Fragen der bildenden Kunst avanciert ist, wird ein großzügiges

Treppenhaus im Palladiostil eingezogen und die Raumgestaltung Goethes italienischem Renaissanceerlebnis gemäß vorgenommen. Das Haus wird sich bald mit immer umfangreicheren Sammlungen füllen – Graphiken und Gemälden, Münzen und Majoliken, Statuen und Kleinplastiken, Büsten, Gemmen, Naturalien und anderem. Diese Sammlungen sind ebenfalls ein Ausdruck von Goethes individualisierender und personalisierender Sicht auf die Geschichte. Denn er ist der Überzeugung, daß Lebensereignisse und historische Zusammenhänge aus dem Blick geraten, wenn sie nicht mit konkreten Merkzeichen verknüpft werden, die die Einbildungskraft veranlassen, ihre Herkunft zu imaginieren.[123] Das Sammeln zielt also nicht auf museale Verwahrung, sondern auf erinnernde Vergegenwärtigung; statt ein externes Gedächtnis zu füttern, soll es einer persönlichen Kultur des Innewerdens dienen. So will auch die antikisierende Einrichtung von Goethes Wohnhaus nicht einschüchtern, vielmehr dient sie der Vergegenwärtigung klassischer Heiterkeit. Wer den sanften Anstieg der Renaissancetreppe genommen hat, dem wird oben auch das Übertreten der Schwelle leichtgemacht: durch das in den Fußboden eingelassene römische Grußwort »Salve«.

Der Verdacht der Weltferne bleibt freilich bestehen, wenn bei Kriegszügen an Wohnungseinrichtungen gedacht wird und Revolutionäre danach beurteilt werden, ob sie persönlich sympathisch sind. Diese Haltung ist auch nicht zu legitimieren, da sie sich moralischen Beurteilungen entzieht: Sie ist ein Effekt des Postulats ästhetischer Autonomie. Beurteilt werden die Ereignisse ausschließlich aus künstlerischer Perspektive, für die die Stimmigkeit der ästhetischen Form von der Richtigkeit der politischen Gesinnung unabhängig ist. In geradezu makaberer Konsequenz kommt dies etwa in der Bemerkung aus der *Campagne in Frankreich* zum Ausdruck: »Einige Dörfer brannten zwar vor uns auf, allein der Rauch tut einem Kriegsbild auch nicht übel.«[124] Wie kann ein Bild gefallen, das reale Not und Schrecken zeigt?

Es ist, wie deutlich geworden sein dürfte, nicht Unsensibilität, die Goethe derartige Sätze formulieren läßt. Die Ablösung des ästhetischen Urteils von der moralischen Bewertung und der wissenschaftlichen Bestimmung seines Objekts, die die traditionelle Einheit des Schönen, Guten und Wahren aufspaltet, entspricht dem zeitgenössischen Prozeß der Ausdifferenzierung der kulturellen Wertsphären. Dieser hatte in den neunziger Jahren seine philosophische Fundierung durch die drei Kritiken Kants erhalten, in denen jedem der Bereiche Wissenschaft, Moral und Kunst ein eigener Begründungstyp mit spezifischen Argumentationsregeln zugeschrieben wurde. Demnach darf zum Beispiel ein Kriegsgemälde nicht deshalb als gelungen beurteilt werden, weil es eine für richtig gehaltene politische Tendenz wiedergibt oder den wissenschaftlichen Fakten gerecht wird.

Was Kant in seiner dritten, dem ästhetischen Urteil gewidmeten Kritik formulierte, ist freilich nur die philosophische Konsequenz aus Entwicklungen, die in der Kunsttheorie selbst schon vorbereitet waren. Einen wichtigen ersten Anstoß zur Ausbildung der klassischen Ästhetik gab Carl Philipp Moritz mit seiner Abhandlung *Über die bildende Nachahmung des Schönen*, deren Entstehung Goethe während seines Italienaufenthaltes in Gesprächen mit dem genialen, aber glücklosen Autor unterstützte. Die zentrale Aussage der programmatischen Schrift lautet, daß das »Schöne sich nur um sein selbst willen von der Hand des Künstlers greifen und willig und folgsam von ihm sich bilden läßt«[125]. Es ist die Autonomieerklärung der Kunst, das Pendant zur gleichzeitigen Autonomieerklärung der französischen Revolutionäre und der sich von der theologischen Bevormundung emanzipierenden Wissenschaften.

Aus diesem triadischen Konzept folgt nun aber keineswegs, daß die Kunst der Politik und der Wissenschaft beziehungslos gegenüberstünde. Dies legt Schiller in seiner *Ankündigung der Horen*, seines 1794 begonnenen Zeitschriftenprojekts, unmißverständlich dar. Er erwarte, schreibt er dort, eine »wahre Verbesserung des gesellschaftlichen Zustandes« gerade dadurch, daß über die gesellschaftlichen Zustände geschwiegen werde. Den Hintergrund dieser Paradoxie bildet die Beobachtung, daß der tagespolitische Streit die Moral korrumpiert hat und selbst die Ideale der Französischen Revolution sich mittlerweile in ihr Gegenteil verkehrt haben: Anstelle von Freiheit, Gleichheit, Brüderlichkeit ist mit der Jakobinerherrschaft eine neue Form der Unterdrückung entstanden. Schillers Schlußfolgerung daraus lautet, daß die Revolutionsideale nur dann zu realisieren seien, wenn der äußeren Emanzipation des Menschen eine innere entspreche, die erst noch nachzuholen sei. Er beklagt, daß die »Gemüter« der Menschen durch das »beschränkte Interesse der Gegenwart« gefesselt seien, und fordert, diese Gemüter »wieder in Freiheit zu setzen«, indem sie »unter der Fahne der Wahrheit und Schönheit« wieder vereinigt werden.[126]

Daß er für dieses Projekt insbesondere die Zusammenarbeit mit Goethe sucht, liegt zwar von der Sache her, nicht aber hinsichtlich des konkreten Sozialkontaktes zwischen beiden auf der Hand. Schiller empfindet eine »ganz sonderbare Mischung von Haß und Liebe« gegenüber dem Dichterkollegen, dem alles so mühelos aus der Feder zu fließen scheint, während er selbst sich immer bis zum äußersten abquält. Nun also muß er seine Vorbehalte gegenüber Goethe, den er einmal als »eine stolze Prüde« bezeichnet, »der man ein Kind machen muß«[127], überwinden. Und er hat Erfolg mit seinem Werben. Goethe stimmt dem Programm einer ästhetischen Erziehung des Menschen, das sich durchaus mit eigenen Ansichten deckt, begeistert zu.

Und sein erster Beitrag für die *Horen*, die Novellensammlung *Unterhaltungen deutscher Ausgewanderten*, entspricht diesem Programm durchaus – allerdings in einer für Goethe spezifischen Weise: Denn er begnügt sich nicht damit, die Kunst für sich sprechen zu lassen. Es gehört zu seinem gegenüber Schiller nicht ohne Koketterie geltend gemachten »realistischen Tic«[128], daß er eine Rahmenhandlung für die einzelnen Novellen erfindet, die auf die historischen Ereignisse ausdrücklich Bezug nimmt: die Vertreibung und Exilierung durch die französischen Truppen im Jahre 1793, als die Revolutionsarmee bis Frankfurt vordrang. Eine Gruppe von Flüchtlingen mit unterschiedlichsten Charakteren und politischen Überzeugungen wird durch das Schicksal in eine Lage gebracht, wo es nötig ist, sich zu arrangieren. Die Ausnahmesituation aber bringt bei allen die Eigentümlichkeiten und Eigensinnigkeiten noch deutlicher zum Vorschein. Das von Goethe gern gebrauchte Beispiel vom Teekessel des Engländers findet auch hier Verwendung – als Kontrast zum seltenen Fall eines Menschen, der nicht auf seinen Gewohnheiten besteht, sondern »für andere zu leben, für andere sich aufzuopfern getrieben wird«. Diesem seltenen Menschentyp entspricht in den *Unterhaltungen* eine Baronesse, die sich durch ihre hilfreiche und versöhnende Art hervortut und erzieherisch den bei den anderen aufbrechenden Untugenden entgegenwirkt. So schlichtet sie gleich zu Beginn Streit zwischen einem jungen Menschen, der die »Freiheit« zu »seiner Geliebten« hat, und einem Geheimrat, der sich »streng an Grundsätze« hält und »den Unterdrückungsgeist derer, die das Wort Freiheit immer im Munde führten«, scharf kritisiert. Um weiteren schmerzlichen Zwist zu vermeiden, macht die Baronin den Vorschlag, die tagespolitischen Auseinandersetzungen beiseite zu lassen und sich nur solche Dinge zu erzählen, die von allgemeinmenschlichem Interesse sind: Sitten und Gebräuche ferner

Länder, Liebesbeziehungen, aber auch Naturkundliches, wie etwa Berichte über »eine unbekannte Pflanze« oder »ein seltsames Insekt«, da auch solche Themen geeignet seien, »den großen Zusammenhang aller vorhandenen Geschöpfe« zu erkennen und damit eine versöhnliche Atmosphäre herbeizuführen.[129]

Goethes *Unterhaltungen* liegen also einerseits auf der programmatischen Linie von Schillers *Horen*, wo sie denn auch ebenso wie die *Römischen Elegien* erscheinen. Andererseits lassen sie mit ihren spezifischen Erweiterungen – der Einbettung der Novellen in eine historisch konkrete Rahmenhandlung und der Hereinnahme naturkundlicher Phänomene in den Kreis der sittlich erbauenden Gegenstände – doch erkennen, daß es einen deutlichen Unterschied zwischen dem Idealisten Schiller und dem Realisten Goethe gibt, wobei unter »Realismus« hier nicht einfach eine naturalistisch-empirische Wirklichkeitsdarstellung zu verstehen ist, sondern eine durchaus kunstvolle, ja künstliche Gestaltung dessen, was im Wirklichen an Möglichem aufscheint, ohne doch je die Diskrepanz zwischen beidem zu verleugnen.

Das zeigt sich auch an der fortgesetzten dichterischen Auseinandersetzung Goethes mit der Französischen Revolution und deren Folgen, die nun entweder tragisch oder ironisch gebrochen zum Ausdruck bringt, daß die Freiheit des individuellen Handelns letztlich eine poetische Fiktion bleibt.

Die ironische Brechung ist gerade bei Goethes populärster Behandlung des Revolutionsstoffs lange Zeit übersehen worden: dem 1797 verfaßten Versepos *Hermann und Dorothea*, dem größten Publikumserfolg seit dem *Werther*. Schon das Honorar war ein einsamer Rekord. Goethe kassierte für die rund 2000 Hexameter, deren größten Teil er in einer Woche heruntergeschrieben hatte, eine Summe, die der Hälfte seines üppigen Jahresgehalts entsprach. Trotzdem konnte der Verleger Vieweg (mit dem Goethe einen »Seitensprung« gegenüber dem eigentlich mit ihm wegen der Herausgabe seiner *Neuen Schriften* in Vertrag stehenden Unger machte) zufrieden sein: Er blieb trotz des als horrend geltenden Honorars der einzige Verleger zu Lebzeiten Goethes, der mit einem Einzelwerk von ihm Gewinne machte.[130] *Hermann und Dorothea* erschienen 1798 gleich in fünf verschiedenen Ausstattungen, wurden danach lange Zeit fast jährlich neu aufgelegt und in zahlreiche Sprachen, darunter auch die klassisch-antiken, Latein und Griechisch, übersetzt. Was dieses Versepos so berühmt machte, ist freilich weniger rühmlich: Es wurde als Apotheose des Spießertums rezipiert. Der Inhalt scheint diesem Urteil zunächst recht zu geben. Der Text handelt von der Flucht der linksrheinischen Deutschen vor den französischen Revolutionstruppen im Jahre 1796. Hermann lernt Dorothea bei gemeinsamen Hilfsleistungen für die Flüchtenden kennen und verliebt sich in sie. Sein Vater widersetzt sich zunächst der Verbindung, da Dorothea arm ist und er für seinen Sohn eine gute Partie wünscht. Schließlich kommen die Liebenden aber doch zusammen, nachdem sich Dorotheas tatkräftiger Einsatz für die Verteidigung der weiblichen Keuschheit herumgesprochen hat.

Kein mitreißender Stoff, aber die Art der Behandlung bringt eine Spannung ins Spiel, die den eigentlichen Reiz des Werkes ausmacht. Die Figuren und ihre Redeweise werden bis in Einzelheiten antiken Vorbildern aus dem homerischen Epos nachgebildet – dadurch entsteht eine ironische Distanz zwischen der beschränkten bürgerlichen Lebenswelt und ihrer heroisch-antiken Einkleidung. Es handelt sich hier also nicht bloß um die Spiegelung der Weltbegebenheiten in den persönlichen Schicksalen einzelner Individuen, sondern um eine perspektivische Brechung, die das poetische Ideal mit der prosaischen Wirklichkeit kontrastiert und dadurch ihr groteskes Mißverhältnis aufzeigt. Dieser Kontrasteffekt zwischen Epos und Idylle problematisiert die hehren Parolen des Zeitalters, indem er ihnen ihr beschränktes Resultat gegenübergestellt: die Zusammendrängung des individuellen Lebens, das von den großen Ereignissen überrollt wird, ins Kleinbürgerliche. Das ist keine Huldigung ans Spießertum, allenfalls dessen historisch-kritische Entschuldung.

Eine tragische Behandlung des Revolutionsstoffes vollzog Goethe nach einem gescheiterten Ansatz, dem Fragment gebliebenen *Mädchen von Oberkirch*, mit dem zwischen 1799 und 1803 entstandenen Trauerspiel *Die natürliche Tochter*, in dem er mit »geziemendem Ernste niederzulegen hoffte«, was er mittlerweile »über die französische Revolution und deren Folgen geschrieben und gedacht«[131] hatte. Eine Tragödie im strengen Sinne freilich ist auch dieses Stück nicht, das den wahren Adel als Seelenadel spezifiziert. Die Titelheldin Eugenie – die als einzige Figur einen konkreten Namen trägt, während alle anderen nur anonymisierend mit ihrem Status bezeichnet sind – wird als »natürliche« Tochter vorgestellt, als das uneheliche Kind eines französischen Herzogs. Dieser will sie nach dem Tod ihrer Mutter mit Zustimmung des Königs legitimieren und bei Hofe einführen. Dagegen aber droht Widerstand durch den Sohn des Herzogs, dessen Erbansprüche durch eine Schwester geschmälert würden. Da er weite Teile des Adels auf seiner Seite hat und diese gegen den König mobilisieren könnte, wird Eugenie auferlegt, ihr Geheimnis bis zur offiziellen Verkündigung für sich zu behalten. Ihre Hofmeisterin rät ihr sogar, auf die in Aussicht gestellte Würde ganz zu verzichten. Doch Eugenie kann sich schon jetzt nicht enthalten, den ihr künftig zustehenden fürstlichen Schmuck anzulegen. Das provoziert die Gegenwehr ihres Bruders, der sie entführen und für tot erklären läßt. In der unwiderruflichen Verbannung sieht sie sich vor die Alternative gestellt, ihren legitimen Adel einsam für sich zu leben oder einen Bürgerlichen zu heiraten und eine neue Existenz zu gründen. Sie entscheidet sich für den Verzicht auf den Titel und für das bürgerliche Leben in dem Bewußtsein, daß der wahre Adel der natürliche des Herzens zu sein habe. Damit gibt sie ihrem Namen, der aus dem Griechischen kommt und »die Wohlgeborene« heißt, eine neue Bedeutungsgrundlage.

»Ich bin nicht zum tragischen Dichter geboren«, sagt Goethe einmal, »da meine Natur konziliant ist«[132]. Im Zusammenhang mit der *Natürlichen Tochter* heißt das: Der Dichter kann sich auch hier nicht mit dem Gedanken anfreunden, daß das menschliche Schicksal vollständig durch äußere Mächte determiniert werde. Gerade in seiner Zuwendung zum Privaten aber zeigt er mit bisher nicht dagewesener Deutlichkeit, wie sehr das Leben des einzelnen eben doch von der großen Politik abhängt. Selbst der von Eugenie ergriffenen Option für die individuelle Gewissensentscheidung sind die Spuren ihrer Abhängigkeit von den Zeittendenzen eingeschrieben. Sie wird zur bürgerlichen Ehe in vergleichsweise ärmlichen Verhältnissen nicht durch autonome Entscheidung gebracht, sondern durch Umstände, deren anonyme Herrschaft über den einzelnen durch die abstrakten Figurenbezeichnungen zusätzlich unterstrichen wird. Besonders mit diesem Revolutionsstück überschreitet Goethe das von Schiller verhängte Tabu über die Tagespolitik.

Kritisch-realistische Naturforschung

Zu Goethes »Realismus«, der ihn vom Idealisten Schiller unterscheidet, gehört, wie gesagt, nicht nur eine größere Toleranz gegenüber der Thematisierung tagespolitischer Stoffe, sondern auch die Hereinnahme der Naturphänomene in den Kreis der Gegenstände von allgemeinmenschlichem Interesse. Beides hängt für ihn durchaus zusammen. Denn im Bereich der Naturforschung findet er die Domäne, in der sein antirevolutionäres, an allmählichen Umformungsprozessen orientiertes Denken sich konkretisieren kann.

Der Zusammenhang beider Bereiche war schon biographisch gegeben. Denn zu den nach der Italienreise reduzierten Ämtern, um die sich der »Minister ohne Portefeuille«[133] weiterhin kümmern mochte, gehörte die Oberaufsicht der künstlerischen und wissenschaftlichen Einrichtungen des Herzogtums, die insbesondere in der Universitätsstadt Jena lokalisiert waren. Auch hier stieß Goethe natürlich auf die Auswirkungen der politischen Unruhen jener Zeit. Mehrmals monierte der Herzog die Ansteckung der Professoren- und Studentenschaft mit dem neufranzösischen Gedankengut. Und Goethe mußte wiederholt schlichten – wobei er nicht ohne Sympathie für jenes Gedankengut war, das er aber im Sinne geordneter Entwicklung statt revolutionärer Gewalt auslegte. Eben das drückt sich auch im Duktus seiner Naturforschungen aus, für die er die Jenaer Kontakte nun intensiv nutzt.

Im Revolutionsjahr erhält er Besuch von Abraham Gottlob Werner, jenem Professor der Mineralogie an der sächsischen Bergakademie zu Freiberg, der als Begründer des sogenannten Neptunismus gilt. Da Goethe in Italien selbst gründliche Kenntnisse über vulkanische Aktivitäten erwarb, mag es auf Anhieb erstaunen, daß er sich ganz der Wernerschen Position verschrieb. Diese aber bildet zu seinen Beobachtungen keinen Widerspruch. Denn Goethes Neptunismus beruht nicht auf unmittelbarer empirischer Beobachtung, sondern auf einem idealisierenden Blick, wie er bereits in Italien beim Abrücken von der empirischen Auffassung der Urpflanze praktiziert wurde. Schon damals leugnete er keineswegs, daß die Natur nicht per se dem Ideal allmählicher Entwicklung entspricht. In den *Unterhaltungen deutscher Ausgewanderten* wird er folgerichtig den politischen Streit um die Revolution mit revolutionären Naturerscheinungen vergleichen: »›Müssen denn‹, fragt die Baronesse, ›eure Gemüther nur so blind und unaufhaltsam wirken und drein schlagen, wie die Weltbegebenheiten, ein Gewitter oder ein ander Naturphänomen?‹«[134]

Das Gegenmodell zu den Eruptionen der Humangeschichte ist also für Goethe nicht schon die Natur als solche, sondern die Natur in ihren nicht-chaotischen Erscheinungsformen.[135] Er sucht sie – als Vorbild gesellschaftlichen Wandels – in den neptunistischen Erklärungsmodellen der Geologie, deren Kenntnis er nun im Kontakt mit Werner intensiviert, aber auch in entsprechenden Modellen des Pflanzenwachstums und der Farbentstehung.

Es ist ebenfalls das Revolutionsjahr, in dem Goethe eine botanische Anstalt an der Universität Jena einrichtet. Und als er dank seiner einschlägigen Kontakte Ende des Jahres erfährt, daß der Botaniker Christian Conrad Sprengel in Kürze eine Schrift unter dem Titel *Versuch, die Konstruction der Blumen zu erklären* herausbringen will, beeilt er sich, seine eigenen botanischen Überlegungen dagegenzustellen; er nennt sie, unbekümmert um das Titelplagiat: *Versuch, die Metamorphose der Pflanzen zu erklären*.[136] Metamorphose statt Konstruktion – schon aus dieser Begriffsopposition läßt sich der Anspruch herauslesen, eine von natürlichen Bildungs- und Umbildungsprozessen, nicht von mechanistischen Bauplänen ausgehende Theorie der Naturerscheinungen vorlegen zu können. Goethe sieht die Metamorphose als Grundprinzip allen Lebens; er begründet mit dem von Ovid übernommenen Wort eine Biologie des dynamischen Wandels aus organischen Prinzipien. Im Falle der Pflanzen lautet das Prinzip »Alles ist Blat[t]«[137]. Das wird nun zwar nicht mehr, wie in Italien, an einer konkreten Gestalt verifiziert – auch der Begriff der »Urpflanze« wird völlig fallengelassen –, sondern an einer idealtypischen Gestaltentwicklung, die es in der Realität so nicht gibt. Im Feld der Anatomie erkennt Goethe ein analoges Einheitsprinzip, aus dem sich alle weitere Entwicklung ableitet, im Wirbelknochen. Nach wie vor also hält er den Typus für anschaulich erfahrbar, nicht bloß für eine Abstraktion. Bei dieser Position wird er bis zu einem höchst folgenreichen Gespräch mit Schiller im Jahre 1794 bleiben. Ehe wir darauf eingehen können, ist Goethes Beschäftigung mit demjenigen Bereich der Naturforschung zu erwähnen, der ihn am unmittelbarsten an die erkenntnistheoretischen Probleme seines Ansatzes heranführt: die Optik.

Sie mußte Goethe früher oder später in ihren Bann ziehen, da sie den neuralgischen Punkt des wissenschaftlichen Selbstverständnisses überhaupt berührt, das Problem des richtigen Sehens. Seit Parmenides wurde die Einsicht in die Wahrheit des Seins davon abhängig gemacht, daß wir unseren Augen *nicht* trauen. Nun hatte Newton ein neues physikalisches Paradigma begründet, das diesen Grundsatz auch auf etwas scheinbar so Evidentes wie die Farben anwendete. Er erklärte ihr Zustandekommen aus der prismatischen Brechung des weißen Lichts – eine Hypothese, die nur durch apparative Hilfsmittel zu verifizieren war.

Abermals befinden wir uns im Revolutionsjahr 1789. Goethe, der die einschlägigen Experimente Newtons nur flüchtig kennt, hat sich, neugierig geworden, von Hofrat Büttner in Jena ein Prisma ausgeliehen, dessen Gebrauch aber immer wieder wegen anderer Beschäftigungen verschoben. Mehrmals mahnt der Hofrat die Rückgabe seiner Geräte an, allerdings vergeblich. Schließlich schickt er einen Boten, der den Auftrag hat, nicht eher zurückzukehren, als bis ihm das Geforderte ausgehändigt worden sei. Derart unter Druck gesetzt, wirft Goethe rasch noch einen Blick durch das Prisma. Doch statt der erwarteten Farben sieht er nur die weiße Fläche der Wand. Erst als er sich zum Fenster dreht, erscheinen die prismatischen Farben. Goethe berichtet: »Es bedurfte keiner langen Überlegung, so erkannte ich, daß eine Grenze notwendig sei, um Farben hervorzubringen, und ich sprach wie durch einen Instinkt sogleich vor mich laut aus, daß die newtonische Lehre falsch sei.«[138]

Unter den Druck einer spontanen Urteilsbildung gesetzt, formuliert Goethe – entgegen seiner Gewohnheit, Phänomene so lange auf sich wirken zu lassen, bis sie sich sozusagen von selbst zu erkennen geben – eine im Detail zwar falsche, in ihrer berechtigten Darstellungsabsicht aber bis heute faszinierende Hypothese, die er sogleich mit einer Fülle von Experimenten und einer umfassenden Theorie zu erhärten sucht. So führt Hofrat Büttners verständliche Ungeduld zu einem der produktivsten Irrtümer in der Geschichte der Naturwissenschaft. Seine Prismen bleiben in Goethes Besitz – als Objekte der Verteufelung.

Obwohl man Goethe von Expertenseite sogleich versichert, daß seine vermeintlich entlarvenden Beobachtungen durchaus nach der herrschenden Lehre erklärbar seien, versteift er sich fortan auf einen erbitterten, bis ans Ende seines Lebens geführten Kampf gegen Newtons Optik. Um die Hartnäckigkeit dieses Kampfes zu verstehen, muß man sich klarmachen, daß er sich nur peripher um die Frage der Farbentstehung dreht. Goethes These, daß die Farben auf das Zusammenspiel von Licht und Finsternis zurückzuführen seien, ist eingebettet in seine Grundüberzeugung von der Polarität der Natur. Wie das Ein- und Ausatmen oder die Systolen und Diastolen von Organismen, wie die Zyklen der Tages- und Jahreszeiten, so gehören die Gegenwirkungen von Licht und Finsternis für ihn zum »Puls des Lebens«. Es ist diese intuitive, durch seine hermetischen Studien früh geprägte Überzeugung, die er der modernen, von der leibhaftigen Erfahrung abstrahierenden Apparatephysik prinzipiell entgegensetzt.

Wie uns die Physiker vorrechnen können, irrt nicht die Newtonsche, sondern die Goethesche Lehre bei der Erklärung der prismatischen Farben. Sind damit nicht auch die theoretischen Grundlagen der *Farbenlehre* obsolet? Die bis heute lebhaft geführte Diskussion um diese Frage beweist das Gegenteil. Goethes Maxime lautet, daß die Richtigkeit einer wissenschaftlichen Erkenntnis nicht allein an den apparativen Resultaten abzulesen sei, sondern daß die Situation, in der diese Resultate produziert werden, ihr konkreter Handlungskontext, mitreflektiert werden müsse, wenn die Konsequenz nicht »falsch« – im Sinne eines richtigen oder falschen Lebens – sein soll. Diese Maxime ist heute hochaktuell. Sie sei daher in ihrer Genese etwas eingehender erläutert.

Für seine 1791/92 entstehenden *Beiträge zur Optik* verfaßt Goethe einen erkenntniskritischen Aufsatz, der unter dem Titel *Der Versuch als Vermittler von Subjekt und Objekt* bekannt wird. Darin stellt er drei Forderungen auf, die die moderne Naturwissenschaft als irrelevant, ja schädlich abgetan hat. Die erste heißt *Vermannigfaltigung*: Die Phänomene seien in der Vielfalt ihrer natürlichen Erscheinungsweisen zu untersuchen statt nur in der Reduktion einer künstlichen Versuchsanordnung. Die zweite Forderung steht unter dem Begriff der *Reihenbildung*. Damit ist ein Präsentationsverfahren gemeint, das die Versuchsergebnisse nicht einem vorgegebenen System unterordnet, sondern aus der Dynamik des Forschungsganges selbst entwickelt. Drittens fordert Goethe *Selbstkenntnis*; denn nur wenn das Subjekt sich seiner aktiven Rolle bei der Untersuchung und Darstellung der Phänomene bewußt ist, kann es sich vor willkürlichen und voreiligen Schlüssen hüten.[139]

Auch hier zeigt sich, daß Goethe mit seiner naturwissenschaftlichen Position eine politische Haltung verbindet, und zwar eine, die durchaus im Sinne der neufranzösischen Grundsätze ausgelegt werden kann, allerdings konkretisiert durch eine Praxis, die mit ihrer gewaltsamen Durchsetzung unvereinbar ist: Freiheit, Gleichheit und Brüderlichkeit kommen hier zur Geltung als betrachtende Haltung, die die Phänomene buchstäblich im »Freien« aufsucht, jedem bei der Darstellung das gleiche Recht auf sein individuelles Sosein zuerkennt und sie alle als Glieder im großen Verwandtschaftszusammenhang der Naturerscheinungen respektiert. So dreht Goethe gegenüber dem depersonalisierten Intersubjektivitätsbegriff der modernen Naturwissenschaft, der sein demokratisches Selbstverständnis mit der Abstraktion von den konkreten Subjekten erkauft, den Spieß um, indem er die Unterwerfung der Phänomene unter ein einziges, allgemeingültiges »experimentum crucis« mit einem »despotischen Hofe« vergleicht, seinen eigenen Anspruch auf Vermannigfaltigung subjektiver Erfahrungen hingegen mit einer »freiwerdenden Republik«[140].

Doch es ergeben sich bald größere theoretische Schwierigkeiten, die das Projekt ins Stocken geraten lassen. Goethe bricht die Reihe seiner *Beiträge zur Optik*, die eigentlich auf sechs Folgen konzipiert ist, nach der zweiten ab, weil er feststellt, daß der subjektive Anteil an der Farbentstehung mit dem objektiven unter Umständen enger zusammenhängt, als er zunächst angenommen hat. Deutlich wird das insbesondere bei den physiologischen Farben, die auf einer Reaktion des Auges beruhen – zum Beispiel, wenn die Dinge grün erscheinen, nachdem man eine Zeitlang durch rotes Glas gesehen hat. Goethe lehnt es ab, angesichts solcher Phänomene von einem »Betrug« der Sinne zu sprechen, wie es die objektivistische Wissenschaft tut. Deren Mißtrauen gegenüber den Sinnen hält er für Gotteslästerung, und er setzt ihrem um die subjektive Erfahrung verkürzten Exaktheitsideal sein ganzheitliches Credo entgegen: »Der Mensch an sich selbst, insofern er sich seiner gesunden Sinne bedient, ist der größte und genaueste physikalische Apparat, den es geben kann, und das ist eben das größte Unheil der neuern Physik, daß man die Experimente gleichsam vom Menschen abgesondert hat und bloß in dem, was künstliche Instrumente zeigen, die Natur erkennen, ja, was sie leisten kann, dadurch beschränken und beweisen will.«[141]

Der »genaueste« Apparat ist der Mensch deshalb, weil nur die leibhaftige Erfahrung des Zusammenwirkens von Subjekt *und* Objekt Aufschluß gibt über die Natur der Phänomene.

Um diese aber gleichwohl in ihrer Gesetzmäßigkeit erklären zu können, bedarf Goethe nun einer erkenntnistheoretischen Fundierung seiner Naturstudien. Er muß die den Sinnen erscheinende Natur so beschreiben, daß er dem Einwand entgeht, es handle sich um eine bloß anthropomorphisierende Projektion des Subjekts auf das Objekt. Für die Bewältigung dieser Aufgabe gibt ihm Schiller entscheidende Anregungen.

Goethe und Schiller – das Bündnis der Antipoden

Tatsächlich geht Goethes Zusammenarbeit mit Schiller ursprünglich auf sein Interesse an der Lösung erkenntnistheoretischer Probleme zurück. Auch wenn ihr Bündnis vor allem auf ästhetischem Gebiet Epoche machen sollte, lag doch der Anlaß hierfür bezeichnenderweise im Feld der Naturforschung.

Das berühmte Gespräch zwischen den beiden, das im Juli 1794 ihre Partnerschaft einleitete, hat Goethe in einer biographischen Notiz unter dem Titel *Glückliches Ereignis* festgehalten. Darin berichtet er, wie er gerade einer Veranstaltung der naturforschenden Gesellschaft in Jena beigewohnt hatte, als er beim Hinausgehen auf Schiller traf, seinen »Geistesantipoden«. Die kurz zuvor erfolgte Einladung zur Mitarbeit an den *Horen* hatte bereits für eine erste Annäherung gesorgt; nun fand man sich während einer Plauderei im Hinausgehen auch darin einig, daß der soeben gehörte Vortrag die Natur auf eine allzu »zerstückelte« Art behandelt habe. Im Weitergehen vertiefte sich der Austausch über mögliche Alternativen der Wissenschaft: »Wir gelangten zu seinem Hause, das Gespräch lockte mich hinein; da trug ich die Metamorphose der Pflanzen lebhaft vor, und ließ, mit manchen charakteristischen Federstrichen, eine symbolische Pflanze vor seinen Augen entstehen. [...] als ich aber geendet, schüttelte er den Kopf und sagte: ›Das ist keine Erfahrung, das ist eine Idee.‹ Ich stutzte, verdrießlich einigermaßen [...], nahm mich aber zusammen und versetzte: ›Das kann mir sehr lieb sein, daß ich Ideen habe ohne es zu wissen, und sie sogar vor Augen sehe.‹«

Diese – hier noch hartnäckig vertretene – Ansicht, die sowohl das Konzept der Pflanzenmetamorphose wie auch der *Beiträge zur Optik* wiedergab, konnte erkenntnistheoretischer Kritik nicht standhalten. Schiller hatte deutlich ausgesprochen, daß Goethes Erfahrungsbegriff klärungsbedürftig war, da er ganz offensichtlich ideelle Anteile enthielt. Zwar ließ sich Goethe nicht auf Schillers Position, die auf den Grundlagen der *Kritik der reinen Vernunft* beruhte, hinüberziehen, aber er sah doch, daß er eine Lösung für den kantianisch klar bezeichneten Konflikt suchen mußte. Wenn Schiller, so Goethe weiter, »das für eine Idee hielt, was ich als Erfahrung ansprach, so mußte doch zwischen beiden irgend etwas Vermittelndes, Bezügliches obwalten!«[142]

Ebendieses Vermittelnde findet Goethe nun in der *Kritik der Urteilskraft*. Denn in dieser dritten Kritik hatte Kant die Bedingungen der Möglichkeit geklärt, die Natur als einen Organismus anzusehen, der seinen Zweck nicht wie ein mechanischer Apparat außer sich – in der Funktion, für die er gebaut wurde –, sondern in sich hat. Um ein organisches Wesen zu begreifen, muß man sich auf sein individuelles Dasein, seine konkrete Gestalt einlassen. Den entsprechenden Erkenntnistyp einer »intellektuellen Anschauung« macht sich Goethes Naturforschung zu eigen, obwohl er nach Kant lediglich ästhetische, nicht aber naturwissenschaftliche Kriterien erfüllt. Aber genau darum geht es Goethe: um eine Naturforschung nach ästhetischen Prinzipien. Das wurde schon deutlich, als er bei Schiller das Prinzip der Pflanzenerzeugung *zeichnete*. Die Poesie ist ein weiteres Medium, in dem diese Forderung der Anschaulichkeit nun umgesetzt wird.

So beschreibt *Die Metamorphose der Pflanzen* dem Leser nicht nur die einzelnen botanischen Wachstumsstadien, sondern läßt ihn zusehend teilnehmen an diesem Entwicklungsprozeß: »Werdend betrachte sie nun«, »Immer staunst du auf's neue«, »Wende nun [...] den Blick« – durch solche Regieanweisungen wird der Bildungsvorgang der Natur mit dem Bildungsgang des Betrachters synchronisiert. Der gewünschte Effekt ist die Vermittlung der Einsicht, daß der als allmählicher Gestaltwerdungsprozeß angesehene Naturvorgang ein Vorbild für die sittliche Reifung des Menschen ist: »Bildsam ändre der Mensch selbst die bestimmte Gestalt«, heißt es am Ende.

Der hier implizite politische Hintergrund, der das evolutionäre Metamorphosenprinzip als Gegenbild zum revolutionären Umsturz einführt, wird in der *Metamorphose der Tiere* explizit gemacht. Nachdem in Analogie zum Pflanzenwachstum wiederum aus den widerstrebenden Kräften von innerem Antrieb und äußerlicher Beschränkung, Willkür und Notwendigkeit ein allgemeines Entwicklungsgesetz abgeleitet wurde, lautet in diesem Lehrgedicht das Resümee:

»Dieser schöne Begriff von Macht und Schranken, von Willkür
Und Gesetz, von Freiheit und Maß, von beweglicher Ordnung,
Vorzug und Mangel erfreue dich hoch! Die heilige Muse
Bringt harmonisch ihn dir, mit sanftem Zwange belehrend.
Keinen höhern Begriff erringt der sittliche Denker,
Keinen der tätige Mann, der dichtende Künstler; der Herrscher,
Der verdient es zu sein, erfreut nur durch ihn sich der Krone.«

Der letzte Vers ist häufig als unerträgliche Affirmation des politischen Status quo aufgefaßt worden. Eine solche Lektüre überginge jedoch die Dynamik des dargestellten Lebensprozesses. Das Gedicht läßt erkennen, daß Goethes Naturforschungen mittlerweile in ein methodisches Stadium getreten sind, das den Zeitfaktor in allmählichen, evolutionären Umformungsprozessen systematisch zu erfassen sucht. Diese aktive Art der Phänomenbetrachtung soll auch politisch eine Vorbildfunktion erfüllen, was sie nur kann, wenn ihr das Postulat einer gesellschaftlichen Dynamik entnommen wird, die das jeweils geltende Gesellschaftsmodell zum Durchgangsstadium relativiert. Der inhaltliche Akzent jenes Verses liegt auf »nur«, nicht auf »Krone«.

Aus Goethes naturzentrierter Fassung eines Projekts der ästhetischen Erziehung, das bei Schiller auf den Primat der Geschichte gegründet war, ergibt sich die wechselseitige Attraktion der antipodischen Partner. Immer wieder, beginnend mit einem großen Brief zu Goethes Geburtstag 1794, hat Schiller diese Anziehung der Gegensätze zu formulieren gesucht: als Polarität von Intuition und Analyse, Anschauung und Spekulation, antik und modern, naiv und sentimentalisch, griechisch und nordisch.

Die durchaus fruchtbare Wechselwirkung beider zeigt sich in den folgenden zehn Jahren bis zu Schillers Tod auch in einer intensiven Korrespondenz, die einer Fülle von kunst- und kreativitätstheoretischen Klärungen sowie dem gegenseitigen Ansporn bei der Vollendung poetischer Projekte dient: Die roman- und dramentheoretischen Probleme bei der Fertigstellung von Goethes *Wilhelm Meister* und Schillers *Wallenstein* werden hier ausführlich erörtert; hier wird das Projekt der *Xenien* beschlossen, die mit einer Flut von Distichen bestrittene Polemik gegen die ästhetischen und theoretischen Strömungen der Zeit; und hier werden neue gattungstypologische und poetische Richtlinien formuliert, die den antiken Vorbildern dadurch gerecht zu werden suchen, daß sie diese im Hinblick auf die gewandelten Bedingungen der Moderne modifizieren. So etwa die gemeinsam erarbeitete Theorie des epischen Gedichts, deren schöpferische Konsequenz besonders im »Balladenjahr« 1797 zutage tritt, als beide zahlreiche Exempel des neuen Gattungsverständnisses vorlegen; bei Goethe sind das zum Beispiel *Der Schatzgräber*, *Der Zauberlehrling*, *Die Braut von Korinth* sowie *Der Gott und die Bajadere*.

Eingestreut in die Korrespondenz, die ab 1799 etwas inhaltsärmer wird, da Schiller inzwischen ganz nach Weimar gezogen ist, sind immer wieder auch fortgesetzte Reflexionen über das Verhältnis von Erfahrung und Idee, die es Goethe erlauben, seine ins Stocken geratenen Forschungen zur Optik voranzutreiben. Unter der kategorialen Hilfestellung Schillers unterscheidet er nun zwischen physischen, chemischen und physiologischen Farben. Letztere, bis dahin ungeklärt, beschreibt er nun als eine spezifische Zusammenwirkung von Subjekt und Objekt. Diese allerdings war nicht in kantischer Terminologie formulierbar. Goethe erweitert sein Grundkonzept der Polarität um einen Begriff, den er aus der Identitätsphilosophie Schellings übernimmt und den er als das zweite der »großen Triebräder der Natur« bezeichnet: den Begriff der Steigerung.[143] Er gestattet es, die nach Kant getrennten Sphären von Subjekt und Objekt, Idee und Erfahrung in einen Wechselbezug zu überführen, der aus ihrer Polarität ein gemeinsames Drittes hervorgehen läßt.

Allerdings betrachtet Goethe den von ihm 1798 nach Jena berufenen Identitätsphilosophen auch mit Skepsis, da dessen Ansatz nicht auf wirklicher Naturbetrachtung beruhe, sondern auf einer Abstraktion, die von dem absieht, was sie zu erklären vorgibt. So glaubt Goethe, wie er Schiller anvertraut, an Schelling »zu finden, daß er das, was den Vorstellungsarten, die er in Gang bringen möchte, widerspricht, gar bedächtig verschweigt, und was habe ich denn an einer Idee, die mich nötigt, meinen Vorrat an Phänomenen zu verkümmern«[144]. Nach wie vor beharrt Goethe darauf, daß die Erkenntnisobjekte so erfahren werden müssen, wie sie in der Natur vorkommen: leibhaftig und lebendig. Das gilt besonders für diejenigen Erfahrungsgegenstände, die die allgemeinen Grundprinzipien von Polarität und Steigerung an sich erkennen lassen. Die »Urphänomene«, wie er sie nennt, müssen als konkret anschauliche Prozesse dargestellt werden. Das Urphänomen der Farbe zum Beispiel beschreibt Goethe so: »Wir sehen auf der einen Seite das Licht, das Helle, auf der anderen die Finsternis, das Dunkle, wir bringen die Trübe zwischen beide, und aus diesen Gegensätzen, mit Hülfe gedachter Vermittlung, entwickeln sich, gleichfalls in einem Gegensatz, die Farben, deuten aber alsbald durch einen Wechselbezug unmittelbar auf ein Gemeinsames wieder zurück.«[145]

Zu beachten ist hier, daß Goethe in seine erlebnisorientierte Phänomenbeschreibung (»wir sehen«) die gedankliche Vermittlungsarbeit einfließen läßt – es handelt sich also nicht um eine schlechthin unmittelbare Anschauung, sondern durchaus um eine, in die spekulative Anteile, hier die Ideen der Polarität und der Steigerung, eingehen. Diese sind aber nicht etwa die das konkrete Phänomen übersteigende Essenz, sondern umgekehrt

Ableitungen aus Anschauung, die also nicht weggekürzt werden kann.

Was den Urphänomenen ihre Superiorität gegenüber den Ideen gibt, ist das Prinzip des Pars pro toto, das Goethe in einem berühmten Brief an Schiller, dem sogenannten »Symbolbrief« vom 16. August 1797, auch als Grundlage einer neuen Dichtungstheorie formuliert. An einzelnen, »eminenten Fällen« sollte eine Totalität anschaulich gemacht werden, so daß sie »als Repräsentanten von vielen anderen dastehen«. Es gehöre zum sinnlich-ideellen Doppelcharakter symbolischer Gegenstände, schreibt Goethe, daß sie »Ähnliches und Fremdes in meinem Geiste aufregen und so von außen wie von innen an eine gewisse Einheit und Allheit Anspruch machen«.

In den poetischen Produktionen freilich, die nun unter Schillers Drängen vorangebracht werden, nimmt sich jene Einheit und Allheit wesentlich unabgeschlossener aus, als es die Theorie vorsieht. Sowohl *Wilhelm Meisters Lehrjahre* als auch *Faust I* sind formal durchaus vielschichtige Werke voller ästhetischer Brüche. Die *Lehrjahre*, die Goethe in der früheren, voritalienischen Fassung als reinen Künstlerroman unter dem Titel *Wilhelm Meisters theatralische Sendung* konzipiert hat, führen den Helden aus der idealischen Kunstsphäre, in die er sich zunächst hineinbegibt, um der bürgerlichen Enge seiner Herkunft zu entrinnen, immer mehr hinaus. Das meist recht unpoetische Schauspielerdasein enttäuscht ihn zunehmend, und von seinem Lebenstraum, der Schöpfer eines deutschen Nationaltheaters zu werden, rückt er angesichts der desolaten Verwirklichungschancen schließlich ab. Die Lebensunfähigkeit des künstlerischen Ideals in der Prosa der empirischen Realität wird insbesondere in der androgynen Gestalt Mignons, die Wilhelm von einem Artisten freikauft, gespiegelt. Von ihrer italienischen Heimat abgeschnitten und in den Norden verschlagen, verkörpert das

Mädchen, das lieber ein Junge wäre, die Unfruchtbarkeit einer Entwurzelten. Ihre Kunst, die sich in einem seltsamen Eiertanz und sehnsuchtsvollen Liedern äußert, vermag sie nur in der Abgeschiedenheit auszuüben. Während sie schließlich zugrunde geht, bekommt Wilhelm seine neue Lebensperspektive durch eine ominöse »Turmgesellschaft«. Der Geheimbund, der sich dem Zweck verschrieben hat, für die Öffentlichkeit »auf eine würdige Weise tätig zu sein«, stellt ihm schließlich einen Lehrbrief aus, ohne daß er so recht dessen Inhalt durchschaut. So ist der Begriff des Bildungsromans nur in einem stark erweiterten Verständnis auf die *Lehrjahre* anwendbar: Statt von einer kontinuierlichen Höherentwicklung wird Wilhelms Geschichte von Kontingenzen und Zufällen bestimmt – »wie Saul«, so charakterisiert man ihn am Ende, »der ausging seines Vaters Eselinnen zu suchen, und ein Königreich fand«[146].

Goethe rechtfertigt diesen unplanmäßigen Handlungsgang gegenüber Schiller, der immer wieder auf mehr Stringenz drängt, als seinen »realistischen Tic«, der es ihm verwehre, den Forderungen des Freundes nachzugeben. Nicht ohne Bissigkeit bemerkt er zum Abschluß des Romans: »Gerade seine Unvollkommenheit hat mir am meisten Mühe gemacht.«[147]

Mit seiner ironischen Kontrafaktur eines dem Fortschrittsdenken verpflichteten Bildungsgangs wird der Roman gleich nach seinem Erscheinen zum enthusiastisch gefeierten Muster der 1796 programmatisch einsetzenden romantischen Poetik. Friedrich Schlegel bezeichnet in seiner Zeitschrift *Athenäum* die *Lehrjahre* neben der Französischen Revolution und Fichtes *Wissenschaftslehre*, die eine neue Erkenntnisfreiheit aus den Prinzipien der Kantischen Transzendentalphilosophie ableitete, als eine der drei »größten Tendenzen des Zeitalters«[148].

Es mag auf Anhieb verwundern, daß ein aus der Gründungsgemeinschaft der hochklassischen Dichtkunst hervorgegangenes

Werk ausgerechnet für die Romantik vorbildlich werden kann. Doch dabei ist zum einen zu berücksichtigen, daß die fundamentalen Programmschriften von Klassik und Romantik, Schillers Abhandlung *Über naive und sentimentalische Dichtung* und Schlegels Aufsatz *Über das Studium der griechischen Poesie*, sich nur in den Akzentsetzungen, nicht in der Zeitdiagnose unterscheiden. Beide beschreiben die Moderne als durch Reflexion bedingte Entfremdung von der in der Antike vermeintlich noch gegebenen Einheit des Menschen mit der Natur. »Sie empfanden natürlich; wir empfinden das Natürliche«[149] – so Schillers pointierte Diagnose, aus der er die Konsequenz zieht, daß aus der Not der Naturentfremdung die Tugend der geschichtlichen Höherentwicklung durch Kultur zu machen sei. Schlegel kontrastiert in ähnlicher Weise das »Objektive« der alten Griechen mit dem »Interessanten«, das die Modernen zu bieten haben, wobei er allerdings – in dieser frühromantischen Phase – an der Antike als dem verlorenen Vollkommenheitsideal orientiert bleibt. Er schreibt: »Das äußerste, was die strebende Kraft vermag ist: sich diesem unerreichbaren Ziele immer mehr zu nähern.«[150]

Goethe nimmt hinsichtlich dieser Konzepte eine Zwischenstellung ein. »Naiv« und »objektiv« betont er die Natur gegenüber der Geschichte, aber indem er sein Naturverständnis ästhetisch-dynamisch faßt, steht er zugleich dem »Sentimentalischen« und »Interessanten« des neuen Zeitgedankens nahe. Durch eine entsprechende Einbindung des poetischen Geistes in den Kontext der modernen Selbstreflexion begründet er den für die Frühromantik vorbildlichen Literaturtyp. Schlegel spricht diesbezüglich von »Transzendentalpoesie«, da hier die Dichtung zugleich auf die Bedingungen ihrer Möglichkeit reflektiert wie in Kants Transzendentalphilosophie das Denken. Zwischen Klassik und Romantik steht in dieser Hinsicht auch das andere große Werk, das Goethe unter dem Zuspruch Schillers zu einem vorläufigen Ende bringt.

Faust I

Zur Präsentation seines *Faust* als Fragment hatte Goethe lange Zeit keine Alternative gesehen. Unter dem systematisierenden Einfluß der Briefpartnerschaft verfertigt er aber schließlich ein »ausführlicheres Schema«[151], das den mit Schiller gemeinsam erarbeiteten Kriterien des epischen Gedichts entspricht. So sorgt er durch eine Versifizierung der früheren Prosapassagen, von der er lediglich die Szene *Trüber Tag. Feld* ausnimmt, für eine durchgängig poetisierende Distanz. Doch die inhaltlichen Brüche bleiben zunächst, und die Arbeit stockt abermals. Erst eine von Schiller initiierte großzügige Offerte seines Verlegers Cotta motiviert Goethe zur Fertigstellung. Es entsteht ein neues Schema, die sogenannte »klassische Faust-Konzeption«[152], deren Struktur nun entschieden aporetisch ist. Ihre Quintessenz steckt in dem Vorhaben, die in den bisherigen Handlungssträngen und Figurenkonstellationen vorhandenen »Widersprüche statt sie zu vereinigen disparater zu machen«[153]. Der im Faust-Fragment bereits angelegte Wechsel von Zuständen und Situationen wird nun nach dem Prinzip von Polarität und Steigerung durchkomponiert: Goethe vertieft den Gegensatz von Depression und Euphorie in der Szene *Nacht* bis zum Selbstmordversuch, führt Faust dann kontrapunktisch mit der Szene *Vor dem Tor* ins Freie und ans Licht, um aus der erneuten Resignation in der dunklen Enge des Studierzimmers schließlich das Eingehen des Teufelsbündnisses als gesteigerte Weltzuwendung hervorgehen zu lassen. Die neuen szenischen Elemente füllen die bisherigen Lücken nach dynamischen Strukturgesetzen und beseitigen so die Motivierungsmängel des theatralischen Geschehens.

Wie in der Naturwissenschaft kommt Goethe auch hier ohne typisierende und stilisierende Hilfskonstruktionen nicht aus. Um die große thematische Breite der Szenenfolge von übergeordneten Gesichtspunkten aus faßbar zu machen, gibt er ihr einen dreifachen Rahmen: Den Auftakt des Dramas bildet nun eine *Zueignung*, die aus der erzählenden Perspektive des Dichters die Werkgenese beschreibt. Ihr folgt ein *Vorspiel auf dem Theater*, das die epische Struktur der Szenenreihung legitimiert und den Gang der Handlung umreißt: »Vom Himmel, durch die Welt, zur Hölle« (242). Ein *Prolog im Himmel* schließlich konzentriert den Blick auf das Zentralmotiv des folgenden Geschehens, das durch den Irrtum zur Wahrheit führende Streben. Mit diesen Rahmungen erhält das Werk zwar keine Einheitlichkeit, dafür aber eine polyperspektivische Legitimation seiner Uneinheitlichkeit. Die transzendentalpoetische Selbstkommentierung des Stücks im Stück – nicht nur durch die drei Vorspiele, sondern auch etwa durch die Revueszenen *Vor dem Tor* und *Walpurgisnacht* oder durch das Intermezzo des *Walpurgisnachtstraums* – schafft eine episierende Distanz. Außerdem stellt Goethe durch die weitgespannten Rahmen klar, daß *Faust* nur als umfassendes Menschheitsdrama seinen Abschluß finden kann, daß also auf die »kleine Welt« der Gelehrten- und Gretchentragödie die Fortsetzung einer »großen Welt« (2052) in einem zweiten Teil wird folgen müssen. Erste Ansätze hierfür liegen bereits vor.

Die komplexe Handlung des *Faust I*, wie sie aus den Erfahrungen und Erkenntnissen Goethes in diesem Lebensabschnitt hervorgegangen ist, kann hier nicht in aller Breite dargestellt werden. Stellvertretend sei hier nur Fausts Osterspaziergang erwähnt. Er entwirft ein Bild der Harmonie von Mensch und

Natur auf der Grundlage paralleler Polaritäten (Winter und Frühling, Finsternis und Licht, städtische Enge und ländliches Erholungsgebiet), die sich zu einem gemeinsamen Prozeß von »Bildung und Streben« (912) steigern. Diese Parallelisierung allerdings kann nur aufgrund von Abstraktionen gelingen. Wie am Allgemeinheitsgrad und der Konventionalität der Sprache deutlich wird, handelt es sich um Bedeutungszuweisung, die buchstäblich »von oben« kommt: Faust steht auf einem Hügel und nimmt nicht die einzelnen Menschen und Naturphänomene wahr, sondern nur Farben und Formen, die erst aus der Distanz so weit verschmelzen, daß sie als Pars pro toto gegenseitig Stellvertreterfunktion einnehmen können. Nur ob dieser Abstraktion ist es zum Beispiel möglich, daß Faust angesichts der frühlingshaften Natur sagt: »Doch an Blumen fehlts im Revier/ sie nimmt geputzte Menschen dafür« (914 f.).

Die Harmonie zwischen Mensch und Natur – und damit auch diejenige zwischen Faust und dem Volk, die er daraus ja ableitet, wenn er am Ende sagt: »Hier bin ich Mensch, hier darf ich's sein!« (940) – diese Harmonie zwischen dem Selbst und dem anderen ist also erkauft durch den Zwang einer Sinnsetzung. Das entspricht einerseits der ästhetischen Grundposition Goethes in jenen Jahren, die er einmal so formuliert: »Indem der Künstler irgendeinen Gegenstand der Natur ergreift, so gehört dieser schon nicht mehr der Natur an, ja man kann sagen: daß der Künstler ihn in diesem Augenblick erschaffe, indem er ihm das Bedeutende, Charakteristische, Interessante abgewinnt oder vielmehr erst den höheren Wert hineinlegt.«[154]

Andererseits läßt Goethe an Fausts Osterspaziergang deutlich werden, daß diese Einstellung auch dazu führen kann, vom Interessanten und Charakteristischen der Phänomene gerade abzusehen und es in der Subjektivität des eigenen Blicks untergehen zu lassen – ein Moment ästhetischer Selbstreflexion, die über den theoretisch eingenommenen Standpunkt hinausweist und geeignet ist, für das Problem einer harmonistischen Glättung kultureller Differenzen zu sensibilisieren.

Im April 1806 ist die Arbeit am *Faust I*, bei dem es lange zweifelhaft war, ob er überhaupt fertig werden würde, abgeschlossen, dies freilich nur unter der inzwischen gefaßten Perspektive, daß es einen zweiten Teil geben müsse. Und bis der erste Teil erscheinen kann, dauert es auch noch zwei Jahre. Die Besetzung Weimars durch die bei Jena siegreichen Napoleonischen Truppen verhindert vorerst die Publikation.

5. Spätwerk. Zwischen den Kulturen (1806-1832)

Der Einmarsch der französischen Truppen brachte Goethe in Lebensgefahr. Doch als es im Haus zu einem Handgemenge mit Soldaten kam, warf sich Christiane heldenhaft dazwischen. Bald darauf heiratete er sie – nach achtzehn Jahren unehelichen Zusammenlebens. Trauzeugen bei der in aller Zurückgezogenheit durchgeführten Zeremonie waren der Sohn August und Goethes Sekretär Riemer, mit dem er gerade die Endredaktion am *Faust* abgeschlossen hatte.

Aber das eigentliche Krisenjahr war für Goethe nicht 1806. Das Ende des Reiches ließ ihn kalt. Als er davon erfuhr, auf der Rückreise von einer Bäderkur in Karlsbad, hörte er nur halb hin, wie er berichtet, weil ihn ein Streit auf dem Kutschbock mehr beschäftigte. Und die Fremdherrschaft brachte, abgesehen von den Turbulenzen bei der Besetzung, in seinen Augen durchaus Vorzüge, schuf sie doch mit der Einführung des Code civil, des bürgerlichen Gesetzbuches, eine größere Rechtssicherheit für die Bevölkerung als zuvor. Goethe hatte seinen Tiefpunkt im Jahr davor erlebt. Mit einer Nierenkolik selbst schwerkrank, erfuhr er vom Tod Schillers. Als man ihm die Nachricht brachte, sagte er: »Ich dachte mich selbst zu verlieren und verliere nun einen Freund und in demselben die Hälfte meines Daseins.«[155]

Das war kaum übertrieben. Schiller war sein Bündnispartner bei der Erarbeitung und Verteidigung einer ästhetischen Konzeption gewesen, die von der zunehmend popularisierten Strömung der Romantik mehr und mehr in die Isolation gedrängt worden war. Im Xenien-Streit hatte man sich zu zweit gegen den Rest der literarischen Welt gestellt. Nun sah sich Goethe um seinen Mitstreiter gebracht.

Freilich erschöpfte sich seine Auseinandersetzung mit den neuen Tendenzen nicht in purer Abgrenzung. Mit August Wilhelm Schlegel etwa, dessen Übersetzungsleistungen er besonders schätzte, verband ihn, wie er ausdrücklich hervorhebt, »viele Jahre« über die frühromantische Phase hinaus »ein geistiges gemeinsames Interesse«[156]. Und als die romantische Bewegung nach England und Frankreich übergriff, blieb Goethe für deren Verkünder, allen voran Lord Byron und Madame de Staël, das bewunderte Zentrum der literarischen Welt. Und nicht nur der literarischen: William Turner etwa berief sich ausdrücklich auf Goethes *Farbenlehre* – auch wenn er bei den Preisausschreiben höchstwahrscheinlich durchgefallen wäre, die Goethe unter dem Markenzeichen W. K. F. (»Weimarische Kunstfreunde«) regelmäßig veranstaltete, um die rechte Ästhetik zu fördern. Eine strukturelle Affinität des Goetheschen Denkens zur romantischen Malerei war, wie neuere Untersuchungen – etwa zum Verhältnis zwischen Goethe und Carus – zeigen, durchaus vorhanden.[157] Goethes despektierliche Urteile über das »Kranke« und Morbide der romantischen Modeströmung, seine Polemiken gegen ihre »Narrenspossen«[158] verschärften sich erst, als diese sich in nationalistisch-katholizistisch gefärbter Opposition zur französischen Besatzung mit den feudalen Restaurationsinteressen verbanden.

Da die Besatzung für Goethe weniger ein Unglück als Garant einer in Maßen revolutionären Ordnung war, konnte er diesem rückwärtsgewandten Patriotismus nichts abgewinnen. Sein Befreiungskrieg richtete sich nicht gegen Napoleon, sondern gegen Newton, der das Licht in die Dunkelkammer gesperrt hatte, wo er es der »Folter«[159] unnatürlicher und damit auch inhumaner Versuchsanordnungen unterzog.

Der polemische Affekt blieb aber auch diesmal nicht auf das Gebiet der Naturwissenschaft beschränkt. Er wirkte zurück auf die politische und kulturtheoretische Haltung Goethes – in einem Reflexionsprozeß, der die Notwendigkeit erkannte, sich zwischen den Wissenschaftsdisziplinen, zwischen den Zeiten und Traditionen zu bewegen, ausgerichtet auf eine historisch-anthropologisch fundierte Position der Interkulturalität.

Befreiungskriege im Feld der Wissenschaft

Vom Todesjahr Schillers bis 1810 ist Goethe kontinuierlich mit der Drucklegung seiner *Farbenlehre* beschäftigt. Als er sie vollendet hat und nach Böhmen in die Kur fährt, nennt er den Tag der Abreise seinen »Befreiungstag«[160].

Daß er mitten in der napoleonischen Besatzungszeit von seiner Befreiung sprechen kann, liegt zum einen daran, daß ihm der französische Kaiser, mit dem er zwei Jahre zuvor beim Fürstentag in Erfurt persönlich zusammentreffen und Versicherungen der gegenseitigen Bewunderung austauschen konnte, als Importeur einer fortschrittlichen Verfassung erscheint. Zum anderen ist Freiheit ohnehin für ihn nicht nur eine Angelegenheit der politischen, sondern auch der mentalen Verfassung. Und ebendiese bewußtseinserweiternde Bedeutung des Begriffs verbindet er mit seiner *Farbenlehre* und ihren Grundlagen. Sein Kampf um die richtige Optik war ein Stellvertreterkrieg. »Ich bin dadurch«, erklärt er in einem Brief an die inzwischen versöhnte Charlotte von Stein, »zu einer Kultur gelangt, die ich mir von einer andern Seite schwerlich verschafft hätte.«[161] Gerade das mit dem Sehen befaßte Spezialgebiet innerhalb der Arbeitsteilung der kulturellen Wertsphären erschien ihm geeignet, deren Grenzen exemplarisch zu überschreiten – im Hinblick auf ein erweitertes Verständnis von Kultur überhaupt. Dies ist der Grund dafür, daß Goethe zur Verwunderung aller Rezipienten im resümierenden Rückblick auf sein Leben sagen wird, daß die *Farbenlehre* an Bedeutung alles überträfe, was er als Poet je geleistet habe.[162] Mit diesem Werk sucht er eine Haltung des Grenzgängertums zu etablieren, wie wir sie heute mit dem Begriff der Interdisziplinarität verbinden.

Schon die frühen wissenschaftstheoretischen Überlegungen Goethes entsprachen diesem Anliegen durch ihren kontextorientierten Ansatz der Reihenbildung, der auch situationsspezifische und atmosphärische Anmutungen einschloß. In der *Farbenlehre* findet das nun seine konsequente Fortsetzung. Sie macht Aspekte ihres Themas geltend, die zu Goethes Zeit schon längst aus der Physik verbannt sind. So befaßt sich ein Kapitel mit der *Sinnlich-Sittlichen Wirkung der Farbe*, wobei ausführlich beschrieben wird, welche Stimmungen und Gefühle durch einzelne Farben sowie ihre jeweiligen Zusammenstellungen ausgelöst werden – einschließlich ihrer Aussagefähigkeit über Charaktere und die Formen menschlichen Zusammenlebens. Ein weiteres Kapitel mit der Überschrift *Nachbarliche Verhältnisse*[163] geht den disziplinären Verschränkungen und Schnittpunkten der untersuchten Phänomene nach. Die Physik ist hier nur eine Stimme in der Expertenrunde von Philosophie, Mathematik und Technik, Physiologie und Pathologie, Naturgeschichte und Tonlehre und natürlich Malerei, deren Möglichkeiten zu erweitern einer der vorrangigen Zwecke des Werks ist.

Bei all dem ist sich Goethe durchaus der Tatsache bewußt, daß die einzelnen Disziplinen sich nicht einfach miteinander amalgamieren lassen, da sie ihre jeweils eigenen, miteinander inkompatiblen Fachbegriffe und Methoden besitzen. So endet er mit einer *Schlußbetrachtung über Sprache und Terminologie*, die die jeweiligen Einseitigkeiten, aber auch Vorzüge der diversen wissenschaftlichen Ausdrucksweisen hervorhebt. Für Goethe gibt es nicht nur mathematische »Formeln«, sondern auch zum Beispiel metaphysische, mechanische und moralische. Sie repräsentieren unterschiedliche »Arten der Vorstellung«[164], die nicht einfach vermengt werden dürfen, da sie je spezifische Einsichten in das lebendige Ganze vermitteln.

Dieses Postulat der differenzbewußten Interdisziplinarität ist angesichts des populären Trends zur Diskursvermengung zwischen den »two cultures« unvermindert aktuell. Goethe wußte, daß das Ideal der wechselseitigen Befruchtung und Ergänzung unterschiedlichster Disziplinen nur zu realisieren ist, wenn die Vielfalt der Wissenschafts- und Sprachkulturen erhalten bleibt. Gleichwohl muß es freilich, wie er sagt, »Grundzeichen« geben, mittels deren die verschiedenen Terminologien einander zugeordnet und ins Verhältnis gebracht werden können.[165] Als ein solches Grundzeichen begreift er sein Prinzip der Polarität. Es bestimmt für ihn auch das Verhältnis von Kunst und Wissenschaft: »Da im Wissen sowohl als in der Reflexion kein Ganzes zusammengebracht werden kann, weil jenem das Innre, dieser das Äußere fehlt, so müssen wir uns die Wissenschaft notwendig als Kunst denken, wenn wir von ihr irgendeine Art von Ganzheit erwarten. Und zwar haben wir diese nicht im Allgemeinen, im Überschwenglichen zu suchen, sondern wie die Kunst sich immer ganz in jedem einzelnen Kunstwerk darstellt, so sollte die Wissenschaft sich auch jedesmal ganz in jedem einzelnen Behandelten erweisen.«[166]

Der Nachsatz ist wichtig: Goethe stellt mit ihm klar, daß es ihm nicht um einen indifferentistischen Universaldiskurs geht. Er löst das Problem der »two cultures« nicht durch ihre überschwengliche Versöhnung in einer Einheitswissenschaft, sondern dadurch, daß die spezifischen Erkenntnisvermögen an ihre eigenen Grenzen geführt und so über sich hinausgetrieben werden.

Die Wissenschaft der Farbenlehre wird zur Kunst, indem sie jedes einzelne Phänomen in seiner besonderen Eigenart beschreibt und von den konkreten Bedingungen seines Erscheinens »erzählt«.

Das ästhetische Pendant zu diesem Verfahren, mit dem die Kunst ihrerseits zur Ergänzung der Wissenschaft wird, ohne sich dieser einfach gleichzumachen, bildet Goethes narrativer Altersstil. Was im Feld der wissenschaftlichen Naturerkenntnis durch den Ansatz einer differenzbewußten Interdisziplinarität zum Ausdruck kommt, findet hier seine Entsprechung in einem polyperspektivischen Darstellungsverfahren, das unterschiedliche Sichtweisen aufnimmt und kontrastierend gegeneinanderstellt. Auch im Bereich der Fiktion setzt sich Goethe über den Zerfall des modernen Weltbildes in partikulare Perspektiven nicht hinweg, er gestaltet ihn vielmehr phantasmatisch aus, um seine Konsequenzen sichtbar zu machen. Wie gebrochen etwa das Verhältnis von naturwissenschaftlichen und ethischen Perspektiven mittlerweile ist, zeigt er in dem zur Zeit der Drucklegung der *Farbenlehre* verfaßten Roman *Die Wahlverwandtschaften*. Auch hier werden die Diskurskonflikte zwischen den zwei Kulturen nicht versöhnt, sondern bis zur Tragik ausgelotet.

Den Begriff der Wahlverwandtschaft entnimmt Goethe aus der zeitgenössischen Chemie. Er steht für die Beobachtung, daß Verbindungen von zwei Stoffen durch Zusatz einer weiteren Stoffkombination aufgelöst und in neue Paarungen überführt werden, wenn die Anziehungskraft der neuen Partner, die »attractio electiva«, größer ist als die der alten.[167] Der Roman überträgt dieses naturwissenschaftliche Gesetz nun in geradezu erbarmungsloser Konsequenz auf seine Figuren: Eduard und Charlotte, Vertreter eines müßiggängerischen Landadels, holen sich zum Zweck der sinnvollen Beschäftigung Freunde ins Haus; er den arbeitslosen Hauptmann Otto, sie den Internatszögling Ottilie. Das Phänomen der Wahlverwandtschaften, die man, aufgeklärt, wie man ist, im gebildeten Gespräch erörtert und ahnungslos scherzend auf die gleichgeschlechtlichen Freundschaften bezieht, führt freilich zu anderen Verbindungen als vorgesehen. Das Sittengesetz, in dessen Namen die kleine Gesellschaft sich erweitert, erweist sich als dem Naturgesetz, das sich allein nach der Stärke der Affekte richtet, unterworfen; ja die moralischen Anstrengungen der Beteiligten sind nicht nur unvermögend gegenüber dem tragischen Lauf der Dinge, sondern sie beschleunigen ihn noch. Indem Goethes Romanexperiment die Übertragung chemischer Analyse- und Syntheseregeln auf das menschliche Verhalten mit geradezu terminologischer Konsequenz durchspielt – so werden etwa die vier Personen, indem sich herausstellt, daß auch Eduard eigentlich Otto heißt, als bedenklich frei kombinierbare Namens-»Moleküle« gekennzeichnet –, zeigt er zugleich die Problematik der Diskursvermengung auf: Sie gebiert Ungeheuer. Durch eine rätselhafte geistige Übertragung weist das Kind, das von Eduard und Charlotte gezeugt wird, während sie beide an ihre abwesenden Geliebten denken, eben deren Merkmale auf.

Insbesondere an Ottilie demonstriert Goethe, daß der aus einer Vermengung von Natur- und Reflexionswissenschaften resultierende Glaube an solche geistigen Fernwirkungen, wie ihm seinerzeit die romantischen Naturphilosophen huldigten, lebensgefährlich sein kann. Ihr zarter Körper hat einen ausgeprägten animalischen Magnetismus, was durch Experimente mit ihrer Gesteinsfühligkeit und durch Pendelversuche bewiesen wird; und so übt sie auch auf Eduard eine »unbeschreibliche, fast magische Anziehungskraft«[168] aus, die tödliche Folgen hat.

Indem sich Goethe solchen Themen literarisch zuwendet, beschreibt er als Künstler, worüber er als Naturwissenschaftler schweigt. Nicht, daß er die Existenz eines animalischen Magnetismus und ähnlicher Phänomene für gänzlich ausgeschlossen hält, wie er etwa gegenüber Eckermann bekennt: »Wir wandeln alle in Geheimnissen. Wir sind von einer Atmosphäre umgeben, von der wir noch gar nicht wissen, was sich alles in ihr regt und wie es mit unserm Geiste in Verbindung steht. So viel ist wohl gewiß, daß in besonderen Zuständen die Fühlfäden unserer Seele über ihre körperlichen Grenzen hinausreichen können.«[169] Doch nur im Roman gestaltet Goethe derartige Vorstellungen aus, denn nur hier, im Bereich des Phantastischen, kommen die »Nachtseiten« der Natur angemessen zur Sprache.[170] Die Macht des Dämonischen, an die Goethe durchaus glaubt und die er zum Beispiel in Napoleon verkörpert sieht, beherrscht hier unwiderruflich das Schicksal der Akteure. Ottilie bringt vor banger Freude über das Liebesgeständnis Eduards den Kahn, mit dem sie gerade einen Teich überquert, ins Schwanken, so daß das ihr anvertraute Kind ins Wasser fällt und ertrinkt. Eduard und Charlotte sehen darin wiederum eine Fügung, ein Zeichen, sich dem Schicksal der neuen Verbindungen nicht mehr in den Weg zu stellen. Charlotte glaubt sogar: »Durch mein Zaudern, mein Widerstreben habe ich das Kind getötet. Es sind gewisse Dinge, die sich das Schicksal hartnäckig vornimmt. Vergebens, daß Vernunft und Tugend, Pflicht und alles Heilige sich ihm in den Weg stellen; [...] es greift zuletzt durch, wir mögen uns gebärden wie wir wollen.«[171]

Während also die Farbenlehre von der Notwendigkeit spricht, die Wissenschaft als Kunst zu denken, haben wir es hier mit einem Kunstwerk zu tun, das sich ganz von einer naturwissenschaftlichen Konstruktion leiten läßt. Auch hier resultiert aus der Zusammenführung des Heterogenen nicht schon die Lösung der Probleme, wohl aber vertiefte Einsicht in die Gründe für ihre Ungelöstheit. Die *Wahlverwandtschaften* sind ganz buchstäblich ein Romanexperiment, eine versuchsweise Übertragung naturwissenschaftlicher Erklärungsmodelle auf ethische Konstellationen, die auf die fatalen Konsequenzen einer Vermengung der beiden Wissenskulturen aufmerksam macht.

Umgekehrt erhebt auch Goethes Naturwissenschaft, bei aller Apodiktik in ihren polemischen Teilen, nicht den Anspruch, uneingeschränkt gültige Wahrheiten zu verkünden. Mit dem historischen Teil der *Farbenlehre* macht er abermals deutlich, daß die Erforschung der Phänomene stets im Kontext von kulturgeschichtlichen und anthropologischen Gegebenheiten steht – unter Einschluß des Charakters der an diesem Prozeß beteiligten Personen. Wissenschaftsgeschichte ist für ihn auch Wissenschaftlergeschichte. Freilich ist ein Hauptzweck, der Goethe auf dieses Verfahren brachte, eine Diskreditierung der Person Newtons gewesen, und das gemahnt zur Vorsicht im Umgang mit jeder Personalisierung von Wissenschaft. Jedoch erschöpft sich Goethes *Geschichte der Farbenlehre* keineswegs in dieser strategischen Absicht. Sie ist zugleich ein vorbildliches Dokument wissenschaftshistorischer Selbstreflexion und öffnet sich damit einer Aneignungsweise, die auch ihrem Autor gegenüber zur Kritik ermuntert, indem dieser sich selbst als geschichtlich präsentiert.

Selbsthistorisierung

Daß er sich gerade in der politisch angespannten Gegenwart mit etwas so Entlegenem beschäftigt wie der Geschichte der Versuche, das Phänomen der Farbe zu erklären, hat bei ihm durchaus Methode. Eine biographische Notiz aus dem weltpolitischen Schicksalsjahr 1813 lautet: »Hier muß ich noch einer Eigentümlichkeit meiner Handlungsweise gedenken. Wie sich in der politischen Welt irgendein ungeheures Bedrohliches hervortat, so warf ich mich eigensinnig auf das Entfernteste.«[172]

Das mußten schon die Herausgeber der Wiener Zeitschrift *Prometheus* erfahren, als sie 1807 nach Weimar kamen, um von Goethe einen Beitrag zu erbitten. Den leistete er dann auch mit seinem Festspiel *Pandora*. Doch statt des erwarteten Nationalgedichts, das in poetischer Verkleidung die Fremdherrschaft anprangert und die patriotischen Tugenden feiert, entstand ein hochproblematisches, dialektisches Stück über die wechselseitigen Defizite der Positionen, die sich mit der eigenen und der fremden Nation assoziierten und die Goethe in den Figuren des Epimetheus und des Prometheus Gestalt annehmen ließ.

Prometheus – wörtlich: der Vorausdenkende – ist hier die Inkarnation eines Fortschritts, der das aufklärerische Pathos längst hinter sich hat. Seine Klugheit ist die Cleverness des modernen Menschen; er ist ein Ingenieur ohne Ingenium. Die Schmiede treibt er nicht um kultureller Ziele willen an, sondern einzig mit dem Telos kriegerischer Zerstörung: »Nur Waffen schafft! Geschaffen habt ihr alles dann« (308). Die Anspielungen auf Napoleons Kriegsbegeisterung sind deutlich. Aber sein Konterpart Epimetheus – wörtlich: der Nach-Sinnende – ist nicht etwa das positive Gegenbild hierzu. Er wird vielmehr als ästhetizistischer Träumer gezeichnet, der sich einer »hohlen« Hoffnung (788) auf Pandoras Wiederkehr hingibt und gerade durch seine gehaltlose Schwärmerei für eine Indoktrination anfällig wird, die sich vom Aktionismus des Prometheus letztlich kaum unterscheidet. Das Umschlagen von ästhetischer Gehaltlosigkeit in aktionistische Gewaltbereitschaft zeigt sich auch an Epimetheus' Sprache, die im Verlaufe des Stücks zunehmend den Duktus der Prometheischen annimmt, bis zur völligen prosodischen Identität.[173]

Es ist bemerkenswert, wie genau Goethe in dieser Figurenkonstellation vorwegnahm, was dann tatsächlich Jahre später im Zuge der Befreiungskriege geschieht: die Instrumentalisierung der romantischen Vaterlandsträume für die Machtinteressen der Fürsten, die ihre alten Privilegien restauriert sehen möchten. Das Drama hat also durchaus einen politischen Gehalt. Der aber besteht nicht in konkreten Bezugnahmen auf die Ereignisse der Gegenwart, sondern gerade darin, daß er sie aus einem großen historischen Abstand heraus betrachtet.

Das kommt noch radikaler zum Tragen in dem Stück, das auf einen dezidiert politischen Auftrag zurückgeht und sich diesem um so mehr entzieht. *Des Epimenides Erwachen* entsteht auf Bitten Ifflands, des Generaldirektors der Königlichen Schauspiele in Berlin, der ein Festspiel benötigt, um den Sieg der Alliierten über Napoleon zu feiern. Man wünscht natürlich, daß die zur Aufführung versammelten Monarchen darin besonders gewürdigt werden und macht hinreichend klare Andeutungen, was man von Goethe erwartet. Wie sich dieser der Aufgabe stellt, ist bezeichnend. Er wählt zum Helden seines Stücks ausgerechnet die mythologische Figur des Epimenides, der eine ganze Lebensepoche verschlafen, dadurch aber »die Erhöhung seiner geistigen Seherkraft gewonnen«[174] hat. Als er den Entwurf Iffland schickt, fragt dieser in geschraubten Formulierungen bange nach: »Ich weiß nicht, wie ich zu dem schiefen Gedanken gekommen bin – selbst noch eine kleine Weile nach der Durchlesung – in der Person des Epimenides die Anspielung auf unseren König zu suchen.«[175] Das ist in der Tat ein falscher Gedanke gewesen (der aber vermutlich dennoch einer der Gründe dafür war, daß das Drama dann nicht wie geplant zur Siegesfeier, sondern erst ein Jahr später aufgeführt wurde). Epimenides ähnelt vielmehr Goethe selbst, der sich aus allen Stellungnahmen zum politischen Zeitgeschehen herausgehalten und sich dadurch dem Vorwurf mangelnden Patriotismus ausgesetzt hatte. Dieser Vorwurf war ihm erst kürzlich wieder gemacht worden, als er seine ministeriellen Beziehungen genutzt hatte, um den eigenen Sohn während der Befreiungskriege auf den ungefährlichen Posten eines Verpflegungskommissars in Frankfurt setzen zu lassen. Die Auftragsarbeit war für Goethe nun ein willkommener Anlaß, seine Position in Dramenform zu erklären und zu rechtfertigen. Epimenides sagt – eher halbherzig – am Ende des Stücks: »Doch schäm' ich mich der Ruhestunden« (859), wird aber sogleich vom Priester getröstet, aus dessen Worten Goethes eigene Haltung sprechen dürfte:

> »Tadle nicht der Götter Willen
> Wenn du manches Jahr gewannst:
> Sie bewahrten dich im stillen,
> Daß du rein empfinden kannst.« (863 ff.)

Goethe hatte sich in der Tat vor allem um sich selbst gekümmert in den vergangenen Jahren. Er hatte Bilanz gezogen, Unerledigtes fertiggestellt, um sich freizumachen für neue Projekte. So war eine dreizehnbändige Werkausgabe zusammengekommen, die zwischen 1806 und 1810 bei Cotta erschien. Und was Goethe mit dem Abschluß des historischen Teils der *Farbenlehre*, der *Konfession des Verfassers*, begonnen hatte, das setzte er nun fort: das Projekt seiner Selbsthistorisierung.

So steht das erste Schema seiner Autobiographie im zeitlichen Kontext seiner wissenschaftsgeschichtlichen Studien. Doch die Ausführung dessen, was dann unter dem Titel *Dichtung und Wahrheit* erscheint, reicht nur bis zum Beginn jener Studien, der Übersiedlung nach Weimar. Das lebensgeschichtlich Folgende – die *Italienische Reise*, die *Campagne in Frankreich*, *Die Belagerung von Mainz* sowie eine Fülle von kleineren biographischen Arbeiten – bleibt unverbunden und nur skizzenhaft komplettiert durch die *Annalen*, die Goethe seit 1817 anlegt und zusätzlich zu seinen Tagebüchern fortschreibt. Doch für alle diese Arbeiten ist der Titel *Dichtung und Wahrheit* gleichermaßen programmatisch. Mit ihm ist nicht etwa gemeint, daß die faktische »Wahrheit« hinter den eigenen »Dichtungen« enthüllt werden soll; eine solche Unterscheidung wäre zutiefst gegen Goethes Dichtungsbegriff gewesen. Vielmehr bedürfe biographische Wahrheit immer der Dichtung, um überhaupt erst ihrem Begriff gerecht zu werden. Er begründet das so: »Es war mein ernstestes Bestreben, das eigentliche Grundwahre, das, insofern ich es einsah, in meinem Leben obwaltet hatte, möglichst darzustellen und auszudrücken. Wenn aber ein solches in späteren Jahren nicht möglich ist, ohne die Rückerinnerung und also die Einbildungskraft wirken zu lassen, und man also immer in den Fall kommt gewissermaßen das dichterische Vermögen auszuüben, so ist es klar, daß man mehr die Resultate und, wie wir uns das Vergangene jetzt denken, als die Einzelheiten, wie sie sich damals ereigneten, aufstellen und hervorheben werde.«[176]

Für Goethe ist die durch Einbildungskraft komplettierte Erinnerung keine Verfälschung, sondern eine Verdichtung ihres Wahrheitsgehalts. Viele Schilderungen aus seinen Lebenserinnerungen sind durch unmittelbare Erlebnisse der Gegenwart veranlaßt, die entsprechend das Bild der Vergangenheit beeinflussen.[177] Goethe nennt solche Beschreibungen, die Vergangenes im Gegenwärtigen aufleben lassen, »wiederholte Spiegelungen«[178]. So wie der Impuls zur Autobiographie überhaupt, geht auch diese Darstellungsform auf seine Naturforschungen zurück, und zwar auf das Phänomen der »entoptischen Farben«, die entstehen, wenn man bestimmte halbdurchsichtige Körper zwischen zwei Reflektoren spannt. Dabei nimmt ihre Färbung mit der Wegstrecke des Lichts nicht etwa ab, sondern zu. Goethe nimmt diesen Effekt als Symbol dafür, daß eine Erinnerung durch Reflexion in verschiedenen zeitlichen Kontexten ihre Lebendigkeit intensivieren kann. In diesem Sinne gibt *Dichtung und Wahrheit* eine authentischere Lebenserinnerung, als sie eine faktizistische Chronik bieten könnte. Mit dem Abstand des Alters reflektiert das Werk den individuellen Entwicklungsgang und verstärkt dabei diejenigen Züge, die den Protagonisten zum Repräsentanten seiner Zeit machen.[179]

Dieser Wechselbezug von Ich und Welt unterscheidet Goethe von den Vorläufern des Genres, die ihm gut bekannt sind – einerseits von der weltabgewandten Innerlichkeit der religiösen und psychologischen Bekenntnisse bei Augustinus oder Rousseau, andererseits von der Objektivität historisierender Memoiren, wie sie für die von ihm bearbeiteten Lebensgeschichten Benvenuto Cellinis oder Gottfrieds von Berlichingen typisch sind. Schon die ersten Sätze von *Dichtung und Wahrheit* verdeutlichen Goethes Zwischenposition, indem sie das individuelle Leben durch ein besonderes Arrangement der äußeren Umstände charakterisieren: »Am 28. August 1749, mittags mit dem Glockenschlage zwölf, kam ich in Frankfurt am Main auf die Welt. Die Konstellation war glücklich; die Sonne stand im Zeichen der Jungfrau, und kulminierte für den Tag; Jupiter und Venus blickten sie freundlich an, Merkur nicht widerwärtig; Saturn und Mars verhielten sich gleichgültig: nur der Mond, der soeben voll ward, übte die Kraft seines Gegenscheins um so mehr, als zugleich seine Planetenstunde eingetreten war. Er widersetzte sich daher meiner Geburt, die nicht eher erfolgen konnte, als bis diese Stunde vorübergegangen.«[180]

Dies ist nicht der Bericht eines faktentreuen Chronisten, noch nicht einmal für Horoskopgläubige: Goethe ist weder mit dem zwölften Glockenschlag auf die Welt gekommen, noch war, wie Philologen natürlich längst nachrecherchiert haben, am Tage seiner Geburt Vollmond; und seine Angaben über die Gestirnseinflüsse sind, obwohl er durchaus einschlägige Kenntnisse besaß, auch nach astrologischen Regeln unstimmig. Stimmig aber ist der ideelle Gehalt ihrer poetischen Komposition. Mit der Symbolik der planetarischen Gegenwirkung charakterisiert Goethe ein Leben, das in den Gegensatz von Tag- und Nachtseiten, Überlebenskampf und Hingabebereitschaft, Verselbstung und Entselbstung gestellt ist. Die Konstellation der Gestirne richtet sich nach der Darstellungsabsicht, nicht umgekehrt. Die dabei verwendete Bildlichkeit entspricht einer historisch bestimmten Repräsentationsform des kollektiven Gedächtnisses: Im Geiste der für Goethe zeitlebens bedeutsamen Tradition der Hermetik stellt sie das irdische Leben in eine himmlische Ordnung, integriert den Mikrokosmos in den Makrokosmos, der dafür verantwortlich gemacht wird, daß die Geburt nicht eher erfolgen kann, als bis die Gegenwirkung des Mondes nachläßt. Goethe kontrastiert nun dieses astrologische Bild sogleich mit dem nüchternen Bericht darüber, daß seine schwierige Geburt für den Großvater Anlaß war, den Hebammenunterricht zu erneuern. Damit kommt die aufklärerische Gegentendenz zur Hermetik ins Spiel, die Goethes Entwicklung nicht weniger geprägt hat. So finden wir schon in den ersten Sätzen eine repräsentative Darstellung der eigenen Doppelnatur, die im individuellen Einzelfall des Geburtsereignisses eine polare Gespanntheit sowohl der Person wie der Epoche zur Darstellung bringt.

Gerade vor diesem Hintergrund einer bewußten Stilisierung der Fakten ist es höchst bemerkenswert, was Goethe als seine früheste, und damit aufschlußreichste, Kindheitserinnerung beschreibt: Er schildert, wie er Hausrat aus dem Fenster wirft, zunächst sein Kindergeschirr und dann, weil das Geschepper beim Aufschlagen auf die Straße so lustig klingt, daß es die erheiterten Nachbarskinder Zugaben verlangen läßt, nach und nach den gesamten Steingutvorrat der Familie. Das symbolische Inventar des kollektiven Gedächtnisses wird hier nicht, wie man es vielleicht von den Memoiren eines großen Menschen erwartet hätte, affirmiert, sondern buchstäblich zerschlagen. Damit macht Goethe gleich zu Beginn seiner Autobiographie deutlich: Das Individuum entwickelt sich weniger im Einklang mit dem sozialen, politischen und ideengeschichtlichen Kontext als vielmehr in der Auseinandersetzung mit ihm. Die Kindheitserinnerung bringt episodisch zum Ausdruck, daß die Entfaltung der produktiven Einbildungskraft eines kritischen, ja destruktiven Verhältnisses zum kulturellen Gedächtnis bedarf.

Dieses Motiv zieht sich wie ein roter Faden, besser: wie eine Lunte durch *Dichtung und Wahrheit*. So werden etwa die Wirkungen des *Werther* oder der Streit um die Prometheus-Ode mit dem Bild einer explodierenden Mine charakterisiert und Dichtung überhaupt als ein »Zündkraut« bezeichnet, wobei diese Metapher darauf hinweist, daß die überlieferte Konvention allemal bedroht ist, wenn sie zum Gegenstand der poetischen Einbildungskraft wird.[181] Denn diese erzielt ihre Intensität aus der Unterminierung und Sprengung des Vorgegebenen und Planmäßigen.[182] Immer wieder läßt Goethes Lebensbericht aus Situationen des Scheiterns neue Kreativitätsschübe hervorgehen – bis hin zu den literarischen »Explosionen« seiner Geniezeit. So ist die Erzählung vom Zerschmeißen des Haushaltsgeschirrs die Rückspiegelung des später entwickelten Dichtungsverständnisses in die Ursprünge der eigenen Biographie.

Das an der eigenen Person exemplifizierte Wechselverhältnis von Ich und Welt, das aus der Konfrontation innerer Anlagen mit äußeren Gegebenheiten jeweils ein schöpferisches Neues hervorgehen läßt, bringt Goethe in einem 1820 entstandenen Gedichtzyklus unter dem Titel *Urworte. Orphisch* in der generisch verallgemeinernden Form eines weltanschaulichen Gedichts zum Ausdruck. Der Zyklus erscheint zuerst in seiner *Morphologie*, dann noch einmal, mit einem ausführlichen Kommentar versehen, in Goethes Zeitschrift *Über Kunst und Altertum*, was den programmatischen Charakter des Werkes unterstreicht.[183]

Die erste Strophe steht unter dem Titel *Dämon* und handelt von der anlagebedingten »Unveränderlichkeit des Individuums«, das durch Herkunft, Familie, Nation, Kulturkreis in eine vorgezeichnete Bahn gestellt wird. Ihr stellt Goethe nun *Das Zufällige*, Schicksalhafte entgegen. Es bricht die Selbstsucht des Dämons und sorgt dafür, daß dieser sich in Auseinandersetzung mit der Umwelt überhaupt erst auf sich selbst zu besinnen lernt. Damit aber das Schicksal in einer derart reflexionsfördernden Weise wirken kann, ist es nötig, sagt Goethe, daß das Individuum mit neuen Eindrücken konfrontiert wird, an denen es sich abarbeitet. Das Neue tritt im Gedichtzyklus nun unter dem Namen der *Liebe* auf. Sie ergibt sich aus der Begegnung von Dämon und Zufall und nimmt eine mittlere Stellung zwischen ihnen ein – eine ambivalente Zwischenstellung, die sich nun einerseits als erotische Neigung äußert, andererseits als familiäre Pflicht. *Nötigung* heißt denn auch der Titel der nächsten Strophe; und ihre Gegenwirkung ist die *Hoffnung*, die alle Begrenzungen überwindet: »Ein Flügelschlag! und hinter uns Äonen.«

Goethes Selbsthistorisierung führt ihn mit zunehmendem Alter an diese Art der von räumlichen Vorstellungen befreiten Zeitwahrnehmung immer näher heran. In einem Brief, den er wenige Monate vor seinem Tod, am 1. Dezember 1831 an Wilhelm von Humboldt schreibt, bekennt er: »[...] ob etwas in der vergangenen Zeit, in fernen Reichen, oder mir ganz nah räumlich im Augenblicke vorgeht, ist ganz eins, ja ich erscheine mir selbst immer mehr und mehr geschichtlich.«

West-östliche Liebe

Das idealtypische Modell der Faktoren individueller Entwicklung aus den *Urworten* nimmt Goethe zugleich als Paradigma für die Herausbildung kultureller Identitäten: »Nation, Stamm oder Familie« unterliegen denselben Gesetzmäßigkeiten wie das einzelne Individuum. Auch sie gewinnen ihren »Charakter« erst, wenn ihr Dämon, »der selbständige, selbstsüchtige«, durch das Schicksal erfährt, »daß er nicht allein durch Natur bestimmt und gestempelt sei«. Auch in seiner kollektiven Manifestation muß er sich nach außen hin öffnen, »denn die auf der Erde verbreiteten Nationen sind so wie ihre mannichfaltigen Verzweigungen als Individuen anzusehen und die Tyche [das Zufällige] kann nur bei Vermischung und Durchkreuzung eingreifen«. Als Beispiele nennt Goethe die »Judenschaft« und diejenigen europäischen Nationen, die sich den großen Auswanderungswellen der Zeit anschlossen. In »andere Weltheile versetzt«, behalten sie zwar ihre Eigenarten; zugleich aber wird ihr jeweiliger Dämon durch die Einwirkung des Zufalls »in seinem Innern gewahr, daß er sich selbst bestimmen könne, daß er den durch's Geschick ihm zugeführten Gegenstand nicht nur gewaltsam ergreifen, sondern auch sich aneignen und, was noch mehr ist, ein zweites Wesen eben wie sich selbst mit ewiger unzerstörlicher Neigung umfassen könne«.

Die kollektive Entwicklung untersteht hier den gleichen Gesetzmäßigkeiten wie die individuelle: Eigenes und Fremdes müssen in einen Wechselbezug gebracht werden. Und während *Dichtung und Wahrheit* die Ausbildung der schöpferischen Anlagen davon abhängig macht, daß das Ich über das kollektive Gedächtnis seiner Kultur hinausgeht, so beschreibt das nun entstehende Werk, der *West-Östliche Divan*, denselben Weg vom anderen Ende her: Hier ist es die Vertiefung in die fremde Kultur, die das Individuum dazu bringt, sich selbst zu finden.

Der Gedichtzyklus im persischen Stil entstand aus jener Reaktionsform heraus, die dem politisch »Bedrohlichen« der Gegenwart – dem Untergang Napoleons – in das »Entfernteste« ausweicht. Davon spricht schon das Eingangsgedicht *Hegire*:

> »Nord und West und Süd zersplittern,
> Throne bersten, Reiche zittern,
> Flüchte du, im reinen Osten
> Patriarchenluft zu kosten.«

Goethes literarhistorische Begegnung mit dem alten persischen Dichter Hafez, dessen *Divan*, das heißt »Liedersammlung«, er im Juni 1814 in einer deutschen Übersetzung kennenlernt, führt dazu, daß er sich erstmals seit Schillers Tod wieder jugendlich unbeschwert fühlt, ja er spricht von einer »wiederholten Pubertät«[184]. Die fremden Gedichte regen ihn zu eigenen an, und es ist höchst bemerkenswert, daß er noch vor der realen Begegnung mit Marianne Willemer, der »Suleika« seines *Divans*, die Liebesbeziehung lyrisch antizipiert hat. Am ersten Tag seiner Reise in die Rhein-Main-Gegend, die ihn ihr erst zuführen wird, schreibt er das Gedicht *Phänomen*, das eine Lichterscheinung im Nebel als farblosen Regenbogen beschreibt und daraus die Altersermunterung nimmt:

> »So sollst du, muntrer Greis,
> Dich nicht betrüben:
> Sind gleich die Haare weiß,
> Doch wirst du lieben.«

Die frisch vermählte junge Frau des mit Goethe befreundeten Frankfurter Bankiers Johann Jakob von Willemer ist – ähnlich wie einst Friederike oder Lotte – das ideale, weil unerreichbare

Objekt einer literarisch verklärten Leidenschaft, in der sich Erlebtes und Erdichtetes aufs engste vermischen. Doch Goethes Poetisierung der Wirklichkeit, die erneut zur Verwirklichung des Poetischen tendiert, vollzieht sich nun nicht mehr nach dem Vorbild englischer oder deutscher Idyllen, sondern nach dem der phantastischen Welt Persiens: In einen »Prophetenmantel« aus Flanell gehüllt, lernt er orientalische Sprachen; dazu läßt er sich von Marianne türkische Pantoffeln sticken und einen Turban aus Musselin winden. Der *Divan* des Hafez bleibt der gemeinsame Bezugsrahmen, auch für den Austausch der heimlichen Liebesbotschaften: Diese sind in der Form von Chiffregedichten gehalten, die beide aus Stellenangaben der von ihnen stets umhergetragenen Exemplare des Werks kombinieren.

Aus zwei jeweils nur kurzen Phasen des Zusammenseins, das schließlich schweren Herzens sittsam beendet wird, erwächst eine Sammlung von rund vierhundert Gedichten in zwölf Büchern. Sie inszenieren bei aller Intimität der Liebeslyrik zugleich eine Begegnung zweier Kulturen, deren Verhältnis zueinander von gegenseitigem Respekt vor den Eigenheiten des anderen getragen ist. Mit diesem Verständigungsmodell knüpft Goethe an Vorstellungen Herders an, von dem er ja bereits in der Straßburger Zeit den Impuls erhielt, sich fremden Völkern über deren Poesie zu nähern und in der Verschiedenheit der Kulturformen das menschlich Verbindende aufzusuchen. Dasselbe Motiv verfolgt Goethe auch im *Divan*. Es ist ihm so wichtig, daß er dem Werk, das 1819 erscheint, eine umfangreiche Erläuterungsschrift beifügt. Deren Kernstück ist eine Übersetzungstheorie, die das programmatische Ziel verfolgt, »sich in die Zustände des Auslandes [...] zu versetzen«. Gelingen kann dies nach Goethe nur einer »poetischen Übersetzung«, die nicht einfach »fremden Sinn sich anzueignen und mit eignem Sinne wieder darzustellen bemüht ist«, sondern sich ganz den Eigentümlichkeiten der anderen Sprache mit ihren klanglichen, syntaktischen, rhythmischen Merkmalen nähert. Die Differenzen zwischen der fremden und der eigenen Kultur sollen dabei nicht geglättet, sie sollen vielmehr hervorgehoben werden. Je spürbarer die Differenz zwischen Originalsprache und Fremdsprache, desto intensiver ist der Eindruck ihrer Begegnung. Das angemessene Verhältnis zwischen ihnen ist – wie Goethe mit einer unauffälligen, doch entscheidenden Nuancierung sagt – so, »daß eins nicht anstatt des andern, sondern an der Stelle des andern gelten« kann.[185] Dieses Verfahren führt notwendig zu Erweiterungen der eigenen Sprache. Denn die poetische Übersetzung hat alle, auch außergewöhnliche Mittel aufzubieten, um sich an die Stelle des Originals zu setzen.

Freilich handelt es sich auch bei solchen Versuchen, die fremde Sprache und ihre Kultur verstehbar zu machen, immer noch um einen Aneignungsprozeß, der das Fremde durch die eigene Brille sieht. Die Ethnologie hat sehr spät erst ein entsprechendes Problembewußtsein entwickelt. Doch auch der um postkoloniale Perspektiven bemühte Blick kann jene Brille nicht einfach abnehmen. Wenn also ein Verstehen überhaupt möglich sein soll, dann nur auf der Basis der Annahme, daß allen Kulturen letztlich anthropologische Grundstrukturen gemeinsam sind, die aber nur durch die Kenntnis der historischen Ausdifferenzierung ihrer Selbst- und Weltauslegungen hindurch sichtbar werden.[186] Diese historisch-kritisch gewendete Grundüberzeugung von der Gemeinsamkeit aller Menschen finden wir auch bei Goethe. Er konnte sie freilich noch unbefangener als wir Heutigen aus dem antiken Humanitätsideal schöpfen. Aber schon Goethe hat dieses Ideal – wie insbesondere die mit einem Abstand von rund dreißig Jahren vorgenommene Redaktion der *Italienischen Reise* deutlich macht – nicht mehr als überzeitlich ausgelegt. So stellt er zum Beispiel fest, daß »die Natur, die uns zu schaffen macht, gar keine Natur mehr ist, sondern ein ganz anderes Wesen als dasjenige, womit sich die Griechen beschäftigten«[187].

Das zunehmende Interesse an der Geschichte führt auch dazu, daß Goethe sich unbefangener mit der Kunst des deutschen Mittelalters auseinandersetzt, die von den Romantikern inzwischen favorisiert wird. Zwar hält er diese Vorliebe, insbesondere unter Hinweis auf die Passionsdarstellungen, nach wie vor für pathologisch und inhuman. Im übrigen aber vermag er sich durchaus manchen der zuvor abgewehrten Erscheinungen zu öffnen. Hierfür ist insbesondere Sulpiz Boisserée verantwortlich, ein rheinischer Kunstsammler, der ihn mit seiner umfangreichen Sammlung altdeutscher und niederländischer Gemälde bekannt macht. Ihm gelingt es sogar, den mit seinen Palladio-Studien schon lange zum Gotikkritiker Gewandelten für das Projekt einer Fertigstellung des Kölner Doms zu gewinnen. Als Goethe in diesem Zusammenhang auch den Freiherrn vom Stein kennenlernt, läßt er sich von diesem dazu überreden, ein umfangreiches Gutachten über die Kunstschätze der Region anzufertigen, das im Juni 1816 unter dem Titel *Ueber Kunst und Alterthum in den Rhein und Mayn Gegenden* erscheint und in einer ausführlichen Würdigung der Boisseréeschen Gemäldesammlung kulminiert.

Es ist der Auftakt zu einem Zeitschriftenunternehmen, das Goethe bis 1828 fortsetzen wird. Der Titel heißt nun lapidar: *Über Kunst und Altertum*, und selbst das ist noch zu speziell, denn das thematische Spektrum umfaßt weit mehr. Gattungspoetische Reflexionen erscheinen hier ebenso wie Rezensionen und kulturkritische Aphorismen; und zu Mythologischem gesellt sich Medientheoretisches, wie zum Beispiel eine Abhandlung über Rodolphe Töpffer, den von Goethe sehr geschätzten Wegbereiter des Comic strips. Das auch in anderen Zusammenhängen geäußerte Interesse an neuartigen Konstellationen von

Bildern und Texten ist ebenfalls ein Symptom für Goethes partielle Öffnung gegenüber romantischen Tendenzen, das sich in diesem Fall mit Friedrich Schlegels Konzept der Universalpoesie berührt. In der ersten Nummer der neuen Zeitschrift, die das Gutachten für den Freiherrn vom Stein enthält, nähert sich Goethe sogar Gedanken Schlegels über die Bedeutung der christlichen Kunst des Mittelalters. Doch um nicht das Mißverständnis aufkommen zu lassen, es handelte sich hier um etwas anderes als kunsthistorische Interessen, polemisiert er gleich darauf unter dem Titel *Neu-deutsche religiös-patriotische Kunst* gegen den chauvinistisch aktualisierten Katholizismus. Er habe diese »Kinderpäpstelei satt«, erklärt er, »das klosterbrudrisierende, sternbaldisierende Unwesen, von welchem der bildenden Kunst mehr Gefahr bevorsteht als von allen Wirklichkeit fordernden Calibanen«[188].

Man hat Goethes scharfe Verurteilungen der romantisch-religiösen Schwärmerei oft der altersstarren Gefühllosigkeit geziehen und zur Bestätigung darauf verwiesen, daß er sich mit zunehmenden Jahren immer mehr in die einsame Kälte olympischer Regionen zurückgezogen habe, wo er seine zahlreichen Besucher distanziert und kühl empfing. Auch der Konfrontation mit dem Tod wich er ja beharrlich aus: Weder Herder noch Schiller gab er das letzte Geleit, selbst den Beisetzungen von Herzogin Amalia und Carl August blieb er fern, ganz zu schweigen davon, daß er seine im Jahre 1816 qualvoll sterbende Frau in ihrer letzten Stunde allein ließ. Und als er 1830 vom Tod seines Sohnes in Rom erfuhr, soll er sehr gefaßt mit dem Klassikerzitat reagiert haben: »Non ignoravi me mortalem genuisse« (ich habe nie verleugnet, einen Sterblichen gezeugt zu haben).[189]

Richtig ist, daß Goethe von feierlicher Totenklage nicht viel hielt und auf den Verlust ihm nahestehender Menschen mit ablenkender Tätigkeit reagierte – ein für ihn vielfach bewährtes

Mittel der Depressionsabwehr. Es half ihm auch darüber hinweg, daß er im Alter trotz seiner weltläufigen Kontakte zunehmend vereinsamte. Der Verlust Schillers hatte ihm den letzten ebenbürtigen Gesprächspartner und Mitstreiter aus seiner unmittelbaren Nähe genommen. Zwar stand er mit vielen anderen Geistesgrößen im Austausch, doch dabei handelte es sich überwiegend um eine Kommunikation über große räumliche und emotionale Entfernungen hinweg.

So war es etwa Hegel gegenüber mehr ein Zuruf von Gipfel zu Gipfel als Ausdruck einer gemeinsamen Basis, wenn Goethe ihm eine Sendung mit den Worten schickte: »Dem Absoluten empfiehlt sich schönstens zu freundlicher Aufnahme das Urphänomen.«[190] Beigefügt war diesem Spruch ein gelbgefärbtes Karlsbader Trinkglas, das ein dareingestecktes schwarzes Seidentuch blau durchscheinen ließ. Der damit illustrierte Grundgedanke der Polarität, die aus sich heraus neue Synthesen hervorbringt, war der Hegelschen Dialektik zwar strukturverwandt; und so war Hegel auch zu Goethes großer Freude ein bekennender Anhänger der *Farbenlehre*. Doch im Grunde bestand zwischen dem Theoretiker des absoluten Geistes und dem Praktiker der anschauenden Urteilskraft ein diametraler Unterschied, der auch dialektisch nicht zu vermitteln war.

Ähnlich ging es Goethe mit Schopenhauer, der sich ebenfalls für die *Farbenlehre* einsetzte, ja geradezu aggressive Propaganda für sie betrieb, bis er sich dann genauso vehement von ihr lossagte. Polemisch verknappt hat der noch junge Philosoph den Differenzpunkt in einer Tagebuchnotiz festgehalten, die davon berichtet, wie es bei einem Gespräch in Weimar zum Streit kam: Als Schopenhauer kantisch-kritizistisch dargelegt hatte, daß das Licht nicht wäre, wenn wir es nicht sähen, soll ihn Goethe »groß mit seinen Jupiteraugen« angeblickt und gesagt haben: »Nein, *Sie* wären nicht, wenn das Licht *Sie* nicht sähe.«[191]

Für den Identitätsphilosophen Schelling, dem Goethe sich früher einmal sehr verbunden fühlte und wichtige Anregungen verdankte, wäre diese Formulierung durchaus akzeptabel gewesen. Aber diesen Schelling gab es nicht mehr; er war inzwischen zum katholischen Offenbarungsphilosophen konvertiert. Ein schlimmeres Vergehen war für Goethe kaum vorstellbar, wie sich aus seinen bissigen Bemerkungen über die mystizistische Tendenz der romantischen Naturphilosophie ablesen läßt. Exemplarisch für die Heftigkeit seiner Abneigung sei hier nur sein böses Urteil über Gotthilf Heinrich von Schubert zitiert, das er in einem Gespräch mit Boisserée formulierte: »So der Schubert, der erbärmliche, mit seinem hübschen Talent, hübschen aperçus usw., spielt nun mit dem Tode, sucht sein Heil in der Verwesung – da er freilich selbst schon halb verwest ist und das heißt buchstäblich die Schwindsucht hat. Da möchte man des Teufels werden; es ist aber gut, ich lasse sie machen, es geht zu Grunde, und das ist recht.«[192]

Gegenüber den Brüdern Schlegel, insbesondere August Wilhelm, äußerte er sich zwar freundlicher, aber wirklich zugetan war er nur dem anderen berühmten Brüderpaar, den Humboldts. Indessen gab es selbst hier unüberbrückbare Differenzen, wie ein Brief an Wilhelm, den Berliner Minister und Universitätsgründer, über seinen jüngeren Bruder, den weltreisenden Naturforscher Alexander, verrät. Goethe schreibt da, daß dessen Art, die Naturgegenstände »aufzunehmen und darnach zu operieren« seinem »Zerebralsystem ganz unmöglich«[193] sei.

Goethe war also trotz seiner Eingebundenheit in ein weltweites Kommunikationsnetz letztlich doch allein auf sich gestellt mit den Positionen und Projekten seines Spätwerks. Auch diejenigen, die er unmittelbar an sich zu binden vermochte, waren keine Partner, sondern Berater oder Zuarbeiter mit bestimmten

Kompetenzen. Neben dem Schreiber John hatte er wandelnde Lexika um sich: für Kunstgeschichte Meyer, für Altphilologie Riemer und für Architektur den Baudirektor Coudray; Gesprächsaufzeichner (nicht Gesprächspartner – dafür fehlten die Gegengewichte) waren sowohl Eckermann und Kanzler Müller, die zudem für die Nachlaßverwaltung eingesetzt wurden, als auch der weltgewandte Prinzenerzieher Frédéric Soret. Da ihre Funktion vorwiegend darin bestand, Goethes öffentlicher Selbstdarstellung zu dienen, die der Mit- und Nachwelt ein archivalisch aufbereitetes Ideal-Ich präsentieren sollte, konnte dabei trotz mancher Vertrautheiten kaum einmal die Atmosphäre persönlicher Nähe aufkommen.

Einen Freund hatte Goethe gewiß in seinem Herzog, mit dem ihn mehr als unverbrüchliche Loyalität zu einem Herrscher und Gönner verband. Das zeigte sich nicht nur im beiderseitigen Austausch über erotische Angelegenheiten, sondern auch im politischen Zusammenwirken, das bei allen offen ausgetragenen Meinungsverschiedenheiten doch von gemeinsamen liberalen Grundüberzeugungen getragen war. Insbesondere nach dem Wiener Kongreß, den der zum Großherzog Avancierte als Anlaß nahm, ein äußerst freizügiges Grundgesetz für sein Land zu verabschieden, rückten beide unter der prompt einsetzenden Kritik der großen Nachbarhöfe enger zusammen. Goethe sah sich nunmehr von Carl August – der den Ruf hatte, als vielleicht einziger deutscher Fürst das den Befreiungskriegern gegebene Versprechen größerer Freiheiten halten zu wollen – in seiner Diagnose bestätigt, die er schon viel früher abgegeben hatte: daß die romantisch-nationalistische Bewegung den restaurativen Tendenzen zuarbeitete.[194] Vorfälle wie jener, der Goethe wegen seiner Ablehnung des Pudels einer Mätresse um sein Amt als Theaterleiter brachte, änderten nichts an diesem grundsätzlichen Einvernehmen. Allenfalls signalisierten sie, daß Freundschaften von beruflichen Abhängigkeiten nicht unberührt bleiben können.

So blieb Goethe für einen unbefangenen und vorbehaltlosen Austausch gleicher Gesinnungen einzig der Komponist und Maurermeister Carl Friedrich Zelter. Der aber war als Leiter der Berliner Singakademie selten genug in Weimar, was für uns freilich den Vorteil hat, mit dem Briefwechsel zwischen den ungleichen Freunden über eine einzigartig lebendige »Privatchronik« von Goethes letzten Lebensjahren zu verfügen, die »vom Vermächtnis letzter Alterseinsicht bis zum Tagesklatsch reicht«[195]. Diese Brieffreundschaft ist zwar ein singulärer, aber in ihrer Gefühlsintensität unzweifelhafter Beleg dafür, daß Goethe auch im Alter sein empathisches Wesen bewahrt hat.

Auch seine Frau bekam das – trotz der platonischen Seitensprünge im Kontext des *Divans* und anderer Anlässe – stets zu spüren. Und als Christiane im Jahre 1816 starb, reagierte Goethe zwar wie immer in solchen Fällen mit einem Rückzug auf sich selbst. Der Grabspruch aber, den er ihr dichtete, ist mit der Behauptung von seiner angeblichen Unfähigkeit zu trauern schlechterdings nicht vereinbar:

> »Du versuchst, o Sonne, vergebens,
> Durch die düstren Wolken zu scheinen!
> Der ganze Gewinn meines Lebens
> Ist, ihren Verlust zu beweinen.«

Eine öffentlich dokumentierte Trauer hätte diese Gefühlsintensität nicht zugelassen. Indem er auch sonst durch ein steifes und würdevolles Auftreten die Intimität seines Empfindens gegenüber den Besucherströmen abdichtete, die nur allzugern eine Ergriffenheitsgeste des Werther-Dichters als Souvenir nach Hause getragen hätten, schützte er sich vor der Korruption seines privaten Selbst durch den Präsentationsdruck der Öffentlichkeit. Im übrigen war Goethes »Steifheit« oft genug nur die – verständliche – Projektion von Besuchern, die in ihrer Befangenheit vor dem Idol mit den Jupiteraugen ehrfurchtsvoll erstarrten.[196]

So war es eben doch nicht Kälte, die Goethe polemisch Abstand zu der religiös-patriotischen Schwärmerei der Romantiker nehmen ließ, sondern im Gegenteil das sensible Gespür dafür, daß hier im Namen einer Gefühlsseligkeit dumpfe Ressentiments geschürt wurden. Tatsächlich besteht ein kausaler Zusammenhang zwischen dem Verschwinden der jüdischen Salons, die im Namen Goethes an den weltoffenen Geist ihrer französischen Vorbilder anknüpften, und dem Erstarken der deutschen Nationalbewegung.[197] Die kurze Blütezeit dieser deutschen Salonkultur hatte mit ihren Idealen humanistischer Toleranz keinen Rückhalt im romantischen Zeitgeist.

In dieser Situation, als die innerdeutschen Grenzen an Bedeutung verloren und die äußeren um so borniertert betont wurden, propagierte Goethe eine Literatur der Grenzüberschreitung.

Weltliteratur als Forum und Form der Interkulturalität

Auch wenn der Begriff der Weltliteratur bei Goethe erst spät auftaucht, sind die damit verbundenen Ideen doch nicht neu für ihn, ja in gewisser Weise sind sie ihm in die Wiege gelegt worden. Wie erwähnt, vermochte Goethe schon als Kind einen Briefroman in sieben Sprachen zu schreiben. Und spätestens in der Straßburger Zeit, als er mit Herder die Erneuerung der deutschen Literatur bewußt von der Beschäftigung mit den unterschiedlichen *Stimmen der Völker* abhängig macht, ist ihm auch theoretisch klar, daß die Identität der eigenen Kultur sich einer Erfahrung der Alterität, nach innen wie nach außen, verdankt. Die Besonderheiten gerade der deutschen Literatur sieht er darin, daß sie aus der politischen Situation nationaler Zerstückelung hervorgegangen ist, was den Vorteil der Vielseitigkeit mit sich brachte; und so reagiert Goethe 1795 empört auf einen Artikel, in dem behauptet wird, es fehle den Deutschen »an vortrefflich klassisch prosaischen Werken«[198]. Als literarischen Sansculottismus bezeichnet er die Erwartung, daß alle Autoren sich einer einheitlichen Idee verschreiben sollten, und macht auf das deutsche Spezifikum aufmerksam, daß das Fehlen der politischen Einheit den Typ des Nationalschriftstellers zwar verhindert habe, dennoch aber das allgemeine Niveau der deutschen Literatur besser sei denn je. Goethes Abrücken von der romantisch-patriotischen Kunst ist also nicht erst eine späte Reaktionsform, sondern die konsequente Fortsetzung einer schon früher eingenommenen Position. Im Jahre 1801 hofft er anläßlich einer Preisaufgabe der W. K. F.: »Vielleicht überzeugt man sich bald, daß es keine patriotische Kunst und patriotische Wissenschaft gebe. Beide gehören wie alles Gute der ganzen Welt an und können nur durch allgemeine freie Wechselwirkung aller zugleich Lebenden in steter Rücksicht auf das, was uns vom Vergangenen übrig und bekannt ist, gefördert werden.«[199]

Diese Hoffnung gerät freilich angesichts der politischen Restauration nach dem Sieg über Napoleon verstärkt unter Druck. Und so forciert Goethe sein Engagement für eine globale Vernetzung der kulturellen Aktivitäten – im Austausch mit Brief- und Gesprächspartnern, die aus aller Welt zu ihm kommen, im Kontakt mit den Vertretern der europäischen Fürstenhöfe, die er regelmäßig auch in den böhmischen Bädern antrifft, vor allem aber durch die Übersetzung und Lektüre ausländischer Schriften. Diese beschränkt sich nicht nur auf Literatur, sondern erstreckt sich auf alle Publikationsbereiche. Auch das Zeitunglesen nimmt Goethe nach der italienischen Abstinenz wieder auf; insbesondere abonniert er, der damaligen politischen Bedeutung entsprechend, mehrere französische Periodika.

In Gesprächen und skizzenartigen Übersichten zur Wechselwirkung zwischen den Nationalliteraturen taucht nun immer öfter der Begriff der Weltliteratur auf.[200] Es handelt sich zunächst um Versuche, herauszufinden, wie die Literaturen Europas aufeinander reagieren und sich gegenseitig bereichern, und zwar neben der französischen, englischen, schottischen und italienischen auch etwa die polnische, böhmische und serbische. Da aber Goethe seine ethnographischen Interessen schon lange nicht mehr auf den eigenen Kontinent beschränkt, dehnt er diese Frage bald schon aus auf die allgemeinere nach den Bedingungen kulturellen Austausches überhaupt. Insbesondere dem Osten gilt seit der Divan-Zeit sein diesbezügliches Interesse. Die Einarbeitung in Fragen der Übertragbarkeit indischer und persischer Dichtungen auf den abendländischen Kulturkreis wird ergänzt durch Studien zur chinesischen Literatur, die sich unter anderem in dem Gedichtzyklus *Chinesisch-Deutsche Jahres- und Tageszeiten* niederschlagen – einem Werk, dem Experten eine frappierende Nähe zu seinen literarischen Vorbildern in der Originalsprache nachsagen.

Die Beschäftigung mit einem chinesischen Sittenroman und dessen Vergleich mit den französischen Vertretern des Genres ist es auch, die zu der berühmten Äußerung gegenüber Eckermann führt: »Nationalliteratur will jetzt nicht viel sagen, die Epoche der Weltliteratur ist an der Zeit, und jeder muß jetzt dazu wirken, diese Epoche zu beschleunigen.« Das in dieser Bemerkung vom 31. Januar 1827 enthaltene Postulat stützt sich nicht nur auf geistes- und mentalitätsgeschichtliche, sondern primär auf ökonomie- und technikgeschichtliche Faktoren. Es ist die Beschleunigung von Handel und Verkehr, die nach Goethes Überzeugung eine synchrone Beschleunigung der kulturellen Kommunikation erforderlich macht. Zwar ist er sich durchaus darüber im klaren, daß die zunehmende Öffnung der Märkte auch Nivellierungen mit sich bringt. So spricht er etwa von der »englischen Springflut« als Beispiel für die Zunahme an Trivialliteratur, die auf den Leser, »wie auf den Zauberlehrling, zum Ersaufen zuströmt«[201]. Aber die Lösung des Problems, wie mit dem ausufernden »geistigen Handelsverkehr«[202] umzugehen sei, sieht er gerade nicht in jenem Verständnis von Weltliteratur, das wir heute meist mit dem Begriff verbinden: dem eines Kanons mustergültiger Werke, die sich dadurch auszeichnen, daß sie sich über die Niederungen der Massenmedien wie eine Zitadelle erheben. Goethes Idee der Weltliteratur ist frei von derartigen Abgrenzungen. Er begreift genauer als die heutigen Internetkontrolleure, daß die technisch induzierten »Fazilitäten der Kommunikation«[203] ihrem Wesen nach unzensierbar sind. Anstatt also den sinnlosen Versuch zu propagieren, das Bedeutende auszufiltern und das Banale zurückzuhalten, bejaht er die Entwicklung in ihrer ganzen Ambivalenz[204]: »Wenn nun aber eine solche Weltliteratur, wie bei der sich vermehrenden Schnelligkeit des Verkehrs unausbleiblich ist, sich nächstens bildet, so dürfen wir nur nicht mehr und nichts anderes von ihr erwarten als was sie leisten kann und leistet [...]; was der Menge zusagt, wird sich grenzenlos ausbreiten und, wie wir jetzt sehen, sich in allen Gegenden empfehlen; dieses wird aber dem Ernsten und eigentlich Tüchtigen weniger gelingen; diejenigen aber, die sich dem Höheren und dem höher Fruchtbaren gewidmet haben, werden sich geschwinder und näher kennenlernen.«[205]

Die Tendenz zur Trivialisierung der Kommunikation wird als unvermeidlich und zugleich als Bedingung für die bessere Verständigung ihrer Kritiker betrachtet.

Es gibt also ein unauflösbares Junktim von guter und schlechter Weltliteratur für Goethe. Deshalb hält er es auch für müßig, absolute Unterscheidungskriterien formulieren zu wollen. Auf eine relative Norm freilich greift er gleichwohl zurück: »Bei solcher Schätzung des Ausländischen dürfen wir nicht bei etwas besonderem haften bleiben und dieses für musterhaft ansehen wollen. Wir müssen nicht denken, das Chinesische wäre es, oder das Serbische, oder Calderon, oder die Nibelungen; sondern im Bedürfnis von etwas Musterhaftem müssen wir immer zu den alten Griechen zurückgehen, in deren Werken stets der schöne Mensch dargestellt ist. Alles übrige müssen wir nur historisch betrachten und das Gute, so weit es gehen will, uns daraus aneignen.«[206]

Sätze wie diese sperren sich anscheinend gegen eine Aufnahme Goethes in den postkolonialen Diskurs, der mit guten Gründen dem traditionellen, westlich dominierten Humanitätsideal mißtraut. Und zweifellos bedürfen sie einer Historisierung. Gerade dieser aber kommt Goethe – gegenläufig zur bildungsphiliströsen Kanonisierung seines Menschenbildes – von sich aus entgegen. Wie wir bereits gesehen haben, ist für ihn die Natur der alten Griechen eine andere als die seines Jahrhunderts. Wenn er nun auf die Kunst der Antike verweist, um ein überhistorisches und transkulturelles Muster des natürlichen Menschen zu etablieren, so tut er dies ausdrücklich unter der Bedingung, daß wir »nicht bei etwas besonderem haften bleiben« dürfen. Der »schöne Mensch« der Griechen ist hier nicht als eine inhaltliche Vorgabe, nicht als Privilegierung einer bestimmten Kulturform gedacht, sondern als die für die geschichtliche und geographische Situation, aus der heraus von ihm gesprochen wird, angemessenste Äußerung dessen, was Menschen verbindet. Es handelt sich gleichsam um die historische Momentaufnahme eines Ideals, das in der Verschiedenheit seiner Ausprägungen erst lebendig wird.

Ebendiese relative Norm, die aus den im vorigen Kapitel genannten Gründen der Differenzerhaltung für die neuere Interkulturalitätsdiskussion wieder an Bedeutung gewinnt, wendet Goethe skeptisch gegen die eigene Nation, die er als borniert und provinziell charakterisiert. Die deutsche Literatur enthalte, wie er schreibt, »eigentlich nur Ausdrücke, Seufzer und Interjectionen wohldenkender Individuen [...]; kaum etwas geht in's Allgemeinere, Höhere«[207]. Der Beitrag der eigenen Nation zur Weltgemeinschaft sei daher fraglich.[208] Andererseits sieht Goethe die Chance, daß die deutsche Sprache zur Vermittlung der Literaturen durchaus Wesentliches beitragen könne. Ihre Übersetzungsleistungen, nicht zuletzt die eigenen, bestätigen ihn in dieser Einschätzung. Insbesondere aber sucht er durch das eigene Beispiel zu demonstrieren, daß es eine Literatur geben kann, die von Provinzialismus frei ist und zugleich den vielfältigen Charakteren unterschiedlicher »Provinzen« gerecht wird. Goethes große Alterswerke, die *Wanderjahre* und *Faust II*, repräsentieren exemplarische Foren und Formen einer auf interkulturelle Vermittlungsprozesse zielenden Idee von Weltliteratur.

Das Spezifikum beider Werke ist zunächst, daß es sich um Fortsetzungen handelt, die gegenüber der subjektiven, privaten Perspektive ihrer Vorgänger den Horizont ins Objektive und Generische öffnen. Weder die *Wanderjahre* noch *Faust II* haben eine durchgängige Handlung, die am Leitfaden ihres Helden aufgereiht wäre; vielmehr sind sie in Schauplätze und Themenbezirke gegliedert, die Gegenstände von öffentlichem, allgemeinem Interesse reflektieren. Grundfragen der Wissenschaft, Politik und Kunst werden ebenso erörtert wie unterschiedliche Auffassungen von Religion, Pädagogik und Medizin. Auf welche Weise, das sei zunächst für den Meister-Roman eingehender dargestellt.

Wilhelm Meisters Wanderjahre

Schon die *Lehrjahre* waren ja ein Reflexionsroman, wie Friedrich Schlegel deutlich gemacht hatte. Die *Wanderjahre* nun vertiefen diesen Reflexionscharakter durch neue poetische Mittel, und zwar durch solche, die konträr zu den Tendenzen stehen, in denen sich die romantische Transzendentalpoesie weiterentwickelte. Diese sieht ihre Erfüllung inzwischen in der vollkommenen Überwindung der profanen und prosaischen Wirklichkeit durch die Zauberkraft der Poesie, wie es etwa Novalis' *Heinrich von Ofterdingen* im Rückgriff auf ein verklärtes deutsches Mittelalter vorexerzierte. Novalis ist auch der erste gewesen, der die frühromantische Bewunderung der *Lehrjahre* aufkündigte. Die poetische Sprache Goethes war ihm zwar immer noch über jede Kritik erhaben; daß sie aber für eine ernüchternde Sicht auf das Theaterleben und den kunstfremden Entwicklungsgang des Helden hin zu etwas so spröde Aufklärerischem wie der Turmgesellschaft benutzt wurde, erschien ihm als Sakrileg.

Die *Wanderjahre* bedienen mit den vielfältigen Brechungen ihres Blicks auf die Lebensbedingungen eines neuen Weltbürgertums die Erwartungen der kunstfrommen Weltflucht noch viel weniger. Goethe selbst bezeichnet die Romanfortsetzung als »Aggregat«[209], und es hat sehr lange gedauert, bis man das kompositorisch Aufregende und Innovative daran erkannte. Noch Thomas Mann nannte die *Wanderjahre* »ein hoch-müdes, würdevoll sklerotisches Sammelsurium«[210]. Erst in jüngster Zeit setzt sich die Erkenntnis durch, daß wir es hier mit einem bedeutenden Vorläufer des modernen Romans zu tun haben. Wie bei diesem tritt auch in den *Wanderjahren* der Erzähler bereits als einheitsstiftende, die Handlung narrativ beherrschende Instanz zurück. Bei Goethe gibt er sich als unzuverlässiger Herausgeber von angeblich vorgefundenen Papieren, die er zudem schlecht zu verwalten weiß. Der Leser wird durch ihn in ein geradezu peinigendes Spiel angekündigter und dann doch ausbleibender Aufklärungen gezogen. Dies ist nicht etwa der Effekt einer altersmüden Zerstreutheit, sondern hat eine durchaus konzise, vor dem Hintergrund der heutigen Mediendiskussion hochaktuelle Funktion: Der Leser wird durch die Thematisierung des Erzählprozesses und die dabei offenbarten Unzulänglichkeiten in die Verantwortung genommen. Er muß aus den verschiedenen Teilstücken des »Aggregats« seine eigene Komposition bilden. Lesend zieht er selbst die Verbindungen zwischen den verstreuten Handlungsbezirken, projiziert seine Phantasien und Gedanken in die Leerstellen zwischen den eingeschalteten Novellen, Briefen und Tagebuchaufzeichnungen, Spruchsammlungen und Gedichten. Der Erzähler führt die von ihm herausgeforderte eigenverantwortliche Rezeptionshaltung vor, indem er sich immer wieder in ein distanziertes Verhältnis zu seinem Material bringt. Der Leser wird so zu eigenen Stellungnahmen und Reflexionen, Assoziationen und Ahnungen angehalten. Letztere sind zum Beispiel gefordert, wenn der Erzähler just in dem Moment, als mit dem Öffnen eines ominösen Kästchens eine lange geschürte Neugier endlich befriedigt werden soll, innehalten läßt mit der Verfügung, an »solche Geheimnisse sei nicht gut rühren« (458)[211]. Insofern haben die *Wanderjahre* mehr mit dem Prinzip der »Interaktivität« zu tun als manches heute unter diesem Etikett firmierende Produkt.

Auch die strukturelle Offenheit des Romans ist alles andere als konzeptionslos. Sie beruht auf Regularitäten von geradezu algorithmischer Konsequenz. So gehört es zu den ausdrücklich im Roman reflektierten kompositorischen Prinzipien, »abgesondert scheinende Begebenheiten« (167) sich »gegeneinander bewegen« (445) zu lassen und dadurch zusammenzuhalten.

Die wichtigste dieser Gegenbewegungen vollzieht sich zwischen dem Motiv der Mobilität und dem der Beharrung. Der Wandererbund, dem Wilhelm angehört, hat es zur Pflicht jedes Mitglieds gemacht, an keinem Ort länger als drei Tage zu verweilen. Den kulturpädagogischen Hintergrund dieser Maxime bringt eine Rede Leonardos zum Ausdruck. Er greift die These als ein Klischee an, daß es von der »Natur gewollt« sei, wenn sich das »patriotische Gefühl unmittelbar auf den Boden« gründe, da der Mensch nun einmal »auf der Scholle geboren« (384) sei. Gegen das autochthone Verständnis vermeintlicher Naturverbundenheit setzt Leonardo sein Prinzip der Bewegung. Dies sei nicht nur die Voraussetzung aller Kultur, sondern befinde sich zugleich in Übereinstimmung mit der Natur, wie er am Beispiel der Nomaden und der damaligen Migrationsbewegungen verdeutlicht. Der damit ebenfalls naturgeschichtlich begründete Kulturbegriff mündet in ein Verständnis von Patriotismus, das unter dem Motto steht: »Wo ich nütze, ist mein Vaterland« (386). Leonardo schließt mit den Worten: »In solchem Sinne nun dürfen wir uns in einem Weltbunde begriffen ansehen. [...] Alle brauchbaren Menschen sollen in Beziehung untereinander stehen, wie sich der Bauherr nach dem Architekten und dieser nach Maurer und Zimmermann umsieht.« (390 f.) Die Gegenposition hierzu wird von der Beharrungsrede Odoardos auf den Punkt gebracht. Diese wirbt für das Kolonisationsprojekt in einer europäischen Provinz, wo freilich Seßhaftigkeit vonnöten ist, um eine neue Siedlungskultur aufzubauen.

Der Roman führt nun die Alternative der beiden Optionen nicht einer Entscheidung zu, sondern gestaltet sie aus zu einer Aporie. Keiner der zwei Lebensformen wird unter den explizit angesprochenen Bedingungen der hereinbrechenden Moderne zugetraut, die damit einhergehenden Probleme zu lösen. Am Beispiel einer Witwe, deren Webebetrieb in den Sog der Industrialisierung gerät, wird die Situation von Menschen verdeutlicht, die nur zwischen einer fluchtartigen Mobilität und einer ebenso unfreiwilligen Beharrung wählen können. Die verunsicherte Unternehmerin sagt: »Das überhandnehmende Maschinenwesen quält und ängstigt mich, es wälzt sich heran wie ein Gewitter, langsam, langsam; aber es hat seine Richtung genommen, es wird kommen und treffen. [...] Hier bleibt nur ein doppelter Weg, einer so traurig wie der andere: entweder selbst das Neue zu ergreifen und das Verderben zu beschleunigen, oder aufzubrechen, die Besten und Würdigsten mit sich fort zu ziehen und ein günstigeres Schicksal jenseits der Meere zu suchen.« (429 f.)

Eine Antwort auf dieses Dilemma gibt der Roman nicht, aber er vertieft das Verständnis des Problems, indem er es – nach dem Prinzip der wiederholten Spiegelung – unter den verschiedensten Perspektiven betrachtet, um entsprechende Verstärkungseffekte zu erzielen.

Paradigmatisch kommt das in einem Streitgespräch unter Bergleuten zum Ausdruck. Jeder von ihnen vertritt dabei eine andere Ansicht über die Entstehung der Gebirge. Wilhelm, der Zeuge dieser Diskussion ist, wendet sich schließlich in seiner Konfusion über die verschiedenen gehörten Meinungen an Montan, einen ausgewiesenen Fachmann der Geologie: »Gestern konnt' ich dich nicht begreifen, denn unter allen den wunderlichen Dingen und Reden hofft' ich endlich deine Meinung und deine Entscheidung zu hören, an dessen Statt warst du bald auf dieser, bald auf jener Seite und suchtest immer die Meinung desjenigen, der da sprach, zu verstärken. Nun aber sage mir ernstlich, was du darüber denkst, was du davon weißt.« (262) Doch Montan ist Experte genug, um Einsicht in die Relativität der Expertenansichten zu haben. Er sagt, er wisse ebensoviel wie seine Vorredner. Als Wilhelm das nicht gelten lassen will, da ja die Meinungen sich widersprächen, die Wahrheit also in der Mitte liegen müsse, erwidert Montan: »Keineswegs! [...] in der Mitte bleibt das Problem liegen, unerforschlich vielleicht, vielleicht auch zugänglich, wenn man es darnach anfängt.« Auf Nachfrage erklärt Montan genauer, daß das Bestehen auf der Ungelöstheit des Problems den Gedanken veranlaßt, immer wieder über sich hinauszugehen: »Denken und Tun, Tun und Denken, das ist die Summe aller Weisheit, von jeher anerkannt, von jeher geübt, nicht eingesehen von jedem. Beides muß wie Aus- und Einatmen sich im Leben ewig fort hin und wieder bewegen; wie Frage und Antwort sollte eins ohne das andere nicht stattfinden.« (263)

Auch dieses Motiv wird im Roman polyperspektivisch, in den verschiedensten Kontexten durchgespielt. Der kontemplativen Ruhe eines rein theoretischen Daseins im astrologischen Bezirk Makaries etwa wird die Praxisrelevanz technischer Mobilität gegenübergestellt, ohne das eine gegen das andere auszuspielen, vielmehr im Hinblick auf die kulturhistorisch nicht fixierbare Idee einer Balance beider Aspekte. So sagt Wilhelm zwar in einem Gespräch über Fernrohre, stellvertretend für alle Instrumente, die die natürliche Wahrnehmung des Menschen verstärken, durch sie werde sein »äußerer Sinn [...] mit seiner inneren Urteilsfähigkeit außer Gleichgewicht gesetzt«. Er optiert aber deshalb nicht für eine Abschaffung der Apparate: »Wir werden diese Gläser so wenig als irgendein Maschinenwesen aus der Welt bannen, aber dem Sittenbeobachter ist es wichtig, zu erforschen und zu wissen, woher sich manches in die Menschheit eingeschlichen hat, worüber man sich beklagt.«

Und er benennt das normative Ideal einer solchen Kulturforschung, die sich mit den Ursachen für Verhaltens- und Mentalitätsveränderungen durch »Sinnesprothesen« beschäftigt, um Möglichkeiten der Gegensteuerung zu erkunden: »Es gehört eine höhere Kultur dazu, deren nur vorzügliche Menschen fähig sind, ihr Inneres, Wahres mit diesem von außen herangerückten Falschen einigermaßen auszugleichen.« (120 f.)

Hier wird nicht Natur gegen Technik ausgespielt, sondern aus ihrer Antithese ein Drittes, das Postulat einer »höheren Kultur« abgeleitet, die nicht bestimmte Lebensbedingungen positiv festschreibt, sondern immer wieder ein Gleichgewicht zwischen den sich ändernden Anforderungen an die Wahrnehmung und den natürlichen Wahrnehmungsmöglichkeiten herzustellen sucht. Daß der moderne Zivilisationsprozeß diese Gleichgewichtsrelation zunehmend überfordert, ist Goethe freilich bewußt. Sein Roman huldigt denn auch nicht der Illusion, technisch bedingte Modernisierungsschäden könnten durch kulturelle Sinnangebote kompensiert werden.

Nur allegorisch stiftet der Roman ein Gegenmodell zum sich verstärkenden Mißverhältnis zwischen theoretischem und praktischem Wissen, zwischen Denken und Tun, indem er Wilhelm den Beruf eines Wundarztes ergreifen läßt, auf den er sich durch »Plastische Anatomie« (324 ff.) vorbereitet hat, das heißt durch Studien des menschlichen Körperbaus, die nicht auf gewaltsamer Zerschneidung, sondern auf dem Zusammensetzen von nachgebildeten Körperteilen beruhen. Die kunstvoll gefertigten Imitate läßt der alternative Anatomielehrer von einem arbeitslos gewordenen Herrgottschnitzer liefern – ein ironischer Hinweis auf die notwendige Abdankung der alten Metaphysik, die nur durch eine solche Umschulung das traditionelle Erbe transzendentaler Geborgenheit und kosmologischer Integrität in die Moderne zu retten vermag. Auch wenn wir es hier mit allegorischen Anspielungen zu tun haben, ist ihr sachlicher Hintergrund Goethe doch so wichtig, daß er einen separaten Aufsatz zur *Plastischen Anatomie* verfaßt[212] und an den zuständigen Staatsrat nach Berlin schickt, um die Herstellung medizinischer

Modelle nach diesem pädagogischen Konzept zu veranlassen. Als die Antwort in Weimar eintrifft, ist Goethe schon tot. Ihr Inhalt hätte ihn ohnehin nur in seiner Einschätzung bestätigt, daß die Zeiten nicht reif sind für seine »höhere Kultur«; er ist abschlägig. Ob die heutige anatomische Ausbildungspraxis, die immer mehr dazu übergeht, mit Simulationen zu arbeiten, als eine postume Rehabilitierung der Goetheschen Idee angesehen werden kann, sei dahingestellt. Die *Wanderjahre* jedenfalls machen illusionslos deutlich, daß auch Ärzte unter Umständen zum Messer greifen müssen, daß also auch eine heilende Attitüde gegenüber der Natur notwendig zerstörerische Aspekte hat.

In aller Schärfe wird diese Dialektik am Ende des anderen großen Alterswerks zur Entfaltung gebracht.

Faust II

Wie Wilhelm Meister ist auch Faust gegenüber der subjektiven Sphäre des ersten Teils in eine Konstellation objektiver historischer Tendenzen gestellt. Aus einem Vergessensschlaf läßt Goethe seinen neuen Lebenslauf hervorgehen, der mehr als 3000 Jahre europäischer Kulturgeschichte und ein weltliterarisches Panorama von entsprechender Spannweite umfassen wird. Die Anspielungen und Reminiszenzen reichen von Homer und Euripides über die Minnelyrik des Mittelalters, Calderon und Shakespeare bis zu Byron und Schopenhauer, vom Trojanischen Krieg bis in die unmittelbare Gegenwart des Autors. Dieser arbeitet bis ins höchste Alter an der Fertigstellung des Dramas, versiegelt es und bestimmt, daß es erst nach seinem Tod geöffnet werden dürfe. Er möchte seine letzten Tage nicht durch die erwarteten Reaktionen des ablehnenden Unverständnisses seiner Zeitgenossen getrübt sehen. Wie bei den *Wanderjahren* handelt es sich auch hier um eine aggregathafte Komposition, bei welcher der Held, wie Goethe erläutert, nur mehr als »eine Art von durchgehender Schnur« benutzt wird, »um darauf die verschiedensten ›Weltenkreise‹ aneinander zu reihen«[213]. Abermals ist es das Prinzip der wiederholten Spiegelung, mit dem Goethe diese Art der Stringenz herstellt.[214] Das kann hier nicht detailliert ausgeführt werden. Ich erwähne nur einige Interpretationsaspekte, die das Verhältnis von Selbstheit und Fremdheit, Identität und Alterität betreffen, dem wir schon in den früheren Faust-Partien nachgingen.

Fausts Eröffnungsmonolog hat diesbezüglich programmatischen Charakter. In ihm äußert sich eine neue Zurückhaltung gegenüber dem Anspruch auf vollständiges Verstehen des anderen, wie er sich noch im klassischen Harmoniekonzept artikulierte. Die »Resignation in die Sinne«, die für Goethes Urphänomen kennzeichnend ist, äußert sich nun, zum Auftakt des zweiten Teils, im entsagungsvollen Respekt vor dem Unauflöslichen und Numinosen: Als Faust gerade in der mit ihm erwachenden Natur ein perfektibilistisches »Beschließen,/ Zum höchsten Dasein immerfort zu streben« (4679 ff.), faßt und die Sonne als Symbol dieses soeben erneuerten Absolutheitsdranges aufgehen sieht, ist ihm ihr Licht bald für den unmittelbaren Anblick zu hell. Er muß ihr den Rücken zuwenden und sieht nun einen durch die Brechung ihrer Lichtstrahlen im Sprühnebel eines Wasserfalls hervorgerufenen Regenbogen. »Der«, erkennt er nun, »spiegelt ab das menschliche Bestreben./ Ihm sinne nach, und du begreifst genauer:/ Am farbigen Abglanz haben wir das Leben« (4725 ff.).

Der Perspektivenwechsel von der unmittelbaren zur vermittelten Verhältnisbestimmung zwischen Ich und Welt, Eigenem und Fremdem, wird im weiteren Verlauf des Dramas wiederholt gespiegelt. Erwähnt seien nur die beiden Formen der Annäherung an Helena.

Die erste vollzieht sich als »Dilettantentheater«: Faust will das antike Schönheitsideal unmittelbar ergreifen – und in demselben Moment gibt es eine Explosion; das Subjekt liegt ohnmächtig am Boden, seine unzulässig verdinglichten Projektionen »gehen in Dunst auf« (nach 6563). Doch wie Faust sich im Eingangsmonolog vom unmittelbaren, blendenden Anblick der Sonne abwendet, um ihre Lichtwirkung im Farbenspiel erst angemessen zu erfahren, so kommt er zu einer geglückten Verbindung mit Helena, als er sie in den mythologischen Scheinwelten der klassischen Walpurgisnacht aufsucht. Indem er sich sozusagen an die Spielregeln dieser virtuellen Realität hält, kann er sich als nordischer Burgherr schließlich mit ihr vermählen. Dabei reißt er sie nicht wie zuvor gewaltsam in seine Sphäre hinüber, sondern umwirbt sie – ihre antike Redeweise respektierend – im Sprachspiel. Helena, in klassischen Pentametern sprechend, wundert sich über die Gleichklänge in Fausts Rede. Er gibt ihr daraufhin praktischen Unterricht im Reimen, der poetischen Eigenart seines Kulturkreises, nimmt dabei aber umgekehrt auch ihre Sprechhaltung auf, so daß sich ein gemeinsames Drittes ergibt, in dem beider Eigenanteile gleichwohl erkennbar bleiben.

»HELENA: So sage denn, wie sprech' ich auch so schön?
FAUST: Das ist gar leicht, es muß von Herzen gehn.
Und wenn die Brust von Sehnsucht überfließt,
Man sieht sich um und fragt –
HELENA: wer mitgenießt.« (9377 ff.)

Der Kontrast zwischen dem unmittelbaren Zugriff auf den anderen Zustand und der Bezugnahme durch eine als Abglanz und Gleichnis gewußten Vermittlung wird im fünften Akt abermals gespiegelt. Hier finden wir die erste Option in den Szenen, die Faust als Kolonisator zeigen, die zweite in der Haltung liebender Hingabe, wie sie die darauffolgende Szene, *Bergschluchten*, andeutet. Beide Aspekte haben den Interpreten seit je die größten Rätsel aufgegeben, und es gibt kaum eine weltanschauliche Strömung unserer Kulturgeschichte vom Vormärz bis zum Wiedervereinigungstaumel, von der linken und rechten Industrialisierungseuphorie bis zur ökologischen Fortschrittskritik, die sich nicht in einem Deutungsversuch dieses Aktes niedergeschlagen hätte. Was den Kritikern zunächst ein schwacher Einfall schien: daß Goethe den *Faust*, sein »Hauptgeschäft«[215] der letzten Lebensjahre, ausgerechnet mit einer öden Landgewinnung durch Trockenlegungstechniken enden läßt, hat sich bald schon als geradezu archetypische Illustration der Kulturarbeit des Menschen und seines problematischen Verhältnisses zu seiner äußeren wie inneren Natur erwiesen. Lange aber hat es gedauert, bis die tiefe Ironie der Szene in den Blick kam: daß hier ein Blinder seine Arbeiter zur technischen Höchstleistung antreibt und dabei nicht merkt, wie sie ihm das eigene Grab schaufeln. Den Hintergrund der Szene bilden die Großprojekte der frühindustriellen Zeit, die noch mit regelrechten Arbeiter-»Heeren« durchgeführt wurden, bevor Maschinen ihre Kräfte ersetzen konnten.[216] So hatte zum Beispiel Friedrich der Große mit seinen Soldaten die Deiche im Oderbruch anlegen lassen. Goethe wußte technisch detailliert Bescheid über derartige Projekte und ihre Gefahren. Und als bei der Sturmflut von 1825 in Stade die Deiche brachen, formulierte er unter dem Eindruck dieser Katastrophe Sätze, die mancher auf ihn sich berufende Naturfreund nicht erwartet hätte. »Die Elemente«, schrieb Goethe in seinem *Versuch einer Witterungslehre*, »sind als kolossale Gegner zu betrachten, mit denen wir ewig zu kämpfen haben«. Freilich leitete er daraus nicht ein Votum für den Faustschen Kampf gegen die Natur ab, sondern eine erhöhte Aufmerksamkeit für dasjenige, »was die Natur in sich selbst als Gesetz und Regel trägt«, um im Verbund *mit* der Natur ihrem »ungezügelten, gesetzlosen Wesen zu imponieren«[217].

Analog argumentierte er im sogenannten Akademiestreit von 1830, als zwischen den französischen Naturforschern Étienne Geoffroy de Saint-Hilaire und Georges Baron de Cuvier die Kontroverse ausgetragen wurde, ob die induktive oder die deduktive Methode die angemessenere sei, ob man also die Natur besser aus der Fülle und Breite der Einzelbefunde zu begreifen suchen oder von einem vorgedachten Ganzen her ihre einzelnen Phänomene ableiten solle, für ein Wechselverhältnis beider Vorstellungsarten, das »Sondern und Verknüpfen« so lebendig wie »Aus- und Einatmen« in Beziehung setzt.[218]

Der blinde Techniker Faust dagegen verfährt einseitig. Er geht vom großen Ganzen seiner Projektidee aus; der Zweck heiligt für ihn die Mittel – und genau deshalb verfehlt er seinen Zweck. So fragt man sich, wie er zu »freiem Volk« auf »freiem Grund« (11580) kommen will, wenn er seine Mitmenschen entweder beseitigen läßt, wie im Fall von Philemon und Baucis, oder versklavt, wie im Fall der Arbeiter, die er mit allen Druckmitteln zu rekrutieren befiehlt (11554).

Was damit vom Drama als Problem aufgeworfen wird, ist mehr als das an Ort und Stelle Gezeigte. Der *Faust II* ist ein allegorisches Werk[219], und das heißt, daß es bei der Landgewinnungsszene nicht nur um die destruktiven und letztlich selbstmörderischen Effekte naturbeherrschender Technik geht. Das Bild vom blinden Visionär steht für jede Form der Unduldsamkeit gegenüber dem anderen, dem Heterogenen. Es porträtiert den politischen wie intellektuellen Kolonialisten, der den kleinen Lebensraum von Philemon und Baucis nicht ertragen kann, weil dessen schiere Existenz seine Plankultur untergräbt. »Die wenig Bäume, nicht mein eigen,/ Verderben mir den Weltbesitz« (11241 f.), klagt Faust und gibt den Befehl zur Idyllenvernichtung, da er sich ein »paradiesisch Land« (11569) nur unter der Voraussetzung vorstellen kann, daß alle Beteiligten gleichgeschaltet sind: »Daß sich das größte Werk vollende,/ Genügt *ein* Geist für tausend Hände« (11509f.). Diese Maxime freilich besiegelt seinen eigenen Untergang.

Die Schlußszene mit dem Titel *Bergschluchten* kontrastiert dieses Bild des totalitären Umgangs mit dem anderen, das als vermeintliche Bedrohung durch ideelle wie materielle Barrieren und Deiche ausgegrenzt wird, mit dem Motiv der hingebungsvollen Liebe. Es beschreibt eine Form der Erotik, die physisch und metaphysisch zugleich ist – so wie sie der über siebzigjährige Goethe erfuhr, als er in den böhmischen Bädern der neunzehnjährigen Ulrike von Levetzow begegnete, um ihre Hand anhielt und dann doch schweren Herzens entsagen mußte. Die das tief erschütternde Erlebnis reflektierende Marienbader *Elegie* faßt das in die Worte:

> »In unsers Busens Reine wogt ein Streben,
>   Sich einem Höhern, Reinern, Unbekannten
>   Aus Dankbarkeit freiwillig hinzugeben,
>   Enträtselnd sich den ewig Ungenannten;
>   Wir heißen's: fromm sein! – Solcher seligen Höhe
>   Fühl' ich mich teilhaft, wenn ich vor ihr stehe.«

Auch die katholischen Gestalten der Bergschluchten-Szene sind nicht konkret zu nehmen, sondern als allegorische Fixierung eines Erlebens, dessen Dynamik unaussprechlich ist. Wie das aggressiv-bemühte Streben des Protagonisten in die passive Nachfolge der »höhern Sphären« (12094) verwandelt werden kann, bleibt ein Mysterium. Wenn es sich um Gnade handelt, dann – angesichts der Schuld, die Faust auf sich geladen hat – allenfalls um jene, die *vor* Recht ergeht.[220] Das Drama sagt uns, wie die Sünden und Wunden von Faust und Margarete, dem Eroberer und der Überwältigten, verziehen bzw. geheilt werden könnten, in der deutlichsten Form, in der über solche Fragen gesprochen werden kann: der des poetischen Rätsels. Auf die ungeduldigen Appelle des Publikums, er möge sich doch klarer ausdrücken, wollte Goethe nicht mehr reagieren müssen; er versiegelte das Werk und bestimmte, daß es erst postum publiziert werden dürfe.

Die Geste zeigt, wie ernst es ihm damit war, Geheimnisse, die nur die Kunst zu äußern vermag, nicht durch Anbiederung an das bequeme Bedürfnis nach universeller Kommunizierbarkeit zu verletzen. Gleichwohl hat er die Hoffnungen, die er mit der Wirkung seines Faust-Dramas als eines exemplarischen Werks bedeutender Weltliteratur verband, immer wieder klar formuliert. Dabei hütete er sich vor falschem Pathos. Pragmatisch-nüchtern erklärte er, daß schon viel gewonnen sei, wenn die Menschen, sofern sie »sich wechselseitig nicht lieben mögen, sich einander wenigstens dulden lernen«[221]. Fremde und Fremdes nicht zum Anlaß für deren Ausgrenzung oder Assimilationsverpflichtung, sondern der eigenen Horizonterweiterung nehmen – dies ist Goethes Verständnis von interkultureller Toleranz. Er bezog das sowohl auf Nationalitäts- wie auf Mentalitätskonflikte. Beides ist gemeint, wenn er schrieb:

»Die höchste Kultur [...] erwiese sich wohl darin: daß alles Würdige, dem Menschen eigentlich Werte, in verschiedenen Formen nebeneinander müßte bestehen können und daß daher verschiedene Denkweisen, ohne sich verdrängen zu wollen, in einer und derselben Region ruhig nebeneinander fortwandelten.«[222]

Anhang

Anmerkungen

Die verwendeten Siglen sind bei den Literaturhinweisen aufgelistet. Briefe, Tagebücher und Gespräche sind, da in verschiedenen Ausgaben leicht nachzuschlagen, nur mit dem entsprechenden Datum und dem Adressaten belegt. Bei Gedichten beschränke ich mich aus demselben Grund auf die Angabe des Titels und bei Dramen auf die Versnummern im Text. In allen diesen Fällen richtet sich die Orthographie nach der Hamburger Ausgabe (HA).

1 Brief von Schelver an Schelling, Ende August/Anfang September 1803, zit. nach: Müller, Klaus-Dieter, F. J. Schelver 1778-1832. Romantischer Naturphilosoph, Botaniker und Magnetiseur im Zeitalter Goethes, Stuttgart 1992, S. 174 f.
2 Die Materialien, auf die hier angespielt wird, sind im Anhang genannt.
3 Heine, Heinrich, Die romantische Schule, in: ders., Sämtliche Schriften, hrsg. von Klaus Briegleb, Bd. 5, Frankfurt/M./Berlin/Wien 1976, S. 357-504, hier S. 405.
4 Brief an Büchler, 14.6.1820.
5 FA 13, Nr. 1.175.
6 Brief an Soret, 17.2.1832.
7 Vgl. Schmitz, Hermann, Das Ganz-Andere. Goethe und das Ungeheure, in: Matussek, Peter (Hg.), Goethe und die Verzeitlichung der Natur, München 1998, S. 414-435.
8 Mit dieser Feststellung soll freilich nicht unterschlagen werden, daß Goethes Unduldsamkeit bisweilen auch den Charakter der Borniertheit annehmen konnte, zum Beispiel in seiner beharrlich ablehnenden Haltung zur Pressefreiheit oder in seiner oft unsachlichen Polemik gegen Newton. Doch manche dieser Widersprüche sind ihrerseits Reflex der widersprüchlichen Verhältnisse, in denen Goethe lebte. So sieht er sich etwa als Politiker aus Staatsräson genötigt, ein

Todesurteil für Kindsmord zu unterschreiben, während er als Dramatiker für dasselbe Delikt die Gesellschaft zur Verantwortung zieht. Als Dramatiker wiederum problematisiert Goethe die hydrotechnischen Großprojekte des beginnenden 19. Jahrhunderts, während er als Naturwissenschaftler zu ebendiesen Projekten ehrgeizig eigene Vorschläge beisteuert.

9 Repräsentativ für diese Aktualisierung ist: Bhabha, Homi K., The Location of Culture, London 1994, S. 11 f. Bhabha sieht Goethes Weltliteraturkonzept im kulturellen Dissens begründet, seine Kritiker dagegen in einem humanistischen Konsensideal, das heute überholt sei: Vgl. Bachmann-Medick, Doris, Multikultur oder kulturelle Differenzen? Neue Konzepte von Weltliteratur und Übersetzung in postkolonialer Perspektive, in: dies. (Hg.), Kultur als Text. Die anthropologische Wende in der Literaturwissenschaft, Frankfurt/M. 1996, S. 262-296.

10 Wustmann, Rudolf, Weimar und Deutschland 1815-1915, zit. nach: Mandelkow, Karl Robert (Hg.), Goethe im Urteil seiner Kritiker. Dokumente zur Wirkungsgeschichte Goethes in Deutschland, München 1975-84, Bd. 3, S. 431-433, hier S. 432.

11 Nietzsche, Friedrich, Götzen-Dämmerung oder Wie man mit dem Hammer philosophiert, in: ders., Sämtliche Werke, München/Berlin/New York 1988, Bd. 6, S. 55-162, hier S. 151.

12 Vgl. etwa: Bauer, Martin / Wittstock, Uwe (Hg.), Der postkoloniale Blick. Eine neue Weltliteratur?, Frankfurt/M. 1996. Boubia, Fawzi, Goethes Theorie der Alterität und die Idee der Weltliteratur. Ein Beitrag zur neueren Kulturdebatte, in: Thum, Bernd (Hg.), Gegenwart als kulturelles Erbe, München 1985, S. 269-301.

13 Kreuzer, Helmut (Hg.), Die zwei Kulturen. Literarische und naturwissenschaftliche Intelligenz. C. P. Snows These in der Diskussion, Stuttgart 1969. Lepenies, Wolf, Die drei Kulturen. Soziologie zwischen Literatur und Wissenschaft, München 1985.

14 Vgl. z.B. die Briefe an Charlotte von Stein, 9.10.1781, an Plessing, 26.7.1782 und an Eckermann, 17.2.1829.

15 Freilich muß auch dies hier auf Andeutungen beschränkt bleiben. Ausführlichere Interpretationen des Werks habe ich in mehreren Publikationen vorgelegt, insbesondere in meinem Buch: Naturbild und Diskursgeschichte. Faust-Studie zur Rekonstruktion ästhetischer

Theorie, Stuttgart 1992, sowie in meinem Beitrag zum *Goethe-Handbuch*. Das dort Formulierte soll aber nicht wiederholt werden. Hier geht es mir, dem Leitmotiv dieser Einführung entsprechend, um Aspekte der Interkulturalität in Goethes Drama.

16 HA I, S. 320.

17 HA IX, S. 34. Auf die Frage der Verläßlichkeit der Angaben in Goethes Lebensbericht *Dichtung und Wahrheit*, dem dieser wie manche der folgenden biographischen Hinweise entnommen ist, komme ich in Kap. 5 (»Selbsthistorisierung«) zurück.

18 HA IX, S. 123 f.

19 WA I 38, S. 202-207.

20 Ebenda, S. 145.

21 Vgl. Nicholas Boyle (Goethe. Der Dichter in seiner Zeit, Bd. 1: 1749-1790, München 1995, S. 79 f.), der die Ansicht vertritt, Johann Caspar sei als Pedant »diffamiert« worden, und als Gegenbelege für dessen Kunstsinn u.a. auf die Sammlung von Bildern *lebender* Maler sowie die Tatsache verweist, daß das berühmte Puppentheater mit den Faustfiguren höchstwahrscheinlich ein Geschenk des Vaters gewesen sei und nicht etwa der Großmutter, wie in *Dichtung und Wahrheit* und im *Wilhelm Meister* erzählt wird. Einer detaillierten Betrachtung indessen können diese Argumente kaum standhalten. Goethes Vater sammelte die zeitgenössischen Maler nicht, weil er für die neuere Kunst besonders aufgeschlossen war, sondern weil er die Ansicht vertrat, daß es sich – wie er seinem Sohn einmal erklärte – mit Bildern so verhalte wie mit Weinen: Wer sie früh kaufe und lange lagere, könne den größten Gewinn aus ihnen ziehen. Dazu paßt, daß Johann Caspar sich, als er vor die Alternative zwischen zwei zum Kauf angebotenen Bildern gestellt wurde, für das künstlerisch schwächere entschied, weil dessen Holzgrund haltbarer war. Selbst wenn manches an diesen Erzählungen von Goethe zugespitzt oder gar hinzuerfunden worden ist, so behalten sie doch als bemerkenswert deutlich vorgetragene Einschätzung der häuslichen Atmosphäre ihr biographisches Gewicht. So mag auch die schon von Heinrich Voelcker (Die Stadt Goethes, Frankfurt/M. 1932) im Hinblick auf das Haushaltsbuch des Vaters geäußerte und von Boyle erneuerte Vermutung, dieser sei als der tatsächliche Stifter des Puppenspiels anzusehen, ihre Berechtigung haben. Wahr aber an Goethes dichterischer Umwid-

mung des Geschenks, sei sie bewußt oder unbewußt vorgenommen, bleibt seine Auskunft, daß die väterliche Sphäre nicht kreativitätsfördernd, sondern im Kern philiströs war. Ein diesbezügliches Urteilsvermögen dürfen wir Goethe wohl zutrauen. Es wird auch dann nicht falsifiziert, sondern in seiner Diagnose bestätigt, wenn Boyle schließlich, als seinen letzten Beleg, die Tatsache anführt, daß sich in dem vom Vater entworfenen Hauswappen zwei Leiern befanden.

22 Beutler, Ernst, Faust und Urfaust. Erläutert von Ernst Beutler, Leipzig 1940, S. 536.
23 HA IX, S. 81 f.
24 Vgl. ausführlich hierzu den von mir herausgegebenen Sammelband: Goethe und die Verzeitlichung der Natur, München 1998.
25 HA IX, S. 170 f.
26 FA XIII, Nr. 2.30.1.
27 Vgl. Grumach, Ernst/Grumach, Renate (Hg.), Goethe. Begegnungen und Gespräche, Bd. 1, Berlin 1965, S. 54.
28 HA IX, S. 242.
29 Ebenda, S. 245.
30 Brief an Cornelia, 6.12.1765.
31 Brief an den Vater, 13.10.1765.
32 HA IX, S. 251.
33 Ebenda, S. 303.
34 Ebenda, S. 268.
35 Ebenda, S. 284.
36 Ebenda, S. 309.
37 Vgl. Winckelmann, Johann Joachim, Gedanken über die Nachahmung der griechischen Werke in der Malerei und der Bildhauerkunst, in: ders., Sämtliche Werke, Bd. 1, Donaueschingen 1825, S. 1-58, hier S. 36.
38 HA IX, S. 321.
39 Ebenda, S. 337.
40 Vgl. Lovejoy, Arthur Oncken, Die große Kette der Wesen. Geschichte eines Gedankens, Frankfurt/M. 1985, S. 292 ff.
41 Brief an Friederike Oeser, 13.2.1769.
42 HA IX, S. 352 f.
43 Ebenda, S. 344.
44 Ebenda, S. 350.

45 Ebenda, S. 363.
46 Ebenda, S. 387.
47 Ebenda, S. 487.
48 Herder, Johann Gottfried, Fragmente einer Abhandlung über die Ode, in: ders., Sämtliche Werke, hrsg. von Bernhard Suphan, Bd. 13, Berlin 1877-1913, S. 61-84, hier S. 78.
49 Vgl. Schmidt, Jochen, Die Geschichte des Geniegedankens in der deutschen Literatur, Philosophie und Politik 1750-1945, Bd. 1, Darmstadt 1985, S. 182-239.
50 Herder, Johann Gottfried, Fragmente über die neuere deutsche Literatur, in: ders., Sämtliche Werke, Bd. 1, a.a.O., S. 444, 447 u. 443.
51 HA IX, S. 397.
52 Ebenda, S. 374f.
53 Ebenda, S. 426.
54 Zwar fand – entgegen der Schilderung in *Dichtung und Wahrheit* – der erste Besuch in Sesenheim bereits *vor* Herders Lesungen aus dem Goldsmith-Roman statt. Dennoch unterliegt die sich anschließende Liebesaffäre von vornherein der Suggestivkraft poetischer Phantasie.
55 HA IX, S. 441.
56 WA I 37, S. 123.
57 HA IX, S. 474.
58 Ebenda, S. 502.
59 Dabei lasse ich es ebenso wie Carl Otto Conradi (Goethe. Leben und Werk, Bd. 1, Frankfurt/M. 1981, S. 124) offen, was Goethe und was der Goethemythos dieser Aussage schuldet.
60 HA IX, S. 521.
61 HA XII, S. 226.
62 DjG III, S. 46.
63 HA XII, S. 20.
64 Zit. nach: Grumach, Ernst/Grumach, Renate, Goethe, a.a.O., S. 203.
65 HA VI, S. 27.
66 HA IX, S. 589f.
67 HA X, S. 30.
68 Ebenda, S. 82.
69 Zu allen Zeichnungen vgl. CG.
70 Brief an Henriette Gräfin von Bernstorff, 6.12.1775.

71 Herder, Johann Gottfried, Abhandlung über den Ursprung der Sprache, a. a. O., S. 16.
72 Bode, Wilhelm (Hg.), Goethe in vertraulichen Briefen seiner Zeitgenossen, Bd. 1, 2. Aufl., Berlin/Weimar 1982, S. 141.
73 Brief an Lavater, 31. 7. 1775.
74 Brief an Merck, 22. 1. 1776; Brief an Johanna Fahlmer, 14. 2. 1776.
75 Goethe hat das in einer ausführlichen Schilderung festgehalten: WA I 36, S. 233-242.
76 Vgl. hierzu die in ihrem Aktualisierungsbemühen nicht unumstrittenen, gleichwohl neue Aneignungsmöglichkeiten aufzeigenden Bücher: Krippendorff, Ekkehart, »Wie die Großen mit den Menschen spielen«. Goethes Politik, Frankfurt/M. 1988; ders., Goethe. Politik gegen den Zeitgeist, Frankfurt/M. 1999.
77 Vgl. Brief an Herder, 27. 3. 1784.
78 HA XIII, S. 154.
79 Vgl. Schöne, Albrecht, Götterzeichen, Liebeszauber, Satanskult. Neue Einblicke in alte Goethetexte, München 1982. Schönes stark biographisch orientierte Deutung der *Harzreise im Winter*, die zweifellos zu den schwierigsten Gedichten Goethes gehört, mag in ihren Interpretationsergebnissen bestritten werden – so etwa mit sehr unterschiedlichen methodischen Ansätzen bei Wellbery, David E./Weimar, Klaus, Johann Wolfgang von Goethe, Harzreise im Winter. Eine Deutungskontroverse, Paderborn/München/Wien/Zürich 1984. Gültig bleibt aber Schönes Hinweis auf die orakelhafte Bedeutung von Goethes Harzreise im lebensgeschichtlichen Kontext, um den es mir an dieser Stelle ausschließlich geht.
80 Brief an Lavater, ca. 20. 9. 1780.
81 Brief an Charlotte von Stein, 6. 3. 1779.
82 Brief an Schiller, 19. 1. 1802.
83 Tagebuch, 14. 2. 1778. Insofern widerspricht die Weltferne dieses Ideals, als Ausdruck eines unversöhnten Zustands, keineswegs der schon von Adorno (Zum Klassizismus von Goethes Iphigenie, in: ders., Noten zur Literatur, Frankfurt/M. 1974, S. 495-514) und dann von Theo Buck betonten Tatsache einer »im Endeffekt gesellschaftsstiftend wirkenden Poetizität« (Goethes »Iphigenie« als dramaturgisches Modell des Bewußtseinstheaters, in: Der Deutschunterricht, 1, 1999, S. 30-39, hier S. 37).

84 Der seit einigen Jahren hochgespielten These, daß Goethes Beitritt nur der Bespitzelung antifeudaler Kräfte diente (vgl. Wilson, Daniel W., Geheimräte gegen Geheimbünde. Ein unbekanntes Kapitel der klassisch-romantischen Geschichte Weimars, Stuttgart 1991), wurde längst energisch widersprochen. Vgl. v.a. die Replik von: Kemper, Dirk, Ideologie der Ideologiekritik, in: Goethe-Jahrbuch 112, 1995, S. 383-397. Mit seinen neuen Büchern (Das Goethe-Tabu, München 1999; Unterirdische Gänge, Göttingen 1999) eröffnete Wilson eine zweite Diskussionsrunde.
85 Brief an Plessing, 26.7.1782.
86 HA VII, S. 145.
87 Brief an Jacobi, 9.6.1785.
88 Brief an Herzog Carl August, 17.3.1788.
89 Brief an Charlotte von Stein, 20.12.1786.
90 HA XI, S. 126.
91 Ebenda, S. 25.
92 Boyle, Nicholas, Goethe, Bd. 1, a.a.O., S. 598.
93 WA III 1, S. 214.
94 Tagebuch, 19.10.1786.
95 HA XI, S. 219f.
96 Ebenda, S. 266.
97 Ebenda, S. 324.
98 Ebenda, S. 192f., 216 u. 193. Vgl. vertiefend hierzu: Böhme, Hartmut, Goethes Erde zwischen Natur und Geschichte. Erfahrungen von Zeit in der »Italienischen Reise«, in: Goethe-Jahrbuch 110, 1993, S. 209-225.
99 Ebenda, S. 71.
100 Brief an Lavater, 29.7.1782; Brief an F. Jacobi, 7.7.1793.
101 HA XI, S. 531.
102 Ebenda, S. 318f.
103 Ebenda, S. 143.
104 HA XII, S. 125.
105 HA XI, S. 484.
106 Ebenda, S. 520.
107 Ebenda, S. 514f.
108 Ebenda, S. 515.
109 Brief an Herzog Carl August, 16.2.1788.

110 Allerdings hat lange vor Kurt R. Eisslers einschlägig freudianischer Deutung (Goethe. Eine psychoanalytische Studie 1775-1786, Bd. 2, München 1987, S. 1154ff.) Wilhelm Bode schon dieselbe These aufgestellt: vgl. ders., Neues über Goethes Liebe, Berlin 1921.
111 Wie erst 1996 herauskam, beruht der entscheidende Beleg für die von den Biographen lange favorisierte These, daß es sich bei Faustine um die jung verwitwete Gastwirtstochter Faustina Antonioni handle, auf einer Fälschung. Vgl. Satta, Fiamma / Zapperi, Roberto, Goethes Faustine. Die Geschichte einer Fälschung, in: Goethe-Jahrbuch 113, 1996, S. 277-280. Die mutmaßliche Geliebte war nachweislich schon tot, als Goethe nach Rom kam. Vgl. neuerdings auch: Zapperi, Roberto, Das Inkognito. Goethes ganz andere Existenz in Rom, München 1999. Der Name »Faustine« könnte im übrigen auch in freier Anspielung auf das lateinische Wort für »die Glückbringende« gewählt worden sein.
112 HA XI, S. 147, 149, 150, 217 u. ö.
113 Zit. nach: Grumach, Ernst / Grumach, Renate, Goethe, Bd. 3, a. a. O., S. 225.
114 Brief von Schiller an Körner, 1.11.1790, zit. nach: Bode, Wilhelm, Goethe in vertraulichen Briefen seiner Zeitgenossen, Bd. 1, a. a. O., S. 425.
115 Zit. nach: Böttiger, in: Bode, Wilhelm, Goethe in vertraulichen Briefen seiner Zeitgenossen, Bd. 2, a. a. O., S. 41.
116 Zit. nach: Grumach, Ernst / Grumach, Renate, Goethe, a. a. O., S. 250.
117 Eckermann, 3.5.1827 (vgl. GG). Daß es sich um ein autobiographisches Stück handelt, hat Goethe deutlich ausgesprochen: »Die weiteren Hof-, Lebens- und Liebesverhältnisse waren übrigens in Weimar wie in Ferrara, und ich kann mit Recht von meiner Darstellung sagen: sie ist Bein von meinem Bein und Fleisch von meinem Fleisch.« (Ebenda, 6.5.1827)
118 Riedel, Wolfgang, Eros und Ethos. Goethes »Römische Elegien« und »Das Tagebuch«, in: Jahrbuch der Deutschen Schillergesellschaft, 40. Jg., 1996, S. 147-180, hier S. 156.
119 HA XIII, S. 39.
120 Eckermann, 4.1.1824 (vgl. GG).
121 HA X, S. 235.
122 Brief an Herzog Carl August, 18.8.1792.
123 Vgl. HA X, S. 412 sowie HA XII, S. 73-96.

124 Ebenda, S. 223.
125 HA XI, S. 538.
126 Schiller, Friedrich, Ankündigung der Horen, in: ders., Werke (Nationalausgabe), Bd. 22, hrsg. von Herbert Meyer, Weimar 1958, S. 106-110, hier S. 106.
127 Brief von Schiller an Körner, zit. nach: Bode, Wilhelm, Goethe in vertraulichen Briefen seiner Zeitgenossen, Bd. 1, a.a.O., S. 381.
128 Brief an Schiller, 9.7.1796.
129 HA VI, S. 129f. u. 139.
130 Vgl. Unseld, Siegfried, Goethe und seine Verleger, Frankfurt/M./Leipzig 1993, S. 214.
131 WA I 35, S. 83.
132 Brief an Zelter, 31.10.1831.
133 Boyle, Nicholas, Goethe, a.a.O., S. 741f.
134 HA VI, S. 135.
135 Vgl. Zabka, Thomas, Ordnung, Willkür und die »wahre Vermittlerin«. Goethes ästhetische Integration von Natur- und Gesellschaftsidee, in: Matussek, Peter (Hg.), Goethe und die Verzeitlichung der Natur, a.a.O., S. 157-177.
136 Sprengels Schrift erschien dann unter einem anderen Titel. Vgl. LA II 9 A, S. 537.
137 LA II 9.1, S. 58.
138 HA XIV, S. 259.
139 Vgl. hierzu vertiefend: Schweitzer, Frank, Naturwissenschaft und Selbsterkenntnis, in: Matussek, Peter (Hg.), Goethe und die Verzeitlichung der Natur, a.a.O., S. 383-398.
140 HA XIII, S. 16.
141 FA 13, Nr. 2.42.1.
142 HA X, S. 540f.
143 HA XIII, S. 48.
144 Brief an Schiller, 21.2.1798.
145 HA XIII, S. 368.
146 HA VII, S. 610.
147 Brief an Schiller, 30.10.1797.
148 Aus den *Fragmenten* des Jahres 1798. Zit. nach: Mandelkow, Karl Robert, Goethe im Urteil seiner Kritiker. Dokumente zur Wirkungsgeschichte Goethes in Deutschland, Bd. 1, München 1975, S. 154.

149 Schiller, Friedrich, Über naive und sentimentalische Dichtung, Stuttgart 1978, S. 24.
150 Schlegel, Friedrich, Über das Studium der griechischen Poesie, hrsg. von Paul Haukamer, Godesberg 1947, S. 85.
151 Tagebuch, 23.6.1797. Das Schema selbst ist zwar verlorengegangen, doch läßt sich sein Inhalt aus dem Kontext der zeitgleichen Briefe und Schriften erschließen.
152 Vgl. Binder, Wolfgang, Goethes klassische Faust-Konzeption, in: Keller, Werner (Hg.), Aufsätze zu Goethes Faust I, 3., bibliograph. erneuerte Aufl., Darmstadt 1991, S. 106-150. Wie problematisch die Rede von einem »klassischen Faust« gleichwohl ist, macht Werner Keller an anderer Stelle deutlich: Der klassische Goethe und sein nichtklassischer Faust, in: Goethe-Jahrbuch 95, 1978, S. 9-28.
153 WA I 14, S. 287.
154 HA XII, S. 46.
155 Brief an Zelter, 1.6.1806.
156 WA I 35, S. 85.
157 Vgl. Hoppe-Sailer, Richard, Dynamische Strukturen als Motiv der Goethe-Rezeption bei Carl Gustav Carus, Paul Klee und Joseph Beuys; Fehrenbach, Frank, »Das lebendige Ganze, das zu allen unsern geistigen und sinnlichen Kräften spricht«. Goethe und das Zeichnen. Beide in: Matussek, Peter (Hg.), Goethe und die Verzeitlichung der Natur, a.a.O., S. 276-300.
158 Brief an Meyer, 22.7.1805.
159 HA XII, S. 434.
160 WA I 36, S. 55.
161 Brief an Charlotte von Stein, 11.5.1810.
162 Eckermann, 19.2.1829.
163 HA XIII, S. 482 ff.
164 Ebenda, S. 492.
165 Ebenda, S. 493.
166 HA XIV, S. 41.
167 Vgl. zum wissenschaftshistorischen Hintergrund des Romans: Adler, Jeremy, »Eine fast magische Anziehungskraft«. Goethes Wahlverwandtschaften und die Chemie seiner Zeit, München 1987.
168 HA VI, S. 478.
169 Eckermann, 7.10.1827 (vgl. GG).

170 Vgl. Barkhoff, Jürgen, Tag- und Nachtseiten des animalischen Magnetismus. Zur Polarität von Wissenschaft und Dichtung bei Goethe, in: Matussek, Peter (Hg.), Goethe und die Verzeitlichung der Natur, a. a. O., S. 75-100.
171 HA VI, S. 460.
172 WA I 36, S. 85.
173 Was ich hier nur andeuten kann, habe ich näher ausgeführt in meinem Beitrag zum: Goethe-Jahrbuch 110, 1993, S. 195-204.
174 HA V, S. 716.
175 Ebenda, S. 723.
176 Brief an König Ludwig I. von Bayern, 12.1.1830.
177 So schreibt er zum Beispiel 1812 über das Straßburger Münster unter dem Eindruck seiner unmittelbar vorausgegangenen Begegnung mit Boisserée, der ihn für den Kölner Dom erwärmen möchte; als Zelters Sohn im selben Jahr Selbstmord begeht, schreibt er den Abschnitt über die Werther-Krankheit; und die Passage über seine Beziehung zu Lili wird erst 1830 fertig, als ihn Lilis Enkelin besucht hat.
178 Vgl. Goethes Aufsatz hierzu in: HA XII, S. 323.
179 Vgl. ausführlicher hierzu meinen Aufsatz: Goethes Lebens-Erinnerungen, in: Ingensiep, Hans Werner / Hoppe-Sailer, Richard (Hg.), NaturStücke. Zur Kulturgeschichte der Natur, Ostfildern 1996, S. 135-167.
180 HA IX, S. 10.
181 Ebenda, S. 589, HA X, S. 49 u. ö.
182 Vgl. hierzu meinen Aufsatz: Spreng-Sätze im Kulturspeicher. Kleine Universalgeschichte der literarischen Gedächtniskritik, in: Zeitschrift für Didaktik der Philosophie und Ethik 4, 1996, S. 242-255.
183 Ich zitiere die Gedichte und den Kommentar im folgenden nach: HA I, S. 403-407.
184 Eckermann, 11.3.1828 (vgl. GG).
185 HA II, S. 255.
186 Vgl. Mall, Ram Adhar, Philosophie im Vergleich der Kulturen. Interkulturelle Philosophie – eine neue Orientierung, Darmstadt 1995. Ähnlich argumentieren: Benhabib, Seyla, Demokratie und Differenz, in: Gemeinschaft und Gerechtigkeit, hrsg. von Brumlik, Micha / Brunkhorst, Hauke, Frankfurt/M. 1993, S. 97-116; Todorov, Tzvetan, »Race«, Writing and Culture, in: »Race«, Writing and Difference, hrsg. von H. L. Gates Jr., Chicago / London 1986, S. 370-380.

187 FA 13, Nr. 1.379.
188 Brief an Meyer, 7.6.1817 und WA I.48, S. 122. Angespielt wird hier auf Wackenroders *Herzensergießungen eines kunstliebenden Klosterbruders*, Tiecks *Franz Sternbald* sowie auf die Figur des Caliban in Shakespeares *Sturm*, ein Anagramm auf das englische Wort für Kannibale.
189 So berichtet F. v. Müller gegenüber Rochlitz, 15.11.1830, zit. nach: GG, Nr. 6664.
190 Brief an Hegel, Juni 1821. Vgl. zum Verhältnis Goethes zu Hegel und den romantischen Naturphilosophen: Engelhardt, Dietrich von, Natur und Geist, Evolution und Geschichte – Goethe in seiner Beziehung zur romantischen Naturforschung und metaphysischen Naturphilosophie, in: Matussek, Peter (Hg.), Goethe und die Verzeitlichung der Natur, a.a.O., S. 58-74.
191 Zit. nach: Hübscher, Arthur, Arthur Schopenhauer. Ein Lebensbild, in: Arthur Schopenhauer, Sämtliche Werke, Bd. 1, Wiesbaden 1948, S. 29-140, hier S. 65.
192 Am 4.8.1815 (vgl. GG).
193 Brief an Wilhelm von Humboldt, 1.12.1831.
194 Nach einem Bericht Alexander von Humboldts soll auch Carl August in seinen späteren Jahren »über den Zusammenhang dieser religiösen Schwärmerei mit den politischen Tendenzen« geklagt haben, »die nichts als Absolutismus und das Niederschlagen aller freieren Geistesregungen anstrebten. [...] Mit der poetischen Vorliebe zum Mittelalter haben sie sich eingeschlichen!« (Zit. nach: Biedrzynski, Effi, Goethes Weimar. Das Lexikon der Personen und Schauplätze, Zürich 1992, S. 348.)
195 Mandelkow, in: HA Briefe, Bd. 2, S. 628 u. 631.
196 So war zum Beispiel der introvertierte österreichische Schriftsteller Franz Grillparzer von der beim ersten Treffen bekundeten Sympathie Goethes derart eingeschüchtert, daß er eine darauffolgende Einladung zum Abendessen im kleinen Kreis absagen mußte.
197 Vgl. Friedenthal, Richard, Goethe. Sein Leben und seine Zeit, München 1974, S. 498.
198 HA XII, S. 240.
199 WA I 48, S. 23.
200 Vgl. WA I 42.2, S. 500f.

201 Brief an Streckfuß, 27.1.1827; Brief an Zelter, 21.5.1828.
202 WA I 42.2, S. 502f.
203 Brief an Zelter, 6.6.1825.
204 Dabei soll nicht unterschlagen werden, daß Goethe in der Frage der Pressefreiheit restriktiver argumentierte als sein Herzog.
205 WA I 42.2, S. 503.
206 Eckermann, 31.1.1827 (vgl. GG).
207 Brief an Hitzig, 11.11.1829.
208 »Jetzt, da sich eine Weltliteratur einleitet, hat, genau besehen, der Deutsche am meisten zu verlieren; er wird wohl tun, dieser Warnung nachzudenken.« (FA 13, Nr. 2.49.7)
209 Zu Kanzler Müller, 18.2.1830 (vgl. GG).
210 Brief von Thomas Mann an Hesse, 8.4.1945. Zit. nach: Thomas Mann, Briefe, hrsg. von Erika Mann, 2 Bde., Frankfurt/M. 1979.
211 Die Seitenangaben aus den *Wanderjahren* beziehen sich auf die HA VIII.
212 WA I 49.2, S. 64-75.
213 Eckermann, 13.2.1831 (vgl. GG).
214 Bei den einzelnen Szenen handelt es sich, wie Goethe erläutert, um »einander gegenübergestellte und sich gleichsam ineinander abspiegelnde Gebilde« (Brief an Iken, 27.9.1827).
215 Tagebuch, 22.7.1831 u.ö.
216 Vgl. Segeberg, Harro, Technikers Faust-Erklärung. Über ein Dialogangebot der technischen Kultur, in: Technikgeschichte, Bd. 49, 1982, Nr. 3, S. 223-257 u.ö.
217 HA XIII, S. 309.
218 Ebenda, S. 232f.
219 Zur neueren Diskussion dieser für die Deutung eminent wichtigen Feststellung vgl.: Schlaffer, Heinz, Faust Zweiter Teil. Die Allegorie des 19. Jahrhunderts, Stuttgart 1981; Matussek, Peter, Naturbild und Diskursgeschichte. Faust-Studie zur Rekonstruktion ästhetischer Theorie, Stuttgart 1992; Zabka, Thomas, Faust II – Das Klassische und das Romantische. Goethes »Eingriff in die neueste Literatur«, Tübingen 1993.
220 Vgl. Adorno, Theodor W., Zur Schlußszene des Faust, in: ders., Noten zur Literatur II, Frankfurt/M. 1961, S. 129-138, hier S. 136.
221 WA I 41.2, S. 348.
222 LA I.8, S. 285.

Literaturhinweise

Sekundärliteratur zu speziellen, in dieser Einführung angesprochenen Themenfeldern ist in den Anmerkungen aufgeführt. Die folgenden Hinweise beschränken sich aus Platzgründen auf Quellen und Übersichtswerke bzw. Internetadressen.

1. Werkausgaben und ihre Siglen

CG   Corpus der Goethezeichnungen, hrsg. von Gerhard Femmel, 7 Bde. in 10, Leipzig 1958-79. Goethe war sich lange Zeit unsicher, ob er mehr zum Dichter oder zum bildenden Künstler geboren sei. Wer diese umfangreiche Sammlung durchsieht, ahnt den Grund. Eine angemessene Würdigung der Goethe-Zeichnungen ist nur im Kontext seines Gesamtwerks möglich, was erst in neueren Untersuchungen Beachtung findet.

DjG Der junge Goethe, hrsg. von Hanna Fischer-Lamberg, 5 Bde. u. 1 Register-Bd., Berlin (West) 1963-74. Einschlägig für die Kenntnis des Frühwerks.

FA   Sämtliche Werke, Briefe, Tagebücher und Gespräche in 40 Bänden, Frankfurt/M. 1985 ff. Die »Frankfurter Ausgabe« ist zusammen mit der MA die aktuellste. Beachtung verdient hier u.a. Harald Frickes Neuedition der *Maximen und Reflexionen* (FA 13), die erstmals vollständig und ohne entstellende Umgruppierungen vorgelegt werden.

GG   Goethes Gespräche. Eine Sammlung zeitgenössischer Berichte aus seinem Umgang, auf Grund der Ausgabe und des Nachlasses von Flodoard Frhrn. von Biedermann hrsg. von Wolfgang Herwig, 5 Bde. in 6, Stuttgart/Zürich 1965-87, Nachdruck München 1998. Eine der wichtigsten biographischen Quellen.

HA Werke in 14 Bänden, hrsg. von Erich Trunz. Wird »Hamburger Ausgabe« genannt, da sie zuerst dort 1948-60 erschien. (Seit 1998 wird sie in zwei sehr preisgünstigen Sonderausgaben bei Beck und dtv vertrieben.) 1962-69 wurde sie ergänzt durch die sechsbändige Edition der Briefe von und an Goethe, hrsg. von Karl Robert Mandelkow. Die HA ist die gebräuchlichste Ausgabe, die deshalb auch hier als Textgrundlage dient, und kann dank ihres soliden Kommentars immer noch als Alternative zu den teuren Neuausgaben empfohlen werden.

LA Die Schriften zur Naturwissenschaft, hrsg. im Auftrage der Deutschen Akademie der Naturforscher von Dorothea Kuhn/R. Matthaei/W. Troll/K. L. Wolf, Weimar 1947 ff. Die »Leopoldina« bietet mit ihren 11 Textbänden, die allein über 3000 Seiten umfassen, sowie den noch umfangreicheren 11 Erläuterungs- und Ergänzungsbänden, die unlängst fertiggestellt wurden, sämtliche naturwissenschaftlichen Schriften Goethes in einer von den führenden Experten sorgfältig edierten und kommentierten Ausgabe, die freilich auch ihren Preis hat.

MA Sämtliche Werke nach Epochen seines Schaffens; 21 Bde. in 26, München 1985 ff. Zu den Vorzügen der »Münchner Ausgabe« gehört ihre synoptische Anordnung, die einen Eindruck von Goethes Fähigkeit vermittelt, sich simultan mit verschiedensten Themen zu beschäftigen.

WA Goethes Werke, hrsg. im Auftrage der Großherzogin Sophie von Sachsen, Abt. I-IV, 133 Bde. in 143, Weimar 1887-1919. Die »Weimarer Ausgabe« ist immer noch die materialreichste und deshalb trotz erheblicher Editionsmängel für Goethe-Forscher unentbehrlich. Seit 1987 gibt es sie auch als durchaus erschwingliches Reprint im Taschenbuchformat sowie – weniger erschwinglich – auf Datenträger (s. u.: Goethe im Internet).

2. Darstellungen

Biedrzynski, Effi, Goethes Weimar. Das Lexikon der Personen und Schauplätze, Zürich 1992. Der Untertitel dieses ebenso liebevoll wie kenntnisreich verfaßten Werkes täuscht: Der Leser bekommt hier nicht nur lexikalische Informationen über die Menschen und Lokalitäten, die Goethes Umwelt ausmachten, sondern er wird – in wiederholten Spiegelungen – immer wieder mitten hineingeführt ins Weimarer Leben einschließlich des dazugehörigen Klatsches.

Bode, Wilhelm (Hg.), Goethe in vertraulichen Briefen seiner Zeitgenossen, neu hrsg. von Regine Otto/Paul-Gerhard Wenzlaff, 2. Aufl., Berlin/Weimar 1982. Ein von Voyeurismus nicht ganz freier, aber auch im »rechtschaffen« biographischen Interesse höchst faszinierender Blick hinter die Kulissen der öffentlichen Goethe-Darstellungen, die in positiver wie negativer Hinsicht oft überboten werden.

Boyle, Nicholas, Goethe. Der Dichter in seiner Zeit, Bd. 1: 1749-1790, München 1995, Bd. 2: 1790-1803, München 1999. Das ursprünglich auf zwei Bände angelegte, sich inzwischen auf mehrere tausend Seiten ausweitende Großprojekt besticht vor allem durch die Breite seiner kulturhistorischen Bezüge, die sich auch in den Werkanalysen niederschlagen. Der Vorzug dieser Kontextualisierung, die den Begriff »Goethezeit« unterminiert, dürfte sich nicht zuletzt dem übernationalen Blick des Auslandsgermanisten verdanken.

Conrady, Carl Otto, Goethe. Leben und Werk, 2 Bde., Frankfurt/M. 1981 u. 1985. Mit ihren über 1000 Seiten und ihrem epischen Stil ist auch diese Biographie kein Leichtgewicht; dafür belohnt sie den geduldigen Leser mit ausführlichen und soliden Informationen über Goethes Leben und den Inhalt seiner Werke.

Friedenthal, Richard, Goethe. Sein Leben und seine Zeit, München 1974. Bei ihrem ersten Erscheinen 1963 kam der unverkrampfte Ton dieser gleichwohl kompetent geschriebenen Lebensgeschichte einer Provokation der in Ehrfurcht weitgehend erstarrten Goethe-Biographik gleich. Bis heute hat das lehrreiche Lesevergnügen nichts von seiner Frische verloren.

Gajek, Bernhard/Götting, Franz (Hg.), Goethes Leben und Werk in Daten und Bildern, Frankfurt/M. 1966. Für den relativ engen Raum von rund 500 Seiten wird hier eine erstaunlich detaillierte Chronik samt Bilddokumentation geboten – sozusagen die Miniaturausgabe zu Steiger (s. u.).

Krätz, Otto, Goethe und die Naturwissenschaften, München 1992. Dieses in Text und Bild gleichermaßen attraktive Werk eines Museumsleiters mit journalistischen Erfahrungen vermittelt einen guten Überblick über Goethes vielfältige naturwissenschaftliche Interessen.

Mommsen, Katharina, Goethe und der Islam, hrsg. und mit einem Nachwort versehen von Peter-Anton von Arnim, Frankfurt/M. 2001. Die Autorin sieht Goethe in doppelter Hinsicht als Vermittler des Islam: zum einen, indem er ihn westlichen Lesern näherbringe, zum anderen, indem er Muslimen einen neuen Zugang zu ihrem eigenen geistigen Erbe öffne.

Steiger, Robert/Reimann, Angelika (Hg.), Goethes Leben von Tag zu Tag. Eine dokumentarische Chronik, 8 Bde., Zürich/Düsseldorf 1982-96. Die akribische, mehrere tausend Seiten umfassende Zusammenstellung aller Zeugnisse über Goethes Lebensgang ist schon ob der dabei dokumentierten Widersprüche der biographischen Angaben ein eindrucksvoller Beleg für die Unmöglichkeit, einen »authentischen« Goethe zu präsentieren.

Zimmermann, Rolf Christian, Das Weltbild des jungen Goethe. Studien zur hermetischen Tradition des deutschen 18. Jahrhunderts, Bd. 1: Elemente und Fundamente, München 1969. Eine umfassende und kompetente Einführung in die für Goethes Entwicklung grundlegenden hermetischen Einflüsse seiner Jugend und deren Zusammenhang mit den seinerzeit reaktualisierten Tendenzen der Frühaufklärung.

3. Nachschlagewerke und weiterführende Hilfsmittel

Goethe-Bibliographie. Literatur zum dichterischen Werk, hrsg. von Helmut G. Hermann, Stuttgart 1991. Eine strukturierte Auswahlbibliographie mit rund 3000 Einträgen zu den Hauptgruppen Werkedition, Goethe-Darstellung, dichterisches Werk und Rezeptionsgeschichte. Eine vollständige, permanent aktualisierte Bibliographie bietet das Goethe-Jahrbuch (s.u.).

Goethe-Handbuch, hrsg. von Bernd Witte/Theo Buck/Hans-Dietrich Dahnke/Regine Otto/Peter Schmidt, 4 Bde. in 5, Stuttgart 1996 ff. Auf dem aktuellen Forschungsstand, gleichwohl gut lesbar, wird hier jeweils von Fachleuten über Goethes Werke sowie über wichtige Begriffe und Personen informiert. Nachdem die Probleme der Gratwanderung zwischen Verständlichkeit und Wissenschaftlichkeit früher schon mehrfach zum Abbruch vergleichbarer Unternehmen geführt haben, setzt die zügige Fertigstellung dieses »in weltbürgerlicher Absicht« edierten Handbuchs einen neuen Standard unter den Nachschlagewerken zu Goethe.

Goethe-Jahrbuch, im Auftrag des Vorstands der Goethe-Gesellschaft hrsg. von Werner Keller. Die jährlich erscheinenden und an Mitglieder der Goethe-Gesellschaft kostenlos verschickten Bände repräsentieren mit ihren Aufsätzen, Dokumentationen und Rezensionen sowie der strukturierten Bibliographie aller Neuerscheinungen den jeweils aktuellen Stand der internationalen Goethe-Forschung.

Goethe-Lexikon, hrsg. von Gero von Wilpert, Stuttgart 1988. Ein von den Blickbeschränkungen konservativer Goetheverehrung nicht ganz freies, mit seinem handlichen Format bei aller Biederkeit gleichwohl nützliches Nachschlagewerk zu Goethes Leben, Werken und Kontakten.

Goethe-Wörterbuch, hrsg. von der (vormaligen) Akademie der Wissenschaften der DDR, der Akademie der Wissenschaften in Göttingen und der Heidelberger Akademie der Wissenschaften, Stuttgart/Berlin/Köln 1945 ff. Widmet jedem in Goethes Schriften vorkommenden Wort einen Artikel, in dem die Häufigkeit und die verschiedenen Bedeutungsnuancen ausführlich dokumentiert werden. Das Großunternehmen hat mittlerweile das erste Drittel des Alphabets durchschritten.

Goethe and the Sciences: An Annotated Bibliography, in: Amrine, Frederick/Zucker, Francis J./Wheeler, Harvey (Hg.), Goethe and the Sciences: A Reappraisal, Dordrecht/Boston/Lancaster/Tokio 1987, S. 389-437. Eine instruktiv kommentierte Bibliographie zum Thema »Goethe und die Naturwissenschaften«, die freilich nicht mehr auf dem aktuellsten Stand ist. Dennoch für eine erste Orientierung in diesem Diskussionsfeld hilfreich. Eine vollständige, permanent aktualisierte Bibliographie bietet das Goethe-Jahrbuch (s.o.).

Goethe im Urteil seiner Kritiker. Dokumente zur Wirkungsgeschichte Goethes in Deutschland, hrsg. von Karl Robert Mandelkow, 4 Bde., München 1975-84. Die einzigartige Spannweite der Rezeption Goethes zwischen Ablehnung und Anbetung wird hier in einer chronologisch orientierten, sorgfältig edierten Auswahl umfassend dargeboten. Dieser Dokumentation wechselnder Goethe-Aneignungen hat der Herausgeber einen ebenso subtilen wie brillant formulierten Kommentar an die Seite gestellt, der sich zu einer deutschen Kulturgeschichte der letzten zweieinhalb Jahrhunderte verdichtet: Karl Robert Mandelkow, Goethe in Deutschland. Rezeptionsgeschichte eines Klassikers, 2 Bde., München 1980/89. Eine aktuelle Neuaneignung kann ohne die Kenntnis dieser Vorgeschichte, an die sie bewußt oder unbewußt anknüpft, nicht auskommen.

Unser Goethe. Ein Lesebuch, hrsg. von Eckhard Henscheid/F. W. Bernstein, Zürich 1982. Eine faszinierende Sammlung von Goetheparodien, -polemiken, -karikaturen etc., die als mentalitätsgeschichtliche Ergänzung zu den Dokumentationen Mandelkows Beachtung verdient.

4. Goethe im Internet

Auf die folgenden Angaben ist kein Verlaß, da sich Adressen und Inhalte im Internet, dessen Natur gemäß, häufig ändern.

Goethe im Gutenberg-Projekt. Enthält bisher rund 50 Werke – u.a. *Werther, Wahlverwandtschaften, Faust I* u. *II, Wanderjahre.* Vor Orthographiefehlern in den von freiwilligen Mitarbeitern digitalisierten Texten muß allerdings gewarnt werden.
URL: gutenberg.aol.de/autoren/goethe.htm

Goethes Farbenlehre. Computertechnische Umsetzung der physiologischen Versuche zur Farbenlehre. Ein Projekt der Fachhochschule Anhalt in Kooperation mit der Stiftung Weimarer Klassik.
URL: www.inf.hs-anhalt.de/Medienlabor/Goethes_Farbenlehre

Goethe-Gesellschaft Weimar e.V. Informationen über die Geschichte und die Aktivitäten der Gesellschaft, die derzeit rund 4000 Mitglieder in 50 Staaten der Welt hat.
URL: www.goethe-gesellschaft.org/

Goethes Werke. Unter der redaktionellen Beratung zweier renommierter Goethe-Forscher, Werner Keller und Nicholas Boyle, wurden die komplette WA inklusive der Nachträge sowie die GG digitalisiert und auf CD-ROM und im WWW verfügbar gemacht. Der Preis entspricht freilich dem Aufwand, so daß die Anschaffung eher etwas für Bibliotheken ist, die ihrerseits Zugänge ermöglichen.
URL: www.goethe.chadwyck.co.uk

Linksammlung. Weitere Internet-Adressen von Volltexten zur Primär- und Sekundärliteratur sowie eine umfangreiche Bildsammlung bietet eine von Michael Mandelartz (Tokio) sorgfältig betreute Website.
URL: www. biblint.de/goethe.html

Zeittafel

1749 Johann Wolfgang Goethe wird am 28. August als Sohn des kaiserlichen Rats Johann Caspar Goethe und seiner Frau Katharina Elisabeth, Tochter des Stadtschultheißen Johannn Wolfgang Textor, in Frankfurt/M. geboren.
1765 Beginn des Studiums in Leipzig.
1768 Rückkehr nach Frankfurt, schwer erkrankt. Beschäftigung mit Magie und Alchemie. Liederbuch *Annette, Die Laune des Verliebten, Die Mitschuldigen*.
1770 Zum Abschluß des Studiums nach Straßburg. Begegnung mit Herder. Friederike Brion.
1771 Rückkehr nach Frankfurt, promoviert zum »Lizentiaten der Rechte«. Anwaltspraxis. *Götz, Von deutscher Baukunst*.
1772 Von Mai bis September am Reichskammergericht in Wetzlar. Charlotte Buff.
1773 Frankfurt. Verlobung mit Lili Schönemann. *Clavigo, Werther*, Entwürfe zu *Egmont* und *Faust*.
1775 Reise in die Schweiz. Trennung von Lili. Übersiedlung nach Weimar. Charlotte von Stein. In den folgenden Jahren Übernahme zahlreicher Ämter (Mitglied des Geheimen Consiliums, der Bergwerks-, Kriegs-, Wegebaukommission u.a.).
1777 Brockenbesteigung. *Harzreise im Winter*.
1779 Prosafassung der *Iphigenie*, mit Corona Schröter uraufgeführt. Im September zweite Reise in die Schweiz (bis Januar).
1782 Tod des Vaters. Erhebung in den Adelsstand. Leiter der Staatsfinanzen.
1784 Als Außenminister Verhandlungen über einen Fürstenbund in Braunschweig. Entdeckung des Zwischenkieferknochens beim Menschen.
1786 Von September bis Juni 1788 Italienaufenthalt. Versfassung der *Iphigenie. Egmont* und *Tasso* fertiggestellt. »Faustine«.

1788	Beginn der Verbindung mit Christiane Vulpius. *Römische Elegien*.
1789	Geburt des Sohnes August.
1790	*Schriften* in 8 Bänden, *Venezianische Epigramme*, *Metamorphose der Pflanzen*.
1791	Leitung des neueröffneten Hoftheaters. *Der Groß-Cophta*, *Beiträge zur Optik*.
1792	Von August bis November Teilnahme am Frankreichfeldzug. Umbau des Wohnhauses am Frauenplan.
1793	Belagerung von Mainz. *Reineke Fuchs*, *Der Bürgergeneral*.
1794	Beginn der Zusammenarbeit mit Schiller.
1795	*Unterhaltungen deutscher Ausgewanderten*.
1796	*Xenien*, *Hermann und Dorothea*, *Wilhelm Meisters Lehrjahre*.
1797	»Balladenjahr«. Von Juli bis November Reise nach Frankfurt und in die Schweiz. »Symbolbrief« an Schiller.
1798	Goethes Zeitschrift *Die Propyläen* (erscheint bis 1800).
1799	Abschluß der *Neuen Schriften* (7 Bände).
1803	*Die natürliche Tochter*.
1805	Schwere Krankheit. Tod Schillers.
1806	*Faust I* fertiggestellt. Napoleonische Truppen besetzen Weimar. Trauung mit Christiane.
1807	*Pandora*.
1808	Erste Gesamtausgabe der *Werke* (12 Bände). Begegnung mit Napoleon in Erfurt.
1809	*Die Wahlverwandtschaften*. Beginn der autobiographischen Arbeiten.
1810	Abschluß der *Farbenlehre*.
1814	*Des Epimenides Erwachen*. Marianne von Willemer.
1815	Besuch der Boisseréeschen Gemäldesammlung. *Werke* in 20 Bänden.
1816	Christianes Tod. Begründung der Zeitschrift *Kunst und Altertum*.
1819	*West-östlicher Divan*.
1821	Erste Fassung der *Wanderjahre*.
1823	Beginn der Zusammenarbeit mit Eckermann. Ulrike von Levetzow. *Marienbader Elegie*.
1827	*Chinesisch-deutsche Jahres- und Tageszeiten*.
1829	Erweiterte Fassung der *Wanderjahre*.
1830	Tod des Sohnes. Akademiestreit zwischen Cuvier und Geoffroy.

1831 *Faust II* abgeschlossen und versiegelt. *Gesamtausgabe letzter Hand* in 40 Bänden (20 Nachlaßbände folgen 1833-42).
1832 Goethe stirbt am 22. März in Weimar.

Peter Matussek, geb. 1955, Professur für Medienwissenschaft an der Universität Siegen. Studium der Literaturwissenschaft und Philosophie in Hamburg und Bombay, Promotion über Goethes *Faust*, u.a. Leitung des interdisziplinären Goetheprojekts am Kulturwissenschaftlichen Institut Essen und Lehrtätigkeit am Kulturwissenschaftlichen Seminar der Humboldt-Universität zu Berlin. Buchveröffentlichungen (als Autor, Hg., Co-Autor): Naturbild und Diskursgeschichte (1988), Goethe und die Verzeitlichung der Natur (1998), Orientierung Kulturwissenschaft (1999, korean. 2003), Hitler – Karriere eines Wahns (2000, italien. 2003).

In der Reihe »Zur Einführung« im Junius Verlag bisher erschienen:

Theodor W. Adorno
von Gerhard Schweppenhäuser

Hans Albert
von Eric Hilgendorf

Karl-Otto Apel
von Walter Reese-Schäfer

Hannah Arendt
von Karl-Heinz Breier

Aristoteles
von Christof Rapp

Roland Barthes
von Gabriele Röttger-Denker

Georges Bataille
von Peter Wiechens

Jean Baudrillard
von Falko Blask

Henri Bergson
von Gilles Deleuze

Hans Blumenberg
von Franz Josef Wetz

Jorge Luis Borges
von Adelheid Hanke-Schaefer

Pierre Bourdieu
von Markus Schwingel

Martin Buber
von Siegbert Wolf

Edmund Burke
von Robert Zimmer

Judith Butler
von Hannelore Bublitz

Albert Camus
von Asa A. Schillinger-Kind

Ernst Cassirer
von Heinz Paetzold

E.M. Cioran
von Richard Reschika

Auguste Comte
von Gerhard Wagner

Jacques Derrida
von Heinz Kimmerle

René Descartes
von Peter Prechtl

Wilhelm Dilthey
von Matthias Jung

Meister Eckhart
von Norbert Winkler

Mircea Eliade
von Richard Reschika

In der Reihe »Zur Einführung« im Junius Verlag bisher erschienen:

Norbert Elias
von Ralf Baumgart
und Volker Eichener

Epikur
von Carl-Friedrich Geyer

Amitai Etzioni
von Walter Reese-Schäfer

Ludwig Feuerbach
von Christine Weckwerth

Paul K. Feyerabend
von Eberhard Döring

Johann Gottlieb Fichte
von Helmut Seidel

Michel Foucault
von Hinrich Fink-Eitel

Gottlob Frege
von Markus S. Stepanians

Sigmund Freud
von Hans-Martin Lohmann

Hans-Georg Gadamer
von Udo Tietz

Gandhi
von Andreas Becke

Arnold Gehlen
von Christian Thies

Johann Wolfgang von Goethe
von Peter Matussek

Günter Grass
von Dieter Stolz

Jürgen Habermas
von Detlef Horster

Nicolai Hartmann
von Martin Morgenstern

Georg Wilhelm Friedrich Hegel
von Herbert Schnädelbach

Martin Heidegger
von Günter Figal

Heinrich Heine
von Ralf Schnell

Johann Friedrich Herbart
von Matthias Heesch

Johann Gottfried Herder
von Jens Heise

Thomas Hobbes
von Wolfgang Kersting

Max Horkheimer
von Rolf Wiggershaus

Edmund Husserl
von Peter Prechtl

In der Reihe »Zur Einführung« im Junius Verlag bisher erschienen:

Karl Jaspers
von Werner Schüßler

C.G. Jung
von Micha Brumlik

Immanuel Kant
von Jean Grondin

Sören Kierkegaard
von Konrad Paul Liessmann

Alexander Kluge
von Rainer Stollmann

Lawrence Kohlberg
von Detlef Garz

Heinz Kohut
von Ralph J. Butzer

Konfuzius
von Xuewu Gu

Jacques Lacan
von Gerda Pagel

Gotthold Ephraim Lessing
von Werner Jung

Emmanuel Lévinas
von Bernhard H.F. Taureck

Claude Lévi-Strauss
von Edmund Leach

John Locke
von Walter Euchner

Niklas Luhmann
von Walter Reese-Schäfer

Martin Luther
von Dietrich Korsch

Jean-François Lyotard
von Walter Reese-Schäfer

Niccolò Machiavelli
von Quentin Skinner

Klaus Mann
von Peter Schröder

Karl Marx
von Flechtheim/Lohmann

George Herbert Mead
von Harald Wenzel

Maurice Merleau-Ponty
von Christian Bermes

Thomas Morus
von Dietmar Herz

Friedrich Nietzsche
von Wiebrecht Ries

Nikolaus von Kues
von Norbert Winkler

In der Reihe »Zur Einführung« im Junius Verlag bisher erschienen:

Jean Piaget
von Ingrid Scharlau

Platon
von Barbara Zehnpfennig

Helmuth Plessner
von Kai Haucke

Plotin
von Susanne Möbuß

Willard Van Orman Quine
von Geert Keil

John Rawls
von Wolfgang Kersting

Paul Ricœur
von Jens Mattern

Richard Rorty
von Detlef Horster

Jean-Jacques Rousseau
von Günther Mensching

Jean-Paul Sartre
von Martin Suhr

Max Scheler
von Angelika Sander

Friedrich W.J. Schelling
von Franz Josef Wetz

Friedrich Schlegel
von Berbeli Wanning

Carl Schmitt
von Reinhard Mehring

Arthur Schopenhauer
von Volker Spierling

Georg Simmel
von Werner Jung

Baruch de Spinoza
von Helmut Seidel

Rudolf Steiner
von Gerhard Wehr

Botho Strauß
von Stefan Willer

Leo Strauss
von Clemens Kauffmann

Charles Taylor
von Ingeborg Breuer

Thomas von Aquin
von Rolf Schönberger

Christian Thomasius
von Peter Schröder

Paul Tillich
von Gerhard Wehr

In der Reihe »Zur Einführung« im Junius Verlag bisher erschienen:

Alexis de Tocqueville
von Michael Hereth

Michael Walzer
von Skadi Krause
und Karsten Malowitz

Max Weber
von Volker Heins

Alfred North Whitehead
von Michael Hauskeller

Ludwig Wittgenstein
von Chris Bezzel

Angewandte Ethik
von Urs Thurnherr

Antike politische Philosophie
von Walter Reese-Schäfer

Argumentationstheorie
von Josef Kopperschmidt

Buddhismus
von Jens Schlieter

Erkenntnistheorie
von Herbert Schnädelbach

Die europäischen Moralisten
von Robert Zimmer

Feministische Theorien
von Regina Becker-Schmidt
und Gudrun-Axeli Knapp

Gnosis
von Julia Iwersen

Griechische Tragiker
von Wiebrecht Ries

Hermeneutik
von Matthias Jung

Hinduismus
von Andreas Becke

Interkulturelle Philosophie
von Heinz Kimmerle

Moralbegründungen
von Konrad Ott

Rechtsphilosophie
von Detlef Horster

Semiotik
von Gerhard Schönrich

Taoismus
von Florian C. Reiter